中国轻工业“十四五”规划教材
高等职业教育经管类专业平台课系列精品教材

消费者心理与行为分析

李　倩　主　编
李圣男　邱新泉　副主编
刘　娜　唐剑虹
李　鹏　张　欣
张　健　参　编

中国轻工业出版社

图书在版编目（CIP）数据

消费者心理与行为分析 / 李倩主编. —北京：中国轻工业出版社，2025.1

高等职业教育经管类专业平台课系列精品教材

ISBN 978-7-5184-3695-8

Ⅰ. ①消… Ⅱ. ①李… Ⅲ. ①消费心理学—高等职业教育—教材②消费者行为论—高等职业教育—教材 Ⅳ. ①F713.55

中国版本图书馆CIP数据核字（2021）第209682号

责任编辑：崔丽娜　　责任终审：李建华　　整体设计：锋尚设计

策划编辑：崔丽娜　　责任校对：宋绿叶　　责任监印：张　可

出版发行：中国轻工业出版社（北京鲁谷东街5号，邮编：100040）

印　　刷：三河市国英印务有限公司

经　　销：各地新华书店

版　　次：2025年1月第1版第2次印刷

开　　本：787×1092　1/16　印张：14.5

字　　数：350千字

书　　号：ISBN 978-7-5184-3695-8　定价：45.00元

邮购电话：010-85119873

发行电话：010-85119832　010-85119912

网　　址：http://www.chlip.com.cn

Email：club@chlip.com.cn

250171J2C102ZBW

本教材围绕“培养具备消费群体分析能力的商贸人才”这一核心目标，以“互联网+”时代的消费升级新态势为学习背景，以大学生应具备的“创意、创新、创业”能力为学习主线，融入“工匠精神、劳动精神、创新思维”等思政元素，借助在智慧树上线的在线开放课程和校企联合开发的竞赛式项目综合实训，形成了基于工作过程的模块化、工作手册式课程内容，力求达到培养学生就业岗位动态适应能力和随时随地探究式学习习惯的教学目标。

本书按照建构主义理论，精选00后学生喜欢的前瞻、实用、易于内化吸收的经典内容，精心编写而成，具体编写特点如下：

1. 基于岗位需求和学情现状，构建课程体系

为准确对接当前国内外消费升级下出现的新型消费产业和消费形态，按照惯例，课程组深入优秀企业进行了最新岗位需求调研，调研显示，消费升级新时代下，员工的消费心理与行为洞察能力、团队创新意识成为企业生存与发展的关键因素。同时，根据财经商贸类专业每年一次的调研问卷和第三方反馈的学情现状发现，学生应具备的知识、能力和素质与企业要求有一定差距。针对学生对国内外消费新态势的有效抓取、消费者心理与行为分析不足等短板，本书将国家消费发展方向、企业标准与财经商贸类专业建设标准、人才培养方案和课程标准紧密对接，选取企业真实项目创设情境任务，引导学生思维破冰，勇挑实战，鼓励学生从“心”出发，培养学生敢想敢创，及时洞察挖掘消费新需求的能力。在此基础上构建了本书的课程体系，内容包括消费者心理与行为导论、消费者的心理活动过程、消费者的个性心理特征、消费者的个性倾向性、消费者的购买过程、消费者群体心理与行为、基于消费者心理与行为的商品开发策略、基于消费者心理与行为的商品价格策略、基于消费者心理与行为的商品广告策略、基于消费者心理与行为的营销沟通

策略、基于消费者心理与行为的营销环境策略、营销人员的心理素质共十二个项目。

2．基于学习认知规律，设计课程内容

在充分调研当代大学生学习认知规律的基础上，本书构建了包括项目任务导图、项目目标（知识目标、能力目标、素质目标）、任务导入案例、知识讲解（实例链接、头脑风暴）等内容在内的教材模式，以适应“教师主导、学生主体”的教学模式。环环相扣的递进式教学内容设计，营造了浓郁的比拼式学习氛围，提高了学习效率和趣味性，增强了实用性。

3．基于前沿的消费心理与行为案例，丰富课程资源

基于重难点，本书把前沿的消费心理与行为案例做成微课动画，形象生动，感染力强，易于学生接受。本教材的微课资源被认定为2020年山东省继续教育数字化课程。同时配套开发了教学日历、教学课件、试题库、重难点等丰富的教学资源，方便学生的线上线下混合式学习或学分制下的在线学习。本教材的微课已在智慧树平台面向社会公众免费开放，学习者可随时随地进行线上学习，并与教师进行互动，借助信息化手段有效促进学习者的终身学习。本资源可作为高等职业院校、本科院校举办的二级职业技术学院的市场营销、电子商务、工商管理、汽车营销、房地产营销、医药营销、铁路营销等专业的教材，也可作为涉及运输、食品、汽车、医药、房地产等行业市场营销岗位就业人员的消费心理与行为培训资料，以及对消费心理有兴趣者。

智慧树平台

本书借鉴了大量国内外文献和互联网上最新的理论知识，引用了数英、知乎等网站，杭州娃哈哈集团有限公司、海尔集团公司、阿里巴巴网络技术有限公司、京东网上商城等企业，学习强国、抖音、哔哩哔哩、小红书等自媒体平台上众多专家学者的经典案例，在此谨向各网站、平台及各位作者和转述者表示感谢。

由于编者水平有限，书中难免存在一些不足和缺漏之处，敬请读者批评指正。

编者

Contents / 目录

项目一
消费者心理与行为导论
任务一 消费者心理与行为分析概述......002
任务二 消费者心理与行为分析的研究对象与内容......009
任务三 消费者心理与行为分析的研究原则、方法与意义......013

项目二
消费者的心理活动过程
任务一 消费者的认识过程......021
任务二 消费者的情感过程......035
任务三 消费者的意志过程......039

项目三
消费者的个性心理特征
任务一 个性概述......043
任务二 消费者的气质与购买行为......046
任务三 消费者的性格与购买行为......050
任务四 消费者的能力与购买行为......056

项目四
消费者的个性倾向性
任务一 消费者的兴趣与需要......062
任务二 消费者的动机与购买行为......070

项目五
消费者的购买过程
任务一 消费者的购买决策过程......078
任务二 消费者的阶层与价值观......089

项目六
消费者群体心理与行为
任务一 消费者群体概述……097
任务二 不同消费者群体的消费心理与行为……105

项目七
基于消费者心理与行为的商品开发策略
任务一 商品名称策略……119
任务二 商品品牌策略……123
任务三 商品包装策略……131
任务四 新产品开发策略……138

项目八
基于消费者心理与行为的商品价格策略
任务一 商品价格的心理功能……146
任务二 商品定价策略……151
任务三 商品调价策略……156

项目九
基于消费者心理与行为的商品广告策略
任务一 商业广告概述……163
任务二 广告设计策略……171
任务三 广告媒体选择策略……181

项目十
基于消费者心理与行为的营销沟通策略
任务一 营销沟通概述……188
任务二 销售服务策略……192

项目十一
基于消费者心理与行为的营销环境策略
任务一 店容店貌设计策略……198
任务二 店内设计策略……208

项目十二
营销人员的心理素质
任务一 营销人员的心理品质……217
任务二 “品质”营销人员法则……220

参考文献……226

项目一

消费者心理与行为导论

项目任务导图

- 消费者心理与行为导论
  - 消费者心理与行为分析概述
    - 心理学的概念
    - 消费心理学的概念
    - 消费的概念
    - 消费者的概念
    - 消费者行为的概念
  - 消费者心理与行为分析的研究对象与内容
    - 消费者心理与行为的研究对象
    - 消费者心理与行为的研究内容
  - 消费者心理与行为分析的研究原则、方法与意义
    - 消费者心理与行为的研究原则
    - 消费者心理与行为的研究方法
    - 消费者心理与行为的研究意义

项目目标

知识目标

理解消费者心理与行为的基本概念

掌握消费者心理与行为的研究对象与内容

了解消费者心理与行为的研究原则、方法与意义

能力目标

能够结合消费实际理解消费者心理与行为的基本概念

能够结合消费实际理解消费者心理与行为的研究对象和内容

能够对消费心理学的研究方法有一定认识，并能在市场营销活动中运用消费者心理与行为的研究方法分析消费者心理

素质目标

能够整体把握消费者心理，以正确、健康、向上的方式开展市场营销活动

任务一

消费者心理与行为分析概述

任务导入案例

吉列剃须刀的营销启示

在吉列的世界里，有两个梦想：先让世界变得更好，再阻止全世界男性的胡须在黑夜里潜滋暗长。

赔本赚吆喝：借助士兵和政府的心理需求打开市场

第一次世界大战期间，当吉列创始人金·坎普·吉列看到蓄着大胡子的士兵在前线的新闻照片时，他就意识到这里隐藏着一个巨大的市场。士兵们将剃须刀、磨刀的皮条以及磨刀石全都带到战场上非常不方便，于是，很多人的脸上便长出茂密的“森林”，不仅不卫生，而且士兵受伤后因毛发影响也不易痊愈。吉列敏锐地观察到了这一商机，1917年4月，他以低于成本价的价格同政府签订了有史以来最大的一笔政府采购合同：政府低价购买350万副刀架和3600万片刀片，然后将剃刀发放给士兵。这似乎是一桩亏本买卖，但随后不久，不计其数的美国士兵成了吉列剃须刀的使用者。这些士兵到欧洲作战，把吉列剃须刀带到了欧洲，欧洲人也深受其影响，喜欢上了这种安全、方便的剃须刀。第二次世界大战后，吉列剃须刀被美国士兵带到了世界各地，吉列外包装上“留胡子的老人头”商标被世界各国的人们记住。

带动消费潮流：男色经济

吉列将男性用品与男性热点话题紧密结合，无疑是抓住了消费者的心理。而近年来男色经济的悄然崛起，对吉列来说不仅是一个机会，也是一个挑战。因为男色经济可以同时引导女性、男性两个市场，这就需要全新的营销思维。在审美多元化的时代，只要善于抓住男性消费者群体的心理，就能挖掘无限商机。企业想借助男色经济这艘营销快艇，需要从消费者群体、产品类型、代言人三个方面全面思量。

（资料来源：全球品牌网。）

问题思考：

站在营销者的角度，你认为“吉列”产品中包含哪些消费者角色？蕴含哪些消费者行为？在不同历史时期采用何种营销方式抓住了男性消费者群体的心理？

知识讲解

知识点一 心理学的概念

一、心理学的概念

心理学是研究人和动物心理现象及其规律的一门科学，以人的心理现象为主要研究对象。

二、心理学的发展历史

心理学一词源于希腊文，意指“灵魂的学说”。希腊文中认为，灵魂就是“呼吸和气体”的意思，后来由于科学的发展把它改成“心灵”。19世纪中叶，心理学从哲学中分离出来，成为一门独立的科学。德国著名的心理学家艾宾浩斯曾说，心理学的诞生是以德国心理学家、科学心理学的创始人冯特于1879年在德国莱比锡创立的第一个心理实验室为标志的。自20世纪以来，各国心理学家从不同角度、针对不同对象揭示了人的心理现象的多样性和多质性，从而使心理学成为具有100多个分支学科的庞大学科体系。心理学既是一门理论学科，也是一门应用学科，包括基础心理学与应用心理学两大领域，其中应用心理学包括教育和学校心理学、临床和咨询心理学、管理心理学、消费心理学、环境心理学、法律心理学、工业与组织心理学、运动心理学、工程心理学、康复心理学等主要分类。

三、心理学研究的主要内容

心理学是研究人的心理现象或心理活动发生、发展及其规律的科学，包括心理活动过程和个性心理两个方面（图1–1）。

（一）心理活动过程

人的心理活动过程包括认识过程、情感过程和意志过程三个方面。其中认识过程是基本的心理过程，情感和意志是在认识的基础上产生的。

（1）认识过程。这是指人在认识客观事物的过程中，为了弄清客观事物的性质和规律而产生的心理现象。感觉、知觉、记忆、想象和思维等心理活动，在心理学中统称为认识过程。

（2）情感过程。这是指人在认识客观事物的过程中所引起的人对客观事物的某种态度的体验或感受。“愉快”“满意”“热爱”“厌恶”“欣慰”“遗憾”等心理活动，在心理学中统称为情感过程。

（3）意志过程。这是指由认识的支持与情感的推动，使人有意识地克服内心障碍与外部困难而坚持实现目标的过程。

认识、情感和意志都有其自身的发生和发展的过程，但是，它们不是彼此独立的过程。情感和意志过程中含有认识的成分，它们都是由认识过程派生出来的；情感与意志又对认识过程发生影响，它们是统一的心理活动中的不同方面。认识、情感、意志过程作为

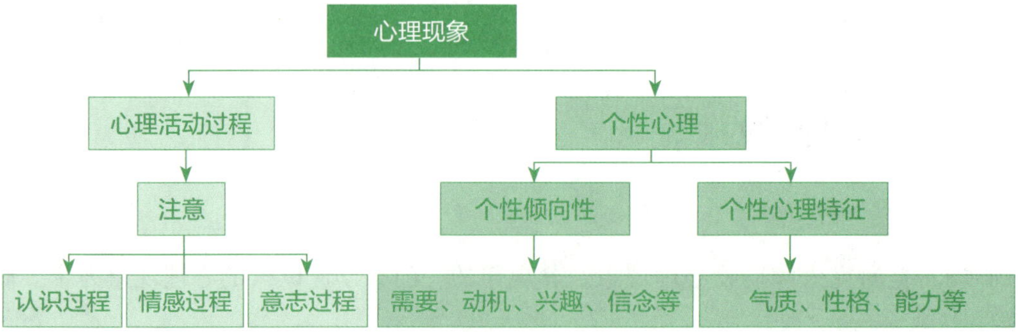

图 1-1　心理学研究的主要内容

心理学研究对象的一部分，被统称为心理活动过程。

（二）个性心理

个性心理是每个个体所具有的稳定的心理现象。它包括个性倾向性和个性心理特征两个方面。

（1）个性心理特征。个性心理特征是个体身上经常表现出来的本质的、稳定的心理特征。它主要包括能力、气质和性格，其中以性格为核心。

（2）个性倾向性。个性倾向性是决定个体对事物的态度和行为的内部动力系统，是具有一定的动力性和稳定性的心理成分。个性倾向性是个性心理的重要组成部分，它对相关的心理活动起着支配和控制的作用。

知识点二　消费心理学的概念

一、消费心理学的概念

消费心理学作为心理学一个重要分支，主要研究消费者在消费活动中的心理现象和行为规律。

二、消费心理学的发展历史

（一）消费心理学研究的历史条件

1．消费心理学研究的社会经济背景

资本主义商品生产的发展和市场经济的发达是消费心理学研究活动产生的社会经济背景。

2．消费心理学研究的心理学基础

为了了解和解决消费者消费过程中存在的诸多问题，人们将心理学理论应用于市场营销实践，专门研究消费过程中消费者心理与行为的产生发展及其规律，从而形成一门以心理学、经济学、社会学、市场营销学等学科为基础的边缘性应用学科——消费心理学。消

费心理学借鉴不同学科的多种研究方法，对消费者心理和行为进行观察、记述、分析和预测，探索其规律性，为工商企业生产和经营提供理论依据和有益的经验，以提高企业认识、控制、预测消费者心理和行为的能力。

（二）消费心理学的发展历史

1. 消费心理学的萌芽时期

19世纪末20世纪初，有关消费者心理和行为的理论开始出现并且得到了初步的发展。早期的消费心理学研究是与广告理论研究联系在一起的，1900年美国明尼苏达大学的心理学家盖尔出版了著作《广告心理学》。

1903年美国社会心理学家斯科特出版了《广告理论》一书，书中较为系统地谈到影响消费者心理的各种因素，标志着消费心理学的雏形——广告心理学的产生。1908年，美国社会学家罗斯发表了《社会心理学》，着重分析了个人和群体在社会生活中的心理和行为。

1912年，德国心理学家闵斯特伯格发表了《工业心理学》一书，阐述了在商品销售过程中广告和橱窗陈列对消费者心理的影响。1925年美国经济学家科普兰出版了《销售学》一书，对消费者的购买动机进行了详细的研究。

从早期的消费心理研究发展中可以看出，当时对消费心理与行为的研究还刚刚开始，研究的重点是如何在生产能力增长速度超过市场需求增长速度的情况下促进企业的销售，而不是如何满足消费者的需求。另外，这种研究基本上局限于理论阐述，还没有具体应用到市场营销活动中来。

2. 消费心理学的发展时期

从20世纪30年代到60年代，有关消费者心理学的研究迅速发展，并逐渐被广泛应用于市场营销活动中，最终发展成为独立的消费心理学学科。

20世纪30年代，资本主义国家的经济萧条使得生产严重过剩，产品积压。刺激消费成了各国政府为渡过经济危机所采取的主要措施，生产厂商和经销商也都逐渐懂得，只有了解消费者才能在残酷的市场竞争中战胜对手，求得生存。经济环境的变化使各资本主义国家的一些企业逐渐认识到，只有树立“以消费者为中心”的营销新观念才能适应环境的要求。

第二次世界大战期间，各交战国的经济都受到了严重挫伤，商品供不应求。这种局面虽暂时不利于消费者心理研究的继续深入发展，但却刺激了关于如何引导消费的研究。

进入50年代，各资本主义国家的经济逐渐恢复，消费心理学研究再次得到发展。特别是美国，由于战后军事工业迅速转向日用消费品的生产，消费者的需求层次大大提高，购买心理更为复杂难料，同时市场竞争更加激烈。在这种买方市场已经形成的条件下，刺激消费的各种手段被提了出来。

20世纪50年代，资本主义国家对消费心理和行为的研究开始由宏观经济导向转向微观实际应用，开始采用行为科学的方法研究个体消费者的消费动机、态度、购买习惯等微观问题，消费心理学的有关基础概念、理论等逐渐形成。

1957年，社会心理学家鲍恩研究了参照群体对消费者行为的影响。研究表明，参照群体的价值标准对消费者选择商品有很大的影响。心理学家卡陶纳研究了影响消费者行为的期望和态度，此外，关于风险知觉和潜意识广告等方面的专题研究也取得了一定的成果。

1960年，美国正式成立了“消费者心理学分会”。1969年，美国又出现了“顾客协会”，在这一时期相继问世的《广告研究》和《市场研究》两家杂志为消费心理学的研究成果的传播做出了重要贡献。

3．消费心理学的成熟时期

20世纪70年代以后，有关消费心理学研究的论文、报告、专著等数量剧增，研究内容越来越深入，消费心理学的传播越来越广泛。

进入20世纪80年代以来，消费心理学研究随着社会经济发展而不断深化，与市场营销的关系日益密切，同时还出现了学科联合研究的势头。消费心理学研究出现了一些趋势：

（1）消费心理学理论有了较大发展；

（2）从宏观角度进行的研究有所加强；

（3）由单纯的数量关系研究转向因果关系的研究；

（4）与相关学科交织发展，相互借鉴与促进；

（5）采用现代化研究方法，如采用计算机技术、信息处理技术等。

知识点三　消费的概念

一、消费的概念

消费是指人们为了满足生产或生活需要而消耗物质财富的一种经济行为。

二、消费的分类

消费可以从广义和狭义的两个角度来理解。消费的广义理解是指人们消耗物质资料和精神产品以满足生产和生活需要的过程，可分为生产消费和个人消费两类。生产过程中对原料工具、人力等生产资料和活劳动的消耗，这些都属于生产消费。人们为自身需要而对各种生活资料、劳务和精神产品的消耗，可称为个人消费。人们通常意义上所讲的消费是指个人消费。

【头脑风暴】大学生是一个特殊的消费群体，近年来很多企业都将大学新生作为目标群体，大学新生有哪些个人消费行为呢？

知识点四　消费者的概念

一、消费者的概念

消费者的英文是consumer，科学上的定义为食物链中的一个环节代表着不能生产，只能通过消耗其他生物来达到自我生存的生物。我国《消费者权益保护法》虽然未直接明确消费者的定义，但第2条将“为生活消费需要而购买、使用商品或接受服务”的行为界定为消费者的消费行为，根据这一规定，所以，消费者是指为满足生活需要而购买、使用商品或接受服务的，由国家专门法律确认其主体地位和保护其消费权益的个人。

二、消费者的角色

根据消费者心理行为发生的规律，可以将消费者的角色分为倡导者、影响者、决策者、购买者和使用者这五大角色。

［微课］
消费者的角色

消费倡导者本人有消费需要或消费意愿，或者认为他人有消费的必要，或者认为其他人进行了某种消费之后，可以产生所希望的消费效果，他要倡导别人进行这种形式的消费，这个人就属于消费的倡导者。以各种形式影响消费过程的一类人，可称为消费的影响者，包括家庭成员、邻居与同事、购物场所的售货员、广告中的模特、消费者所崇拜的名人、明星等。消费决策者是指有权单独或在消费中拥有与其他成员共同做出决策的人。消费购买者是指直接购买商品的人。而最终使用、消费该商品并得到商品使用价值的人，可称为使用者。

五种角色在现实生活中可能是同一个人，也可能是不同的人，比如说，中国人注重孝道，老年人的消费用品很多是由子女购买的；成年人个人用品多数是由使用者自己决策和购买；而大多数儿童用品的使用者、购买者和决策者则是分离的。如果把商品的购买决策、实际购买和使用视为一个统一的过程，那么，处于这一过程任一阶段的人都可称为消费者。

知识点五　消费者行为的概念

一、消费者行为的概念

消费者行为是指消费者为满足需要和欲望而寻求、选择、购买、使用、评价及处置消费物品或服务时所采取的各种活动过程。在现代市场经济条件下，企业研究消费者行为是着眼于与消费者建立和发展长期的交换关系。为此，不仅需要了解消费者是如何获取产品与服务的，而且也需要了解消费者是如何消费产品的，以及产品在用完之后是如何被处置的。

二、消费者行为的特点

我们每一个人，都是消费者，每时每刻都可能在消费，消费者行为看上去似乎非常简单和平淡，但每一个消费者的心理和行为却又相当复杂多变。消费者的心理和行为虽然复杂多变，但是，实际上是可以被理解和把握的，这其中存在一定的共性特点。

（一）消费者行为是受动机驱使的

在现代社会经济生活中，由于购买动机、消费方式与习惯的差异，消费者的消费行为表现得形形色色，各不相同，但所有消费者的行为都是因某种刺激而产生，这种刺激既来自外部世界，也源于消费者内部的生理或心理需要。在各种企业外部环境因素和消费者内部需要等内外因素的刺激作用下，消费者经过复杂的心理活动产生购买动机，在动机驱使下，消费者进行购买决策，采取购买行动并进行购买后的评价。

实例链接

"把乐带回家"——百事每年的压轴营销

2020年萌鼠"乐乐"再添惊喜。一只萌鼠"乐乐"的出现，引发了一家人鸡飞狗跳的"灭鼠"行动，然而在这个过程中却无意翻出大量儿时的"宝藏"，串起了三代人共同的美好回忆……配合鼠年生肖特色，百事特别推出了新年限量罐，金色和蓝色的罐身上，分布的是潮酷、萌趣又富有传统文化特色的"锦鲤鼠""祥龙鼠""瑞狮鼠"形象。

农历春节是千百年来中国人最重要的节日，对饮料食品市场来说，聚会频次高的春节前后也一直是非常重要的营销季，每年的贺岁备货阶段可谓是行业最忙碌的时期。

近年来，"把乐带回家"每年都在不断尝试用新的故事、新的角度、新的方式来诠释节日欢乐和家庭亲情的意义与联系，挖掘家庭记忆留给每个人群的宝藏。每年在特定的时间点，都会提醒在日益加速的生活节奏中穿梭的人们，不管社会节奏、人口结构、生活工作压力怎么变化，中国传统文化和家庭亲情的重要性都不容忽视。

（二）消费行为参与者的广泛性

初中生张明购买电脑这一消费行为中包括倡导者、影响者、决策者、购买者和使用者这五大角色。可见，分析不同购买决策参与者所扮演的不同角色，搞清楚谁是购买决策的参与者，对于企业选择促销方式和手段具有非常重要的意义。

【头脑风暴】在张明购买电脑的故事中，根据电脑的价格、外观和性价比，张明的爸爸最终购买了一款3000元的电脑。为什么购买了一台3000元的电脑，而不是外观更漂亮、功能更多的5000元的电脑呢？

【一点通】这说明消费者需求是有差异的。

（三）消费者需求是有差异的

随着消费者需求更加趋于多样化和个性化，且不可能通过一种产品或服务来满足所有的消费者，企业要想在市场竞争中求得生存和发展，应该力求满足全体消费者中的一类或几类特定的消费需求。比如，年轻消费者对于方便面的选择在使用场景和口味偏好上产生了巨大的变化，在此背景下，统一集团针对年轻一族推出了一款高品质的方便面——汤达人，与以往的方便面广告风格相比，汤达人的广告则更好玩、更有趣，更受年轻人的喜欢。

（四）消费者行为具有可诱导性

消费者有时对自己的需求并不能清楚地认识到，此时企业可以通过提供合适的产品来激发消费者的需求，也可以通过有效的广告宣传、商业推广等促销手段来刺激消费者的购买欲望，甚至影响他们的消费需求，使他们改变消费习惯，更新消费观念。

任务二

消费者心理与行为分析的研究对象与内容

任务导入案例

华为手机销量大爆发：技术突破与营销策略“双管齐下”

华为销量大爆发是在深入探索当代消费者心理的基础上，将产品的技术创新与合适的营销策略等影响消费者行为的重要因素综合运用的结果。

一、产品：把消费者对产品的功能诉求放在第一位

（1）华为手机从进入主航道开始，就把产品研发放在了第一位。比如，在P6发布的时候，市面上的手机除了苹果三星之外，大部分的手机外观都差不多，像个黑砖头。P6本身手机性能一般，就靠着漂亮的外观卖了几百万台，这就是抓住了一部分客户需求的具体表现。

（2）充满人性或魔性的广告包装。不得不说，近几年华为的广告创意越来越有“国际范”，除了震撼的画面效果，还擅长抓住用户的内心，建立与消费者的情感关联，成为人们喜爱和追随的品牌。

二、价格：根据不同的市场定位，制定不同的价格策略

手机的价格可不是便宜就有优势。便宜是卖点之一，但一个产品的优势如果只有便宜是远远不够的。品牌含金量的打造也是华为通过多年的坚持才获得的。数据显示，商务人群对华为的认可度是比较高的。

三、渠道：注重经销商的培育和销售网络的建立

企业并不直接面对消费者，而是注重经销商的培育和销售网络的建立，企业与消费者的联系是通过分销商来进行的。渠道分为两种，即销售渠道和宣传渠道。华为的销售渠道比较丰富。

技术突破本身并没有价值，适合客户的技术突破才是有价值的。即使有了技术突破，没有营销包装的技术参数也只是些数字而已，没有宇航员的创意，谁知道超广角有什么用？适当的包装，全覆盖的宣传，可以让技术突破的效果无限放大。华为通过多年对2C（To Consumer）市场的了解，老人与马的广告不会再拍了。

（资料来源：知乎，https://www.zhihu.com/question/312176827/answer/601685552.）

问题思考：

1. 华为手机是从哪些方面深入挖掘消费者心理的？
2. 华为手机采用了哪些影响消费者购买的外在因素？

知识讲解

知识点一　消费者心理与行为的研究对象

消费者心理与行为以市场活动中消费者心理现象的产生、发展及其规律为学科的研究对象，并探讨消费心理与市场行为之间的相互关系。具体而言其侧重以下几个方面。

一、市场营销活动中的消费心理现象

在市场营销活动中，经营者总是力图通过各种措施促使消费者产生购买欲望，并且使购买行为向着有利于扩大销售的方向转化，而作为消费心理表象的消费行为却并不一定与经营者的意愿相符。例如，经营者降低商品价格本意是刺激消费者增加购买量，但是有些消费者却把降价看成商品不再流行或不再适用的标志。因此，要想提高营销效果，经营者在开展市场营销活动时，必须首先了解消费者特有的心理，以便能够选择适当的营销策略。

二、消费者消费行为中的心理现象

消费者的购买行为及其心理现象必然要受到买卖行为主体之间关系的影响。买卖活动中的行为主体不仅有消费者，而且有销售人员和服务人员。这两类行为主体的利益和动机不同，由此可能在购买行为中产生心理活动冲突。消费者在市场上以购买者的身份出现，他们以货币购买商品或服务，要求自身的消费权益得到保护，要求消费需求得到满足；而销售者或服务者一方面代表企业从事销售活动，有义务在为消费者服务的同时维护企业的利益；另一方面作为个体，他们每个人同样具有个性心理特征，其销售或服务风格也有所差异。因此，当买卖双方在交易形式、交易条件、交易内容上出现意愿差异以后就会导致心理冲突。心理冲突处理不当，有可能引起行为冲突，结果是既不利于满足消费者的需求，也不利于经营者实现预期目标。

三、消费心理活动的一般规律

在市场上，通过消费者的市场行为表现出来的消费心理现象，一般是消费者群体中的个体心理，往往带有消费者的个性心理特征。然而，大多数经营者都不可能在所有的营销环节针对所有的消费者个性心理采取对策。经营者需要把握的是一定的消费者群体在一定的环境和条件下的一般心理规律。因此，消费心理学就要分析伴随消费行为产生的感觉、知觉、记忆、想象、思维、情感、意志等心理活动过程。经营者需要进一步探索消费心理活动的一般规律。

知识点二　消费者心理与行为的研究内容

本书从不同的方面和角度重点研究消费者的心理与行为现象和商品营销过程中的心理问题。具体从以下两个方面展开。

一、影响消费者心理与行为的内部因素

（一）消费者的心理活动过程

任何心理活动都有它产生、发展和完成的过程，这些过程包括认识过程、情感过程和意志过程。同样，消费者从进入商店之前到把商品买去使用的整个过程，一般来说也存在着对商品的认识过程、情感过程和意志过程。消费心理学通过研究每一过程的发生、发展和表现形式等的规律性以及三个过程之间的联系，可以发现消费者行为中包含的心理现象的共性。

（二）消费者的个性心理特征

人们在兴趣、能力、气质、性格等方面反映出来的个人特点和相互差异，是形成消费者不同购买动机、购买方式、购买习惯的重要心理基础。通过研究消费者的个性心理特征，可以进一步了解产生不同消费行为的内部原因，掌握消费者购买行为和心理活动规律，了解社会消费现象，预测消费趋向，为制定生产、经营战略和策略服务。

（三）消费者购买过程中的心理活动

心理学研究认为：人的行为是由动机决定的，而动机又是由需要引起的。消费者究竟有哪些需求？是一些什么样的动机驱使他们采取某些购买行为？需要和动机是消费者进行各种消费活动的源泉和推动力量，也是笔者研究消费者的出发点。因此企业的生产、经营活动必须从了解消费者的需要和动机入手，并且把满足消费者的需要和动机作为企业生产、经营的目标与宗旨。

二、影响消费者心理与行为的外部因素

消费者的心理与行为不仅受个人因素影响，还受到他所处的社会历史条件的制约和社会因素的影响，因而人与人间的消费活动又有相同之处。而且，只有从社会因素对其影响的角度来研究消费者心理和行为的规律，才能科学地解释消费者的心理和行为，并为消费心理和行为的预测提供切合实际的依据。外部因素对消费者心理和行为的影响是多方面的，比较主要的因素有以下几种。

（一）社会环境对消费心理的影响

社会的物质环境、制度环境和精神环境对消费文化有不可低估的作用。一定的社会环境形成相应的社会消费文化，而消费文化又影响人们的消费行为。消费心理学研究社会环境对消费心理的影响，其作用在于使经营者把握与消费者进行心理沟通的渠道。

（二）消费者群体对消费心理的影响

每一个消费者都生活在一个以上的群体之中。例如，青年知识分子既属于青年消费者群体，又属于文化层次较高的消费者群体。群体的意识特征和行为准则对消费者个体的价值观念、消费方式和消费习惯有着重要的影响和制约作用，不同消费者群体的行为规范和

消费习惯影响着消费者个体的心理活动。消费心理学研究消费者群体与消费心理的关系，有助于经营者针对目标市场的特征采取相应的营销策略。

（三）消费态势对消费心理的影响

消费态势是指社会群体心理倾向的某些典型状态和形势，如消费流行、消费习惯、感性消费等。研究消费态势对消费心理的影响，其目的在于进一步认识社会环境因素作用于消费者群体时所产生的特殊但有一定典型性的消费心理现象。

实例链接

消费态势的变化——民宿类慢生活综艺节目的流行

《2019职场人生活状态调查报告》中显示，中国城市发展迅速，农村向城市的转变也加快了进程，10年间城市人口平均每年增长3000多万人，导致生活在城市的人们压力越来越大。近一半的城市人口盼望远离城市喧嚣，从城市搬到乡村，呼吸大自然的新鲜空气，享受田园生活。由此诞生了国内第一档民宿类慢生活综艺节目——《向往的生活》。民宿的大热体现了人们对于非标准住宿的需求、消费观念的改变，以及媒体对消费者心理（关于情怀、故事等）的洞察。先前的一些综艺节目，如《爸爸去哪儿》，所到之处都会都成为大热的旅游目的地，而近几年主打民宿慢生活的综艺节目也层出不穷，如湖南卫视的《向往的生活》《亲爱的客栈》，东方卫视的《青春旅社》《三个院子》，浙江卫视的《漂亮的房子》等。

（资料来源：李梦露，民宿类慢生活综艺节目对民宿发展的影响研究。）

【思考与应用】民宿类慢综艺节目从哪些方面体现了消费态势对消费心理的影响？

（四）商品因素对消费心理的影响

影响消费心理的商品因素主要包括产品创新、商品品牌、商品包装、商品价格等，属于经营者营销策略的内容。消费心理学研究商品因素对消费心理的影响，其目的在于帮助经营者更清楚地认识自己的营销策略与消费心理的关系。

（五）购物环境对消费心理的影响

购物环境能够影响消费者在购买过程中的心理感受，直接影响商业企业对消费者的吸引力，进而影响其对市场的开发。购物环境包括两大类，其中店外环境主要影响消费者对商业企业的兴趣和关注，店内环境对消费者的购买行为产生直接的作用。

（六）营销沟通对消费心理的影响

营销沟通是经营者为自己创造需要、创造消费者的重要手段。经营者应该通过营销沟通使消费者感到对方提供的商品或服务正是自己所需要的。只有与消费者建立起良好的沟通渠道和关系，经营者才能顺利地进行营销活动。营销沟通的手段主要有广告沟通、营销人员与消费者的直接沟通等。

任务三

消费者心理与行为分析的研究原则、方法与意义

任务导入案例

观察法在超级市场中的运用

美国学者威尔斯和洛斯克鲁两人曾在一家超市的谷物食品、糖果、洗衣粉等柜台前进行了600小时的观察。从消费者进入这些柜台的通道开始，直到离开为止，观察消费者的各种活动，做了1500余条记录。通过对观察记录的分析，研究消费者的构成、决策等。比如：男性和女性所占的比例，儿童和成人所占的比例；研究几个人在一起时，谁是影响者，谁是决策者；研究消费者在购买前对商品包装、商标、价格的注意程度等。

问题思考：

以上案例运用了观察中的哪些具体方法？

知识讲解

知识点一　消费者心理与行为的研究原则

一、客观性原则

即实事求是的原则，消费心理的研究必须紧密联系商业经营活动的实际情况，客观地、全面地分析在经营活动条件制约下的心理现象的特点，从而揭示消费者心理活动产生、发展和变化的规律。例如，网购商品的“七天无理由退换货”很好地消除了消费者购买后维修是否困难和是否为假冒伪劣商品的顾虑心理。

二、系统性原则

即联系性原则，是指对心理现象的研究应该在各个因素的前后联系和相互关系中去分析认识。例如，营销环境的优劣会影响消费者的情绪，而消费者的情绪又制约着其对环境的体验。另外，人的心理过程和心理状态也相互联系，比如，消费者群体对商品的认识过程与他们当时的心理状态紧密相连。

三、发展性原则

世界上的万事万物都处在永恒的不断变化之中。发展性原则要求研究者用动态的、连续的观点，在事物产生、延续、变化的过程中研究消费者的心理。应该将人的心理活动看成是一个变化发展的过程。例如，随着支付宝、微信等手机支付功能的出现，“入室盗

窃”案件越来越少，但“网络诈骗”又成为消费者必须警惕的新陷阱。

知识点二 消费者心理与行为的研究方法

一、观察法

（一）概念

汉朝的刘向在《说苑·政理》中说道：“夫耳闻之，不如目见之；目见之，不如足践之。”耳听为虚，眼见为实，这就是观察法。观察法是指调查者在自然条件下凭借自己的眼睛或其他观察仪器设备，在调查现场进行实地考察，记录正在发生的市场行为或状况，以获取各种原始资料的一种研究方法。观察法有自然观察法和实验室观察法两种形式。

（二）特点

观察法的特点是在一种日常的自然状态下对市场进行调查，可以不与被调查对象进行口头或书面沟通，观察法强调的是在不打扰被调查对象的前提下，调查人员对调查对象的行为进行系统的观察和记录。

【头脑风暴】某玩具生产商要对学龄前儿童偏好哪些玩具进行调查，你认为采用哪种方法更好呢？

【一点通】方案一：可以对儿童家长进行调查，通过对家长的调查，了解儿童对某些玩具的偏好情况。方案二：针对学龄前儿童的特点，设计观察方案，观察者不直接参与进去，在观察儿童玩玩具的过程之中，记录下每个孩子的行为。例如，孩子对某一玩具是否特别感兴趣，这个孩子玩这一玩具的时间有多长，其他的孩子对这一玩具是否也同样感兴趣等。

（三）分类

观察法的分类有很多。依据不同的标准可以有不同的分类结果。

1. 连续性观察和非连续性观察

按照观察的时间周期来划分，可以分为连续性观察和非连续性观察。连续性观察是指在比较长的一段时间内对被观察对象连续做多次反复的观察，适用于对动态事件的观察。非连续性观察只是在较短时间内的一次性观察，一般适用于对过程性、非动态性事件的观察。

2. 隐蔽性观察和非隐蔽性观察

按照被观察者是否知情，可以将观察法划分为隐蔽性观察和非隐蔽性观察，隐蔽性观察是指被观察者在没有意识到自己正在受到观察的情况下所进行的一种观察活动。非隐蔽性观察则相反，往往是被观察者了解市场调查的目的，知道自己处于被观察的状态。不过，非隐蔽性观察比较容易引起被观察者的不安和紧张，甚至是反感、反常，从而导致获取信息的失效。因此，一般情况下尽量使用隐蔽观察法。

实例链接

20世纪初，查尔斯·巴林先生通过对芝加哥街区垃圾的调查，进而获得家庭食品消费情况。后来，美国亚利桑那大学的几位社会学教授也采用隐蔽调查的方法，调查土克桑市居民的食品消费情况。调查结果表明，土克桑市的居民每年浪费掉9500吨食品，被丢弃的食品中，有许多是诸如一整块牛排，一个苹果或一听打开的豆子罐头等可以食用的食品，低收入家庭比高收入家庭更能合理地安排食品消费，所有的家庭都减少对高脂肪、高蛋白食品的消费，但对方便食品的消费却有增无减，这为调查美国居民的食品消费提供了样本和数据。

（资料来源：作者根据相关信息整理。）

3．参与式观察和非参与式观察

按照观察者扮演的角色来划分，可以分为参与式观察和非参与式观察。参与式观察是指调查者参加到被观察对象的群体中并成为其中的一员，直接与被观察者发生关系，以搜集相关资料的一种调查方法。例如，很多企业为了获取市场信息，会长期在一些大型的卖场派驻信息员，他们以销售人员的身份，直接与顾客接触，通过有意识的观察活动，了解市场情况，把握市场动态。参与式观察一般是在被观察者不知晓的情况下进行的，这样会更容易获得真实、可靠的市场信息。不过它的缺点是周期比较长，费用比较高。非参与式观察是指调查者不改变身份，而是以局外人的角色从外围现场搜集资料的一种方法，调查者不向被调查者提任何问题，不随意靠近被观察者，也不对任何问题表露兴趣，尽可能不让被观察者知道自己正在被观察。

一般来说，非参与观察必须要事先制订周密的观察计划，严格规定观察内容和记录方式，否则，容易导致观察资料的不完整。当然，非参与式观察，还可以借助一些观察的设备仪器，例如，用监控设备来保持观察的隐蔽性，降低观察人员的记录负担，提高资料的完整性和可靠性。

4．结构性观察和非结构性观察

按照观察者对观察的逻辑性，可以分为结构性观察和非结构性观察。二者的区别主要是观察的计划提纲等的逻辑是否严密，一般来说，结构性观察的逻辑性更强，是按照统一的计划、统一的要求和统一的手段进行观察，市场调查人员没有太大的自主权，与结构性观察相反，非结构性观察则实行开放性的政策，不需要预先制订计划、观察提纲或者观察卡，主要凭借观察人员随看随听随记，这种方式对调查人员的要求很高，否则，很容易导致观察不严谨，观察资料不完整，非结构性观察更适合探索性研究的观察。

二、访谈法

（一）概念

访谈法是调查者通过与受访者的交谈，以口头信息传递和沟通的方式来了解人们的动机、态度、个性和价值观念等内容的一种研究方法。访谈法也称面谈法，调查一般由访问人员向被调查者询问问题，通常可以采取登门拜访、邀约面谈、开座谈会或电话访谈的形式。

（二）分类

依据与受访者接触的不同方式，访谈法可以分为面对面访谈和电话访谈两种。

1．面对面访谈

面对面访谈又可以分为一对一的个人深度访谈和一对多的焦点团体访谈。这里重点讲述一对一的个人深度访谈。

一对一的个人深度访谈指拥有专门访问技巧的访问员对一个符合特定条件的访问对象，使用无结构式的方法进行个人对话式访问，以揭示潜隐的关于特定行为、动机、目的、态度、感受的报告并发现其内在的关联关系。这里面的关键是要通过访谈，找出潜隐的、内在的关系，因此，称为“深度访谈”。

个人深度访谈通常有两种形式，自由式访谈和半控制性交谈。二者主要的区别在于，访问人员对交谈内容的控制程度，自由式访谈通常适用于比较难以轻易揭示的问题、极简短的沟通或者回答、难以让被访者表达出真实或隐藏的观点态度。访问员通过自由式访谈进行问题的自由发问，应答者自由发表见解和回答问题，从而逐渐发掘出内心深处的观点和看法。

（1）自由式访谈。自由式访谈要想取得成功，需要访问者遵循以下步骤：首先，提前设计提纲；其次，建立轻松友好的谈话氛围，访问员与被访者应该尽快建立初步的信任和合作关系，因此需要访问员具有比较好的亲和力。另外，访问员需要具备谈话的拓展能力，特别是对于被访者的某些回答，进行深入咨询和探讨。需要注意的是，在谈话离题的情形下，访问员能自如地把话题引导到探讨的主题上来，并且访问员还可以在征得被访者同意的情况下，借助录音或录像设备，访谈结束后及时进行记录、总结，用于后期的数据分析和整理。现在的很多访谈类综艺节目后期加入能够传递正能量的网红词语，深受观众欢迎。

（2）半控制性访谈。当访问员需要对被访者就一系列主题进行沟通的时候，就可能因为总体沟通的时间限制，而采用半控制性交谈来进行，这种访谈通常需要对每个访谈主题进行限制，且研究主题多数类似市场情报、技术发展趋势、市场需求、竞争态势、相关法律法规等。半控制性交谈同样需要访问员有良好的话题控制能力，特别是如果被访对象是企业高层，或者是资深专家，还需要访问员有足够的说服力和专业性来接近和取得对方的信任，例如，撒贝宁作为访谈者采访经济民生类问题就非常合适。

一对一个人深度访谈也有它的缺点：第一，它的缺点首先表现在对访问员要求很高，一方面专业的访问员比较稀缺，另一方面访问员的专业性对访谈的效果影响非常大，访谈法进行的调查通常是无结构的，这更进一步加大了访问员的专业素养对访问质量的影响；第二，访谈法采用的是一对一的方式来进行的，成本是相对比较高的；第三，因为访谈对象通常是企业的高层管理人员或者是专业人士，他们是比较难以预约成功的；第四，作为定性研究方法的代表方法之一，因为个人深度访谈使用的是小样本，它所选的对象的代表性难以确定。

2．电话访谈

电话访谈是指借助电话手段的访谈方式。专业的访问者需要有独立、封闭的工作空间，使用轻松的头戴受话器，同时双手或利用软件可以进行访谈信息的记录。

【头脑风暴】随着互联网技术的发展，特别是2020年初新型冠状病毒肺炎疫情期间，人们“居家隔离”，相互交流的方式变为“线上”，这说明除了上述访谈法之外我们还可以采用哪些新的方法访谈呢？

【一点通】QQ会议、QQ屏幕分享、微信群聊等软件可以实现“随时随地线上”音频、视频访谈，并可以较完整、较方便地保留访谈数据。

三、问卷法

（一）概念

问卷法是指以请被调查的消费者书面或网上回答问题的方式进行的调查，也可以变通为根据预先编制的调查表请消费者口头回答，由调查者记录或软件汇总的方式。问卷法适用于了解消费者的消费动机、消费态度和消费观念等，有封闭式和开放式两种形式。

（1）封闭式问卷。让被调查者从所列出的答案中进行选择，如选择题和是非题。

（2）开放式问卷。被调查者根据调查者所列出的问题任意填写答案，答案不做限制，如填空题和简答题。

（二）调查表的设计与制作

（1）目的明确。

（2）题目清楚、明确，不能含混不清或可做多种解释。

（3）问卷设计好之后应进行预备性的调查实验，以检查问卷的质量，减少误差，并在预测的基础上进行修改。

（4）注明填答调查表的要求和注意事项、奖励办法等。

实例链接

速溶咖啡的尴尬

20世纪40年代后期，速溶咖啡作为一种方便饮料刚刚进入美国市场。让生产者和经营者始料不及的是，这种被他们认为方便、省时、省力、快捷，价格也适中的新产品并不受欢迎，问津者寥寥无几。而当直接问及消费者不买这种速溶咖啡的原因时，大部分人的回答是：不喜欢速溶咖啡的味道！美国加州大学的教授认为，消费者并没有回答拒绝购买的真正原因。其实味道只是他们的一个托词，实际上是一种潜在的心理在起抵制作用。

于是，他采用了间接的角色扮演法进行深入的调查。在调查中，他首先制定了两个购物清单，除咖啡外，其余项目完全相同，然后把两个购物单分别发给A、B两组各50名家庭主妇，要求她们描述持有该购物单的家庭主妇的个性（图1-2）。

调查结果发现，家庭主妇们认为，购买速溶咖啡的人一般是懒惰的、浪费、不称职的主妇；而购买新鲜咖啡的人被认为是勤俭、善于持家、懂得生活的人。问题真正的原因是，家庭主妇们担心别人这样来评价自己。后来，广告宣传转为家庭主妇购买速溶咖啡后可以节约出磨咖啡豆的时间从事其他工作，从而树立主妇新形象，使速溶咖啡很快打开了销路。

（资料来源：原创力文档，https://max.book118.com/html.）

购物单 A	购物单 B
汉堡牛肉饼 面包 胡萝卜 发酵粉 速溶咖啡 桃子罐头 土豆	汉堡牛肉饼 面包 胡萝卜 发酵粉 新鲜咖啡豆 桃子罐头 土豆

图 1-2　购物单

【思考与应用】简要叙述以上案例中问卷调查法的步骤。

四、综合调查法

综合调查法是指在市场营销活动中采取多种手段取得有关材料，从而间接地了解消费者的心理状态、活动特点和一般规律的调查方法。采用综合调查法能够较好地获得有关消费心理和行为的第一手资料，便于从不同的角度相互印证信息的真实性，便于集中、归纳、分析消费者的需求及其趋势，进而揭示出消费者的心理活动产生、发展和变化的规律。

五、实验法

实验法是一种在严格控制的条件下有目的地对应试者给予一定的刺激，从而引发应试者的某种反应，进而加以研究，找出有关心理活动规律的调查方法。实验法分为实验室实验法和现场实验法两种。

（1）实验室实验法的特点是控制条件严密，操作程序固定，可以反复进行实验；缺点是有较大的人为控制因素，与实际消费活动有一定的差距，所得结果与实际生活存在着一定距离。

（2）现场实验法的特点是一般要将对情景条件的适当控制与正常的市场活动有机地结合起来进行，因而具有较强的现实意义；缺点是需要有周密的实验计划和坚持长时期的观察研究，需要投入大量的人力和物力。

六、投射测验法

投射在心理学上是指个人把自己的思想、态度、愿望、情绪、性格等个性特征，不自觉地反映于外界事物或他人的一种心理作用，也就是说，不同的人对外界的解释是不一样的，通过对这种解释的分析，可以看出他隐藏着的人格特征。投射测验法是指向受测者提供一些意义比较含糊的刺激情境，让他在不受限制的情境下，自由表现出他的反应，分析反应的结果，便可推断他的人格结构。人们对于外界刺激的反应都是有他的心理原因，并且是可以预测的，投射测验在临床心理学中使用得非常广泛，它是根据对模糊的刺激所做出的反应方式去理解被试者的内心机制。

知识点三　消费者心理与行为的研究意义

随着我国市场经济的不断完善，商品市场的迅速发展，消费观念的巨大变化，及时把握消费心理的变化动态越来越重要。因此，深入开展消费心理学的研究具有重要的意义。

一、有助于企业了解国内外不同的消费市场状况

一方面，不同国家、地区、民族的消费者在消费习惯、需求、爱好、禁忌以及道德观念、文化传统、风俗民情等方面存在着很大的差异，如果企业不了解这些差异，就无法使自己的产品在国际市场上占有应有的份额，甚至可能引发争端。另一方面，随着经济体制改革的不断深入，工商企业更多地要依靠自己去谋求生产和经营的发展。深入系统地研究消费者的心理活动规律和行为方式，有助于企业科学地进行经营决策。

二、有助于营销人员提高商品销售的技巧

商品市场由卖方市场向买方市场发展，供过于求的商品大幅度增加，使得市场竞争更加激烈，市场营销也将越来越困难。营销人员通过学习、了解和掌握人的一般心理过程和个性心理特征，有意识、有针对性地调节控制自己的心理和行为表现，努力发挥自己个性的优势方面，抑制消极方面，可以为营销双方的心理沟通创造良好的基础。

三、有助于消费者进行科学消费决策

消费者懂得消费心理规律以及商家的经营策略与消费心理的对应关系，有利于进行正确的消费决策，获得物美价廉、称心如意的商品；另外，可以防止受到商业经营者多种推销措施的诱惑，从而更好地调节自己的需要，使自己的消费行为更合理、更经济，避免盲从上当。

项目二

消费者的心理活动过程

项目任务导图

- 消费者的心理活动过程
  - 消费者的认识过程
    - 消费者认识过程的含义
    - 消费者的感觉
    - 消费者的知觉
    - 消费者的注意
    - 消费者的记忆
    - 消费者的思维
    - 消费者的想象
  - 消费者的情感过程
    - 消费者情感过程的含义
    - 情绪与情感
    - 情感营销
  - 消费者的意志过程
    - 消费者意志过程的含义
    - 消费者意志过程的基本特征
    - 消费者的意志过程阶段
    - 消费者的意志品质
    - 消费者心理活动过程的循环

项目目标

知识目标

了解消费者购买商品的基本心理活动过程

能够正确认识消费者感觉、知觉、想象、思维、情绪、情感和意志在消费行为中的表现

能力目标

能够正确针对消费者的认识过程、情感过程和意志过程开展营销活动

能够从总体上把握消费者的心理变化，预见消费者的购买行为

素质目标

能够正确对待消费者的认识过程、情感过程和意志过程，诚信经营

任务一

消费者的认识过程

任务导入案例

引起消费者注意的广告

心理学研究表明，注意最重要的特点是具有选择性，一个成功广告的开始就是贯穿于受众的心理活动中。换句话来说就是，注意是广告诉求的开始。一个广告有了吸引力，才能引起受众的注意，这时候广告诉求也就成功了一半，与此同时，吸引力是一个广告成功的关键但并不是最终目的。因此在进行广告活动时，要认真分析引起受众注意的广告策略，设计和策划出吸引受众的广告，从而达到广告最大程度的传播效果。

1. 广告刺激物的大小及强度

（1）大屏幕显示。美国纽约时代广场的纳斯达克大屏广告，各种广告投放在大屏幕上给人以强烈的冲击。

（2）响亮的广播声。这则旺仔牛奶的视频广告一开始便是入耳强烈的广播声："三年二班李子明同学，你妈妈拿了两罐旺仔牛奶……"广告一开始就以强烈的广播声先声夺人，使人印象深刻。

2. 活动变化性

麦当劳户外广告。麦当劳的户外广告固定在户外长时间地展示着企业的形象及品牌，对提高企业的知名度有很大的影响。通过广告的变化对比，消费者对广告的注意也受到刺激物活动变化的影响。

3. 对比性

苹果Xs与Xs max的对比。广告中常常用这种对比的手法，增强广告受众的注意效果，达到吸引消费者无意注意的目的。对比有声音对比、大小对比、空间对比、虚实对比、动静对比、空白与实体对比等。而这则广告则是运用了大小对比这一方式。

4. 颜色

天猫"双11"活动平面广告。一般来说，彩色的广告比单色的广告更容易吸引注意。彩色有助于提高广告的吸引力，使得广告得到更多受众的注意。

5. 选择广告的位置

（1）广告的空间位置。以报刊广告为例，是指广告所占整个报刊版面的比例，又指广告本身面积的大小。位置居中或者占的版面比较大的话自然在第一时间就能吸引消费者的注意。

（2）广告的时间位置。以电视、广播广告为例，通常在收视率、收听率较高的黄金时间段中播出的广告，更容易被广告受众注意。

6. 增加广告的重复率广告

增加广告的重复率包括广告出现频率的增多和同一广告主题的重复，广告出现频率的增加，会扩大消费者对广告注意的机会。

（资料来源：梅花网，https://www.meihua.info/article/3469668301390848.）

问题思考：

1．以上广告中蕴含了哪些消费者的认识过程？

2．请用消费者的认识过程分析广告是如何引起消费者注意的。

知识讲解

知识点一　消费者认识过程的含义

消费者都是一个个具有不同心理过程和个性心理特征表现的个体，他们的购买活动总是在一定的心理规律的支配和调节下进行的。也可以说，一切经营活动都离不开消费者的心理活动，且每个消费者都有其特定的心理活动方式。

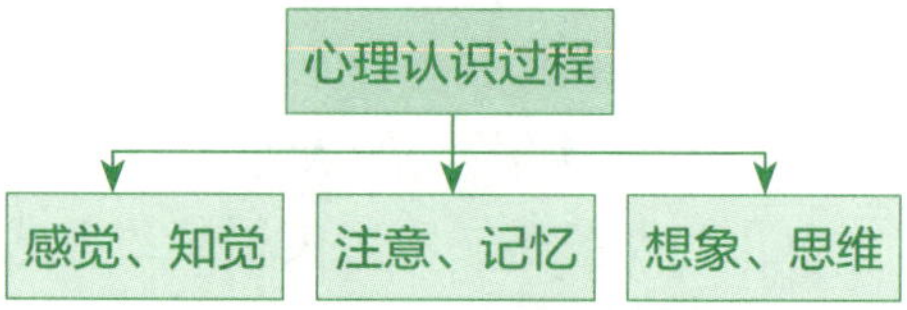

图 2-1　心理认识过程

消费者的认识过程是指消费者在消费过程中通过感觉、知觉、注意、记忆、思维和想象等形式对商品或服务等外部加以接收、整理、加工、存储，从而形成的综合性认识过程，如图2-1所示。消费者的认识过程直接影响着消费者对消费需求的认识以及消费者潜在需求能否向现实需求进行转化。

知识点二　消费者的感觉

［微课］消费者的感觉

一、感觉的概念

感觉是人的大脑对直接作用于感觉器官的客观事物个别属性的反映，是最简单的心理现象，是对事物外部特征和外部联系的反映停留在表面、个别、孤立的认识。感觉主要包括：视觉、听觉、嗅觉、味觉、触觉，合称为“五大感觉”。感觉在人类的生活中具有非常重要的作用。首先，感觉是人们认识世界的开端。其次，感觉是维持正常心理活动的重要保障。

二、感觉的分类

按照刺激来源位置的不同，感觉分为外部感觉和内部感觉。

（一）外部感觉

外部感觉是指人的外部感觉器官接受外界事物刺激时所引起的感觉，它包括视觉、听觉、嗅觉、味觉和触觉等。消费者对商品的认识主要是通过其外部感觉开始的。

（二）内部感觉

内部感觉是由人体内部刺激所引起的感觉，它是反映人的身体位置、运动及内脏器官不同状态的感觉，一般包括运动感觉、平衡感觉（冷水、热水交替）和内脏感觉。

三、消费者的感觉特征

感觉具有感受性、感觉适应性、对比性、联觉性等基本特征。感觉的运用对研究消费者心理具有重要的影响。

（一）感受性

感受性指感觉器官对刺激物的主观感受能力。通常用感觉阈限的大小表示强弱。感觉阈限是指能引起某种感觉的持续一定时间的刺激量，例如，一定强度和时间的光亮、色彩、声音等。消费者感受性的大小主要取决于消费刺激物的感觉阈限值的高低。一般来说，感觉阈限值越低，感受性越大；感觉阈限值越高，感受性越小，二者呈反比。

（二）感觉适应性

消费者的感受性会受到时间因素的影响。随着刺激物持续作用时间的延长，消费者因接触过度而造成感受性逐渐下降，这种现象称为感觉适应。例如，“与善人居，如入芝兰之室，久而不闻其香。”也就是说，进入一间有兰花香的屋子，一开始会觉得很香，但是久了就不觉得香了。

（三）对比性

对比性是指不同刺激作用于同一感觉器官而使感受性发生变化的现象。例如：灰色在黑色背景中要比在白色背景中容易辨认；“红花还得绿叶配”，就是因为绿背景上的红看起来更鲜艳了。因此，在广告设计或商品陈列中，亮中取暗、淡中取浓、静中有动等手法有助于引起消费者的注意。

（四）联觉性

感觉的联觉性是人体各感觉器官的感受性不是彼此隔绝的，而是相互影响、相互作用的，即一种感觉器官接受刺激产生感觉后，还会对其他感觉器官的感受性发生影响，这种现象就是联觉。例如，菜肴讲求色、味俱全。联觉性是指一种感觉兼有另一种感觉的现象，颜色视觉最容易产生联觉现象。例如，浅色调——轻快感；深色调——沉重感。橙、黄、红——暖色调；紫、绿、蓝——冷色调。

实例链接

创意口味是最好的营销

奥利奥在与故宫合作的过程中，把饼干的口味作为产品创新升级的点，推出符合中国不同地方地域口味的新口味饼干。奥利奥通过产品口味的创新，占领年轻人的味蕾，不少网友表示吃了饼干有种穿越感。而这几款新口味的奥利奥饼干，带有明显的中国地域色彩。这已经不是奥利奥第一次改变饼干的牛奶巧克力口味了，奥利奥还推出过芥末味和麻辣鸡翅味的限量饼干。

显然，这些口味的改变并不是永久的，更多的是一次实验，并且也是为了满足年轻消费者喜欢新产品、追求与众不同的需求。基于对年轻消费者心理的深刻洞察，奥利奥抓住了年轻消费者的猎奇心理，推出了口味特别的新口味饼干，吸引到年轻消费者，也实现了饼干口味的创新。

（资料来源：扬子晚报网，https://creative.adquan.com/show/284795.）

【思考与应用】以上案例中，奥利奥是怎样满足消费者的感觉的？

四、感觉在营销活动中的作用

（一）感觉使消费者获得对商品的第一印象

消费者只有在感觉的基础上，才能获得对商品的全面认识。第一印象的良好与较差、深刻与浅薄，往往决定着消费者是否购买某种商品。

（二）对消费者发出的刺激强度要适应人的感觉阈限

消费者认识商品的心理活动从感觉开始，但每个人的感觉阈限不同，工商企业在做广告、调整价格和介绍商品时，向消费者发出的刺激信号强度，就应当适应他们的感觉阈限。

（三）感觉是引起消费者某种情绪的通道

购物环境布置的优劣、商品陈列造型和颜色搭配、营业员的仪容仪表等，都能给消费者以不同的感受，从而引起不同的心境，对购物的可能性会产生影响。如果做得好能达到促进销售的目的。

知识点三　消费者的知觉

一、知觉的概念

［微课］
消费者的知觉

知觉指人脑对直接作用于感觉器官的客观事物的整体反映，是消费者在感觉基础上对商品总体特性的反映，知觉有空间知觉、时间知觉、运动知觉、社会知觉、错觉等。

【头脑风暴】知觉与感觉有何关系？

【一点通】知觉与感觉既有区别又有联系。首先，知觉以感觉为基础，感觉是知觉过程中的重要组成部分，是知觉的前提和基础，知觉则是感觉的深入和发展。其次，知觉是对感觉材料的综合加工过程，是心理活动的较高阶段。再次，感觉和知觉不可分离，是人认识客观事物的初级阶段，往往同时出现，通常称为“感知”。要想揭示事物的本质特征，光靠感觉和知觉是不行的，还必须在感觉、知觉的基础上进行更复杂的心理活动，如记忆、想象、思维等。

二、知觉的分类

（1）根据知觉起主导作用的感官的特性，知觉可分为视知觉、听知觉、触知觉等。

（2）根据知觉反映的事物内容，知觉可分为时间知觉、空间知觉和运动知觉等。

（3）根据知觉的结果是否与客观事物相符，可分为正确的知觉和错觉。

三、知觉的特征

知觉具有整体性、选择性、理解性和恒常性等基本特征。

（一）知觉的整体性

与感觉不同，在知觉过程中，人们不是孤立地反映刺激物的个别特性和属性，而是多个个别属性的有机综合，反映事物的整体和关系，这就是知觉的整体性。人的知觉系统具有把个别属性、个别部分综合成整体的能力。

另一方面，人们对事物个别属性的知觉依赖于事物的整体特性。例如，观看缺口的圆环，没顶的三角时，心目中仍能将缺少的部分补足，完成一个整体的形象。在此过程中过去的知识和经验常常能提供补充信息。在知觉活动中，人们常常会对整体的知觉先于个别成分的知觉，例如，走进一间房子，面对一个陌生人等。

知识拓展

有一家百货商店新进了一批刻花玻璃高脚酒杯，造型与质量均不错，但不知道什么原因，摆上柜台后一直销路不佳，平均每天只能卖出两三套，后来一位营业员灵机一动，在一套酒杯的每个酒杯中斟满了红色的液体摆在玻璃柜内，宛如名贵的葡萄酒使人感到芬芳四溢，满口生津，购买欲望油然而生，结果每天销售量增加到三四十套，实际上那位销售员只是把三滴红墨水滴在了清水中，而消费者把酒具与酒以及美好的口感，联想为一个整体，增强了对酒的购买欲望，这就是知觉的整体性。

（二）知觉的选择性

知觉的选择性是指消费者在知觉商品时，不是能够知觉到商品的全部属性，而是仅仅能够知觉到商品的一部分属性。客观世界纷繁庞杂、千变万化，消费者不可能同时感知一切并给予全部反应，只能具有一定的选择性。这种选择性布局不仅与刺激的特性有关，而且与消费者的兴趣需要和消费动机有关。例如，美国哈佛大学有人做了一个实验，平均每个美国人每天接触150个广告，但能引起注意的只有11～12项，而能让消费者斟酌的只有5项或更少。又如，在商业设计中，为了突出名贵商品，对其背景加以包装，用其他商品加以衬托，这种“众星捧月”式的设计正好符合知觉选择性的特点，以此来吸引消费者的注意。

（三）知觉的理解性

知觉的理解性是指消费者根据已有的知识和经验对知觉对象进行解释的过程。人们在感知一个对象或现象时，不仅直接反映它的整体形象，还会根据自己以前获得的知识和实践经验来解释和判断这一对象或现象。莎士比亚曾说，玫瑰换个名字花香依旧。例如，Wendy's快餐连锁店的单人汉堡所用的肉比麦当劳巨无霸要多，但它的名字没有很好地传递这一消息，以至于消费者对其实际价值缺乏了解，之后改名为“the big classic”，销量大增。

（四）知觉的恒常性

知觉恒常性，是指当客观条件在一定范围内改变时，人们的知觉印象在相当程度上却保持着它的稳定性。它是人们知觉客观事物的一个重要特性。对物体某种特性的知觉，在外界条件与感觉信号输入改变时仍保持常定的倾向。例如，海尔最早是以生产洗衣机和电冰箱为主的，由于消费者在两款产品的消费过程中获得了真诚的服务，因此在消费者中拥有良好的声誉，后来海尔品牌涉足十四大类产品，大都获得了良好的市场效果，其主要原因是企业良好的口碑对老顾客的知觉恒常性产生了积极的影响。

实例链接

代言人与品牌的契合度

一位好的代言人，除了有知名度和美誉度外，还要和这个品牌“基因匹配，门当户对”。“老凤祥有钻石、翡翠、珍珠、有色宝石等多种饰品，公司觉得与赵雅芝都十分吻合。若代言钻石，她身上高雅、华贵的气质极其匹配；若代言翡翠，她身上综合了女孩的羞涩和女人的韵味，是位纯‘翠’女人；若代言象征圆满的珍珠，她的家庭幸福完美，也很契合；而她的璀璨容颜，也契合了有色宝石的五光十色。”一位老凤祥人士这么说。“你用优雅的形象展现了老凤祥，老凤祥用深厚的百年底蕴托起了你。”正是在这样的共识下，百年老字号老凤祥有了一位展示企业全方位形象的综合代言人。

四、错觉现象

错觉是指在特定条件下对事物必然会产生的某种固有倾向的歪曲知觉，是对客观事物不正确的知觉，是知觉的一种特殊情况。错觉的种类有长短错觉、大小错觉、图形错觉、颜色错觉、运动错觉和时间错觉等，如图2-2所示。人们在知觉某些事物时，可能受背景干扰或某些心理原因的影响，往往会产生失真现象，这种对客观事物不正确的知觉称为错觉。但是错觉并不等于一般的不正确的认识，因为它具有必然性和规律性。

长短错觉　大小错觉　图形错觉

颜色错觉　运动错觉　时间错觉

图 2-2　错觉种类

五、知觉在营销活动中的作用

（一）知觉能引导消费者选择自己所需要的商品

有明确购买目标的消费者走进商店以后，能快速地找到出售预购商品的柜台，同时积极主动地选择出所要购买的商品，这是由于购买目标成为他们知觉目的的对象物，感知十分清楚，而周围的其他商品，相对地成为知觉对象的背景，消费者对其的感知往往模糊不清，这就是知觉的选择性在起作用。

（二）知觉能带动消费者做出购买商品的理性选择

知觉的理解性在人们购买商品时起到了十分重要的作用。例如，具有求实、求廉心理的消费者，在购买商品时注意的是商品的实际功能相对于他们需求的满足程度，一般不会盲目追求豪华、高价格的商品，即使所看的商品在样式、颜色等方面存在着某些不足，只要其功能、内在质量能满足要求，且价格又较低，还是愿意买下它。

（三）知觉能使消费者形成对商品的特殊喜爱

知觉的恒常性会使消费者对某些质量优良、售后周到、名声响亮的名牌商品形成良好的印象，这种良好的印象会转化为他们的购买行为，并成为该品牌的忠实消费者，甚至成为该商品的义务宣传员，向亲朋好友或邻居推荐这些产品。

知识点四　消费者的注意

［微课］
消费者的注意

一、注意的概念

所谓注意是指人的心理活动对一定事物的指向和集中。注意不是一个独立的心理过程，而是各种心理活动的一种共有态度或特征，它伴随人们的认知、情感和意志等心理活动而表现出来。例如，看电视时人们注意到了肯德基的最新广告；坐公交车时人们在广播中注意到了足球比赛的最新信息；等等。

二、注意的基本特征

（一）指向性

指向性是指心理活动在某一时刻总是有选择地朝向一定对象。

（二）集中性

集中性是指心理活动停留在一定对象上的深入加工过程，注意集中时心理活动只关注所指向的事物，抑制了与当前无关的活动。例如，消费者在选购商品时，其心理活动会指向某一商品并全神贯注于这一商品，同时会忽视其他商品。这就是对这种商品发生了注意，从而对该商品获得清晰、准确的反映，并据此做出自己的购买决策。可见，注意是消费行为过程中必不可少的心理活动。没有注意，消费者对商品的认识活动就无法进行，更谈不上引起购买行为。

三、注意的分类

根据注意的产生和保持、有无目的及是否需要意志努力，注意可分为无意注意、有意注意。

（一）无意注意

无意注意又称不随意注意或被动注意，是指事先没有任何目的的、自然发生且不需要任何意志努力而产生的注意。在营销活动中，刺激物的强度、新异性、对比度、活动性是引起消费者无意注意的客观方面的主要因素。例如，目前很多城市的手机专卖店都会选择周末在门店前搞各种各样的促销活动，活动期间人头攒动，声乐齐鸣，使路过的人停下脚步，这就是无意注意。

（二）有意注意

有意注意又称随意注意或主动注意，是指自觉的、有预定目的的、需要经过一定的意志努力而产生的注意。在消费活动中，当消费者决定购买某种品牌的商品之后，总会根据自己的实际需要和现有条件进行选择，在选择过程中，会刻意地、有意识地搜集有关信息，集中自己的全部注意于自己期望、需要的品牌商品。例如，电子游戏爱好者会定期到电子游戏卖场、游戏网站及电子游戏类期刊上查询最新的游戏推出情况，其属于有意注意。

四、注意在营销活动中的作用

（一）采取有效刺激手段，引发消费者的无意注意

无意注意是有意注意的先导。许多消费者是在无意注意的基础上对商品产生有意注

意，进而引发购买行为。因此，企业在营销活动中，采取有效的刺激手段，引发消费者的无意注意，并帮助其由无意注意转移到有意注意，从而引发消费者的需求。引发其无意注意的策略有很多。例如，据国外调查结果显示："大"比"小"、"高处"比"低处"、"左边"比"右边"、"运动"比"静止"、"特别"比"普通"更易引起顾客的无意注意。

（二）实行多元化经营策略，调节消费者的注意转换

虽然有意注意是促使消费者购买的直接条件，但若一直处于有意注意状态，消费者会容易疲劳，产生厌倦心理，甚至中止购买行为。因此，现代化的零售商店实行多元化经营策略，集购物、休闲、娱乐和餐饮于一体，使消费者在购物时，时而有意注意，时而无意注意，有利于延长消费者在商店的逗留时间，增加人气，创造更多的销售机会。

（三）利用注意的原理，设计制作广告

广告成功的前提是引起消费者的注意。例如，在广告设计制作中，巧妙运用刺激物的大小、强度、色彩、位置和间隔等的对比与变化，可以增强消费者的注意，达到预期的效果。

实例链接

汉斯的妙计

有一年，规模庞大的世界博览会在美国芝加哥举行，会上陈列着世界各厂家的产品。美国赫赫有名的57罐头食品公司（汉斯食品公司）的经理汉斯先生将自己公司的罐头食品也送去参加展览。但是万万没有想到，博览会的公务人员派给他的却是一个会场中最偏僻的阁楼。尽管前来参观的人摩肩接踵，但光顾汉斯先生阁楼的却寥寥无几。整整一个星期过去了，汉斯并没有消极和退缩，他终于想出了一个绝妙的计策。

在博览会开幕的第二个星期，会场中参观的人常常会从地上拾到一些小小的铜牌，上面刻着一行字："你若拾到这块铜牌，就可以拿它到阁楼上的汉斯食品公司陈列处换取纪念品。"数千块铜牌陆续在会场上被发现。原来，这是汉斯派人抛下的。不久，汉斯先生那座无人问津的小阁楼便挤得水泄不通。这下，会场主持人怕阁楼会倒塌，不得不请木匠设计加固。从那天起，汉斯公司的阁楼几乎成了博览会的名胜，参观者络绎不绝，直到地上的铜牌绝迹，盛况也未减弱。到闭幕后一结算，汉斯公司所赚利润达100万美元之多。

【思考与应用】回忆你所看到的广告，哪个广告最让你记忆深刻？它是如何引起你注意的？

知识点五　消费者的记忆

［微课］
消费者的记忆

一、记忆的概念

记忆是人脑对过去经验的反映。例如，消费者买了某种品牌的化妆

品，通过使用这种化妆品会给自己留下一个整体的印象，一旦再购买这类商品，过去的印象便会重现，这种重现出来的记忆可以指导人们重新购买，成为选择商品与品牌的依据。

二、记忆的心理过程

记忆是一个复杂的心理过程，包括识记、保持、回忆、再认四个基本环节。

（一）识记

识记是人们有意识地反复感知，从而使客观事物的印迹在头脑中保留下来，成为映像的心理过程。识记是记忆过程的第一步。例如，消费者在购买家用电器时，光顾多家品牌的柜台，然后根据记忆进行比较和选择，这就是识记过程。

（二）保持

保持是过去经历过的事物映象在头脑中得到巩固的过程。例如，通过识记，消费者把各种品牌家电的样式、颜色、规格、质地以及价格等因素及其决策意向储存在大脑中，这就是保持过程。

（三）回忆

回忆又称重现，是对不在眼前的、过去经历过的事物表象在头脑中重新显现出来的过程。例如，消费者在确认购买家电产品时，为了进行比较，往往在脑海中重现曾在别处见过或自己使用过的同品牌商品的信息，这就是回忆过程。

（四）再认

再认是对过去经历过的事物重新出现时能够识别出来。例如，消费者在市场上看到某种家电产品，能认出是曾经使用过或者在电视广告中见过，似曾相识甚至很熟悉，这就是再认过程。

三、记忆的类型

（一）根据记忆的内容划分

1. 形象记忆

形象记忆是指以感知过的事物的形象为内容的记忆，具有鲜明的直观性。例如，对商品的形状、大小、颜色的记忆。心理学家研究表明，人脑对事物形象的记忆能力往往强于对事物内在逻辑的记忆，二者的比例约为1000：1。因此，形象记忆是消费者大量采用的一种主要记忆形式，其中尤以视觉形象记忆和听觉形象记忆为主导。例如，很多儿童都愿意选择到肯德基就餐，但幼小的孩子不一定认识KFC，却一定认识肯德基爷爷，期间形象记忆产生了影响。

2. 逻辑记忆

逻辑记忆是指以概念、公式、定理和规则等为内容的记忆，是记忆的较高级形式。逻辑记忆与抽象思维相联系，随抽象思维的发展而发展。消费者对商品使用原理的记忆等都属于逻辑记忆。例如，数学中人们对勾股定理的掌握，对公式的掌握等。逻辑记忆为人类所特有，是一种高度理解性、复杂性的记忆形式，对人们学习理性知识有着重要作用。

3．情绪记忆

情感记忆是指以曾经体验过的情绪或情感为内容的记忆。情绪记忆既可以是积极的、愉快的体验，也可以是消极的、不愉快的体验，前者对人的行为有激励作用，后者则降低活动效率。就像消费者对以前购物时受到营业员热情接待的喜悦心情的记忆。例如，麦斯威尔咖啡的广告语“致醇致浓，品若煮制”显示了消费者饮用咖啡后的难舍最后一滴的情感记忆。

4．运动记忆

运动记忆是指身体做过的运动或动作为内容的记忆。例如，小米手机在产品的推广过程中充分利用了消费者的参与感，超过60万的“米粉”参与了某款小米操作系统设计和开发，加深了变成主人的米粉们的品牌记忆，奠定了小米在国产手机品牌中的地位。

（二）根据记忆保持的时间长短划分

1．瞬时记忆

瞬时记忆又称感觉记忆，是在感觉后立即产生的极为短暂的记忆。其特点是持续时间很短，容量小，信息保存是形象的。例如，消费者浏览商店，目光会迅速扫过货架柜台，虽然对商品的视觉感受只有短短的1.2秒，但是已经足以使消费者观察到是什么商品，并决定是否停留下来做进一步观察。心理学家发现，视觉的瞬时记忆在1秒钟以下，听觉的瞬时记忆在4～5秒钟以下，消费者在购物场所同时接收大量信息，多数成为瞬时记忆状态，瞬时记忆中的信息，如没有受到注意，很快就会消失，如果受到注意，则转入短时记忆。

2．短时记忆

短时记忆也称工作记忆，指脑中的信息在1分钟之内的记忆。短时记忆中的信息保持在无复述的情况下一般只有5～20秒，最长不超过1分钟。

3．长时记忆

长时记忆是指能持续1分钟以上直至多年甚至终生的记忆。长时记忆容量非常大，专家统计，人脑可以容纳5万至10万个信息组块。长时记忆是对短时记忆加工复述的结果，有时富有感情的事物或强烈意外的刺激信息，也能够一次形成。

（三）根据记忆有无目的性划分

1．无意记忆

无意记忆是指事先没有明确目的，也没有经过特殊的意志努力的记忆。例如，广告无处不在，大多数情况下，人们对广告的记忆是无意记忆。

2．有意记忆

有意记忆是指事先有明确的目的，并经过一定的意志努力的记忆。例如，消费者有购买目的时，主动收集并记住相关商品信息，这时的记忆为有意记忆。

四、记忆在营销活动中的作用

在市场营销过程中，记忆对于消费者购买起着深化和加速认识的作用，它在一定程度上决定消费者的购买行为。

（一）利用记忆与遗忘规律，增强消费者的无意记忆

重复有助于将短时记忆转化为长时记忆，在传递产品信息时，有意识多次重复有关信息，反复刺激消费者的感官，增强对产品信息的长时记忆。位置不同，人们遗忘的情况也不同。一般来说，材料的中间部分容易忘记，首尾部分则容易记住。根据这一规律，在营销活动中，可以通过提高商品陈列艺术和恰当安排广告播放次序及刊登位置等，来增强消费者的记忆。

（二）采取恰当的营销手段，增强消费者的有意记忆

消费者的购买行为是建立在对商品信息的记忆基础上的，因此，如何增强消费者的有意记忆，是商家需要考虑的问题。心理学家研究表明，理解有助于记忆，活动有助于增强记忆，情绪情感影响人们记忆。例如，商家可以采用恰当的营销手段，如鼓励消费者参与营销活动、创造优美舒适的购物环境、提高热情周到的服务等，来增强消费者的有意记忆。

实例链接

来点孩子气

2019年5月23日，大白兔与气味图书馆携手天猫国潮行动，以“来点孩子气”为主题，推出“快乐童年”系列香氛。一经开售，610份限量香氛礼包，3秒即被抢空，其他周边香氛，仅10分钟在天猫售出14000多件；同时，在微博、抖音等流量平台也获得超高声量，甚至还吸引了众多明星和多家媒体平台的围观助力；线下互动装置“抓糖机”也排起了长队……产品销量和社会影响力上都足以证明这是一场出色的营销活动。

为什么它这次跨界会火？很大程度上是因为品牌踩准了年轻人的“嗨点”。“来点孩子气”的标语完美切中年轻人的心态，当童年情怀和回忆与“不肯认老”相遇，当然愿意为之买单。

【思考与应用】大白兔是如何抓住年轻人的记忆的？

知识点六　消费者的思维

一、思维的概念

［微课］
消费者的思维

思维是通过分析、概括对客观事物的本质进行间接反映的过程。也就是说，人们对客观事物的认识不会停留在感知和记忆的水平上，而总是利用已经感知和记忆的材料，进行分析、综合、抽象、概括等思考活动，把

感性认识升华到理性认识阶段，从而获得对事物的本质和内在规律的认识。

二、思维的特点

间接性和概括性是人们思维的重要特点。所谓间接性是指借助已有的知识、经验来理解和把握那些没有直接感知过的或根本不可能感知到的事物。例如，消费者对大屏幕彩电的内在质量往往不是太专业，不甚了解，但可以对大屏幕彩电感知表象：图像是否清晰，色彩是否逼真，音响是否优美，信号是否灵敏等，再借助已有的知识经验，间接地认识它的内在质量性能。所谓概括性是指通过对同一类事物的共同特性、本质特征或事物间规律性的联系来认识事物。例如，消费者在购买过程中多次感知价格与质量的联系，从而得出“便宜无好货”的概括性结论。在消费行为过程中，消费者也往往会得出“大商场的东西要比街头拐角处购得的东西质量要可靠”的结论。因此，消费者要善于思考和总结，通过现象看本质，从而获得对商品内在性质的更为深刻的认识。

三、思维的分类

（一）根据思维的创新成分的多少划分

1. 常规思维

常规思维是指人们运用已获得的知识经验，按惯常的方式解决问题的思维。例如，学生按例题的思路去解决练习题和作业题，学生利用学过的公式解决同一类型的问题等。

2. 创造性思维

创造性思维是指以新异、独创的方式解决问题的思维。例如，技术革新、科学的发明创造、教学改革等所用到的思维都是创造性思维。

（二）根据思维的凭借物和解决问题的方式划分

1. 形象思维

形象思维是指利用直观形象对事物进行分析判断的思维。例如，在家庭居室装潢布置之前，总要先进行一番构思和设想；作家从事写作，首先要在脑海中构思栩栩如生的人物形象。

2. 逻辑思维

逻辑思维是人运用概念、判断、推理等思维类型反映事物本质与规律的认识过程。人们常称它为“抽象思维”或“闭上眼睛的思维”。例如，掌握电子产品知识的消费者，对电子数码等商品的原理、结构、性能、特点、发展趋势的认识和理解，就是一个逻辑思维的过程。

四、思维在营销活动中的作用

消费者在选购商品时，常常借助有关商品信息，对商品进行分析、比较、判断的思维过程来决定是否购买。因此，对于消费者要善于思考和总结，通过现象看本质，从而获得对商品内在性质的深刻认识。对于销售人员在销售商品时，尤其是大件贵重物品，必须要让消费者对商品有充分的了解，全面介绍，使消费者在充分了解以后，经过认真的思考，以确定购买哪种商品。

知识点七　消费者的想象

［微课］
消费者的想象

一、想象的概念

想象是指人脑改造记忆中的表象，而创造新形象的过程。它是人所特有的一种心理活动，是在记忆的基础上，对过去经验中已经形成的联系再进行组合，从而创造出并没有直接感知过的事物的新形象的过程。想象的内容有许多是超现实的，但绝不是凭空产生的。想象需要具备三个条件：过去个人感知过的经验作为依据；人脑的创造和加工；最终形成的新的形象。

【头脑风暴】“嫦娥奔月”和“大闹天宫”在现实生活中是否真实存在呢？

【一点通】西游记中的孙悟空，猪八戒、嫦娥的形象，生活中并不存在，是作者把人与猴、人与猪、人与仙女的形象经过加工改造后而产生的新形象，这只是人们的想象。爱因斯坦曾说过，想象力比知识更重要，因为知识是有限的，而想象力概括着世界上的一切，推动着进步，并且是知识进化的源泉。

想象虽然是人人都具备的一种心理活动，但表现在每个人身上，却有所不同，不同类型的消费者想象力是不同的。

二、想象的种类

（一）根据想象的有无目的性和自觉性的特点划分

1. 无意想象

无意想象又称随意想象，是指事先没有明确目的，不由自主地想起某事物形象的过程。例如，消费者逛床上用品超市时，看到那些漂亮的床上用品的摆设，则会停下脚步，在床上坐一坐，其并非为了休息，实质上是产生了一种无意想象。

2. 有意想象

有意想象是根据依据一定的目的自觉进行的想象，属于高级想象。有意想象和无意想象相互交叉、相互促进并转化，它在人们的创造活动中都起着重要作用。

（二）有意想象按其的独立性和新颖性划分

1. 再造想象

再造想象是指根据言语的描述或图样的示意，在脑中形成相应的新形象的过程。

2. 创造想象

创造想象是指创造活动中，根据一定的目的、任务，在脑中独立地创造出新形象的过程。在创造新产品、新技术、新作品时，人脑所构成的新事物的形象都是创造想象，它的特点是新颖、独创、奇特。创造想象在人的实际创造活动中是非常重要的，它是创造性活动的必要组成部分。

三、想象在营销活动中的作用

（1）消费者在形成购买意识、选择商品、评价商品过程中都有想象发生。通过想象，消费者能够深入认识商品的实用价值、欣赏价值和社会价值，激发其购买的欲望。例如，消费者想购买一台空调，会想象拥有它能给家庭带来四季如春的感受，同时还起到美化居室的作用等。

（2）想象能提高消费者购买活动的自觉性和目的性，对引起情绪、情感过程，完成意志过程起着重要的推动作用。

（3）运用想象，利用独具特色的商品广告、商品包装、商品陈列，吸引消费者的注意力，促使其产生有益的想象。

（4）对于营销企业来说，营销人员应具备一定的想象力。例如，优秀的营销人员能够利用想象帮消费者寻找最合适的商品，同时又能利用自己的创造性想象设计出满足消费者心理需要的商品广告、商品包装以及商品陈列，扩大消费者的想象空间。

任务二 消费者的情感过程

任务导入案例

情感营销

2019年国庆节前夕，作为新中国成立70周年重点献礼巨制，影片《我和我的祖国》隆重献映。电影选取新中国成立70年间7个经典的历史瞬间，引发中国人民家国情怀的情感共鸣。不管是影院还是新闻头条，几乎全被《我和我的祖国》刷屏，其火爆程度令人震惊。如今，企业之间的竞争日趋激烈，近乎所有的公司都在找寻方法，以便使其品牌竞争力长盛不衰。在浩如烟海的众多有成功经历的企业当中，人们不难发现，像小米、格力、李宁等这些民族企业，这些企业的成功都有一个共同的特性，那就是无论企业的成长已经到达了什么样的地步，都在数十年如一日地坚持探求消费者内心最真实的价值需求的同时，不忘保持一种民族情怀，一种让这些民族企业的文化成为中国文化的缩影、让中国品牌走向世界的情怀。

（资料来源：作者根据相关信息整理。）

问题思考：

请用消费者的情感过程分析情感营销是如何引起消费者心理上的共鸣的？

知识讲解

知识点一　消费者情感过程的含义

心理学认为人类对于客观事物是否符合自己的需要，而产生的一种主观体验就是情感过程。消费者的情感过程是建立在消费者对商品的认知过程基础上的，是消费者对商品或服务是否符合自身需要而形成的态度和体验，是对二者之间关系的反映，对购物行为起着促进或阻碍作用。消费者的情感过程包括情绪和情感两个方面。

［微课］
消费者的情感

知识点二　情绪与情感

一、情绪的类型

依据情绪发生的强度、速度、持续时间，可以分为心境、热情、激情、应激和挫折。

（一）心境

心境是人们在长时间内保持的一种比较微弱而平静的情感状态，如心情舒畅或郁郁寡欢等。在市场营销活动中，一方面要创造舒适的购物环境，建立轻松愉快的气氛；另一方面，营销人员应当努力把自己培养成快乐活泼、富有表现力和感染力的人，经常以乐观的情绪感染消费者，"动之以情，晓之以理"，引导和帮助消费者排除不良心境。

（二）热情

热情是一种强有力的，稳定而深刻的情感。热情虽不如激情强烈，但比激情深刻而持久。

消费者的热情总是有一定的基本方向和目标的，为了达到目标乐意做出努力和奋斗。例如，一个热爱音乐的人，为了达到购买钢琴的目的，哪怕省吃俭用，也要如愿以偿。许多消费者就是在这种热情的推动下购买某种商品的。市场营销者要想方设法了解消费者的心理、兴趣和爱好，利用各种营销推广手段，唤起消费者的热情，培养惠顾动机。

【头脑风暴】对祖国、人民深厚的爱，对事业的执着追求属于哪种情绪？

（三）激情

激情是人们在一定场合爆发出来的强烈情绪。包括狂喜、暴怒、绝望等都属于这种情绪状态。例如，《儒林外史》中的范进屡考不中举，直到50多岁时终于听到自己金榜题名，"喜极而疯"。消费者在抢购风潮中也会出现类似激情状态的情绪。对生产商和销售商来讲，要尽可能地避免对消费者的强烈的不良刺激，削弱消费者的对抗情绪，引导消费者产生积极的激情，愉快地进行购买活动，争取营销活动的成功。

（四）应激

应激是出乎意料的紧张情况所引起的情绪状况。一般来说，应激会使营销人员因手忙脚乱而不利于工作，但有时也会因工作节奏加快而提高工作效率。或者是一些事件引起了消费者个人或团体的一些极端化、尖锐化的反映和矛盾。

（五）挫折

挫折是指人在现实目的的过程中遇到障碍，但又无法去排除、克服的心理状态。其典型表现是沮丧、怨恨、消沉、无动于衷。挫折有时表现为对自己，有时变现为迁怒他人。例如，个别消费者在商店买东西时要求给优惠但是得不到或买不到紧俏的商品时对营业员发脾气、泄怨气。

二、情感的类型

根据情感的社会性内容划分，可以分为道德感、理智感和美感。

（一）道德感

道德感是根据一定的道德标准去评价人的思想、意图和言行时产生的情感体验。营销企业及营销人员应进行严格的职业道德训练，不能通过有失职业道德的手段牟取非法利益。

（二）理智感

理智感是人的求知欲望是否得到满足而产生的高级情感，是在人的智力活动过程中产生的体验。例如，中年消费者和青年消费者相比较，消费行为明显表现为理智，追求商品的实用性，对商品的效用和成本之间的关系密切关注，家庭消费有一定的目的性和计划性。

（三）美感

美感是人们根据自己的审美标准对自然或社会现象及其在艺术上的表现予以评价时产生的情感体验。爱美之心人皆有之，但每个消费者的审美标准都存在一定的差异，生产企业应根据消费者对审美的不同要求进行产品设计，满足人们不同的消费情感需求。

三、情绪与情感的区别

（1）从需要的角度看：情绪是和生理需要相联系的体验形式，较低级、表层，如喜、怒、哀、乐；情感是和高级社会性需要相联系的体验形式，较高级，如与人交往的友谊感，人的道德，美感等。

（2）从发生的角度看：情绪发生较早，人和动物都有；情感发生较晚，是人类特有。

（3）从反映的角度看：情绪带有情境性；情感既有情境性又有长期性、稳固性。

四、情绪与情感的联系

情感是在情绪的基础上形成的，反过来情感又对情绪产生巨大影响。一方面，情绪是情感的外在表现，情感是情绪的本质内容；另一方面，情绪的变化又往往受情感倾向性和深刻性所制约。例如，看完电影《战狼》后，人们一开始产生的是一种对祖国、人民深厚的爱，这属于情绪中的热情。这种情绪不断出现、不断加强后，它就变成一种荣誉感、集体感，这属于情感。正因为情绪情感的不可分割性，人们时常把情绪和情感通用，甚至合称为感情。

知识点三　情感营销

一、情感营销的概念

美国巴里·费格教授首次将情感引入到营销理论中，他认为形象和情感是营销世界的力量源泉，因此企业应该致力于挖掘消费者的情感需求，并以情感营销来实现。所谓情感营销，是指企业深刻洞察消费者情感，以“情”为切入点，在广告等各种营销活动中为消费者创造情感体验，以此来诱发、触动、感染消费者内心深处的感受，刺激消费者产生购物行为。

二、情感营销的影响因素

情感营销受多种因素的影响，比如产品、服务、环境、心态等。

实例链接

京东暖心微电影《药方》

对于现实中常见的“父子冲突”，京东携手新世相发布一则微电影，通过三个人、两个家庭展开了一场跨越年龄、辈分的对话。

从心理学角度上看，一旦消费者的情绪被激发起来，把短片主人公的情感与自身经历相结合进行二次加工，消费者与品牌就建立起了情感连接，从而对品牌产生深刻的亲近感，短片中的三个人，两个家庭父子之间的人物刻画，映射出中国式父子的特殊情感，京东此次凭借深入的社会洞察、引人深思的剧情画面引发目标受众的情感共鸣并最终移情到品牌中去。

通过走心、引人共鸣的微电影诠释京东并非只是一家冷冰冰的电商企业，而是有温度、有责任意识、关注社会家庭的品牌，从而打开品牌与用户的情感沟通渠道，消除品牌与用户之间的障碍。

（资料来源：搜狐，https://www.sohu.com/a/371065582_467790.）

【思考与应用】京东是如何巧妙地运用消费者的情感诠释产品的?

三、消费者情绪、情感在营销活动中的作用

商场和营业人员应从两个方面来处理顾客的情绪情感问题：一是要尽量创造出优美的

购物环境，以优良的服务质量和热情态度来接待每一位消费者，尽量为每一位消费者营造愉快的心情，所谓“乘兴而来，高兴而归”；二是花大力气在消费者心目中树立商业企业的良好形象，使消费者能够长久地对该企业抱有良好的情感。

任务三 消费者的意志过程

任务导入案例

防癌险销售火爆

环境污染、熬夜、应酬、久坐、焦虑……在快节奏、高压力的生活面前，现代人所面对的健康威胁无处不在。无论是各大机构发布的权威数据还是媒体报道的真实案例，我国重疾发病率逐年上升、发病年龄日益降低。

众安保险旗下中端医疗险尊享e生数据显示，其被保人群平均年龄35岁，2018年来自这些新生代保民的理赔案例中，恶性肿瘤理赔案件占比高达45%。其中，肺癌、乳腺癌、甲状腺癌、胃癌等最为高发，占恶性肿瘤理赔前十。不过，不同性别的高发癌症种类存在一定的差异。《中国中青年防癌科普报告》数据显示，当前我国男性癌症发病率前三是：肺癌、胃癌、肝癌；乳腺癌、肺癌和结直肠癌则是中国女性高发的三大癌症。数据表明，一生中男性患癌风险比女性高出50%～60%，但在15～39岁的青年时期，女性比男性患癌风险高出50%。

随着医学技术的革新，癌症已不再是“不治之症”，但依旧是一场“持久战”。积极的医学干预可以帮助许多患者获得生存机会，但与之相伴的医疗费、康复费、误工成本却可能成为不少家庭难以长期承受的重大压力。因此，各保险公司针对令大家恐惧的癌症，推出了多种保险产品。一些癌症险种火爆，一度出现脱销的状况。

（资料来源：作者根据相关信息整理。）

问题思考：

请用消费者的意志过程分析防癌险火爆的原因。

知识讲解

知识点一　消费者意志过程的含义

［微课］
消费者的意志

消费者意志过程是指消费者自觉地确定购买目的，并主动支配、调节其购买行动，克服各种困难，实现预定目标的心理过程。在现代社会事件的各个方面，人的意志都在发挥作用。例如，近几年来我国各大城市中楼市价格不断上涨，特别是伴随着2016年年初二胎政策实行之后，更多的“刚性”需求购房者加入了买房的大军中。

知识点二　消费者意志过程的基本特征

在消费者意志过程中包含以下三个基本特征。

一、有明确的购买目的

消费者的意志是在有目的的行动中表现出来的，这个目的是自觉、有意识、有计划的。例如，家里准备添置新家电，在电器商场跑了一圈之后，决定给家里买台空调（明确目的），在选择空调时，个人比较喜欢格力品牌，但价格高，经过美的销售人员介绍后，发现美的空调更节能且价低，在权衡价格、质量好坏等问题后，因考虑到品质，最终决定购买格力空调。

二、克服困难的过程

消费者的意志行动是有明确目的的，而目的的确定和实现往往会遇到种种困难。克服困难的过程就是消费者的意志行动过程。

三、调节购买行为的过程

意志对行为的调节，包括发动行为和制止行为两个方面。前者表现为激发起消费者积极的情绪，推动消费者为达到既定目的而采取一系列的行动；后者则抑制消极的情绪，制止与达到既定目的相矛盾的行动。两个方面统一作用，使消费者得以控制购买行为发生、发展和结束的全过程。

知识点三　消费者的意志过程阶段

一、做出购买决定阶段——购买前准备

做出购买决定，这是消费者购买活动的初始阶段，这一阶段包括购买目的的确定、购买动机的取舍，购买方式的选择和购买计划的制订，这实际上是购买前的准备阶段，消费者在这个阶段主要是克服个人心理上的冲突，选定恰如其分的购买动机，战胜内部因素造成的困难，及时做出购买决定。

二、执行购买决定阶段——消费者意志活动的中心环节

执行决定是消费者意志过程的完成阶段，它是根据既定的购买目的购买商品，把主观上的观念上的东西变为现实的购买行动的过程。在执行过程中，仍然有可能遇到种种困难和障碍。所以，执行购买决定是真正表现意志的中心环节，它不仅要求消费者克服自身的困难，还要排除外部的障碍，为实现购买目的，付出一定的意志努力。

三、体验执行效果阶段——对今后购买行为具有重要意义

完成购买行为后，消费者的意志过程并未结束，通过对商品的使用，消费者还要体验执行购买决定的效果。这种对购买决策的检验和反省，对今后的购买行为具有重要意义，它将决定消费者今后是重复还是拒绝，是扩大还是缩小对该商品的购买。

知识点四　消费者的意志品质

一、消费者的自觉性

自觉性是指消费者对自己的消费需求有着清醒的认识，在自身消费需求的支配下，主动制订购物计划，并按计划寻找合适的消费目标。

二、意志的果断性

果断性是指消费者具有丰富的消费常识和消费经验，在消费决策的过程中能够快速思考，正确做出方案抉择。

三、意志的坚韧性

坚韧性是指消费者在购物活动过程中表现出的持久的耐力和顽强的毅力，在消费信念和决心的指引下，保持较高的购物热情，能够克服各种困难，直到实现消费目的。

知识点五　消费者心理活动过程的循环

消费者的心理活动在购买商品时所发生的认识过程、情感过程和意志过程，是消费者购买心理过程的统一的、密切联系的三个方面，在消费者购买心理活动中，认识、情感、意志这三个过程，彼此渗透、互为作用、不可分割，当消费者对某一商品的购买完成之后，又将根据新的需要进入新的认识过程、情感过程、意志过程，如此循环，以至无穷，如图2–3所示。

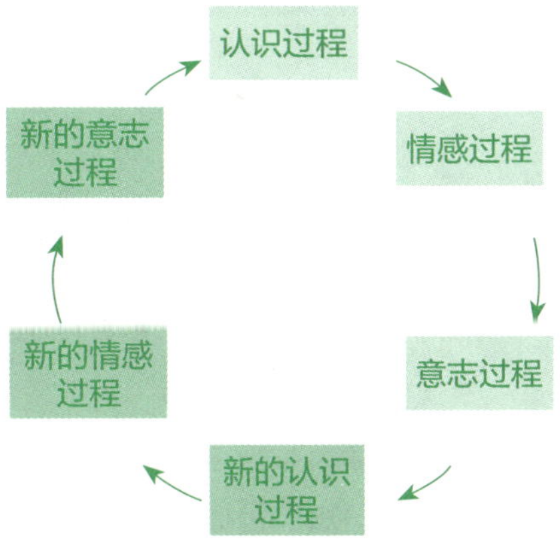

图 2–3　消费者心理活动过程

项目三

消费者的个性心理特征

项目任务导图

- 消费者的个性心理特征
  - 个性概述
    - 消费者个性的概念
    - 消费者个性的特点
    - 消费者的自我形象
  - 消费者的气质与购买行为
    - 气质的概念
    - 气质类型的主要理论
    - 气质的特征
    - 消费者的气质类型及营销策略
  - 消费者的性格与购买行为
    - 性格的概念
    - 性格的特征
    - 性格与气质的关系
    - 消费者的性格类型
    - 对不同性格消费者的营销策略
  - 消费者的能力与购买行为
    - 能力的概念
    - 能力的类型
    - 能力的差异
    - 消费者的能力类型

项目目标

知识目标

了解消费者的个性心理特征和个性倾向性

掌握消费者的气质、性格、能力方面的消费行为特点

掌握消费者购买行为类型及购买行为过程

能力目标

能够区分不同气质、性格、能力类型的消费者在购买活动中的表现

能够根据消费者的个性心理特征和个性倾向性为营销人员提供经营建议

素质目标

能够跟不同气质、性格、能力的消费者顺畅沟通，做到诚信经营

任务一

个性概述

任务导入案例

褚时健：“励志橙”成功背后的营销之道

2019年3月5日下午1点26分，91岁老人褚时健去世。昔日“烟王”，今日变“橙王”。这个强大的励志故事，让褚橙的流行变得理所当然。褚橙被大家亲切地称为“励志橙”，而大量的曝光给褚橙带来了第一批忠实粉丝。

一些企业家谈到褚时健的时候说道：“从褚老身上我看到了中国传统的工匠精神。为挑好肥料，一个80多岁的老人蹲在养鸡场的地上，把臭的年轻人都不敢碰的鸡粪抓在手里捻一捻，看看水分多少、掺了多少锯末，他眼睛又不太好，几乎要把鸡粪凑在脸上。”

褚时健历经沉浮，75岁再次创业，11年的耕耘，最终结出10000亩累累硕果，成为大众口中的“励志橙”。一个优秀的创业者，不仅要有眼光、视界，还要有不舍不弃的毅力。

（资料来源：搜狐，https://www.sohu.com/a/301155141_100167427.）

问题思考：

请用消费者的个性分析褚时健成功的原因。

知识讲解

知识点一　消费者个性的概念

［微课］消费者的个性

个性是指人在先天因素的基础上，在社会生活实践中形成的相对稳定的心理特征的总和。个性的形成既受先天因素，比如说生理、遗传的影响，又与后天因素，比如说与社会环境、成长经历等有关系，心理个性包括个性倾向性和个性心理特征两个方面（图3-1）。两个方面错综复杂地交织为一体，构成了人们各不相同的个性。例如，在观察事物时，有的人细致入微，有的人粗枝大叶；在待人接物时，有的人热情洋溢，有的人冷漠矜持。即使都是热情的人，表现形式也各不相同，有人外露，有人则含蓄。在意志活动中也表现出各不相同的特征，有的人工作独立性强，果断

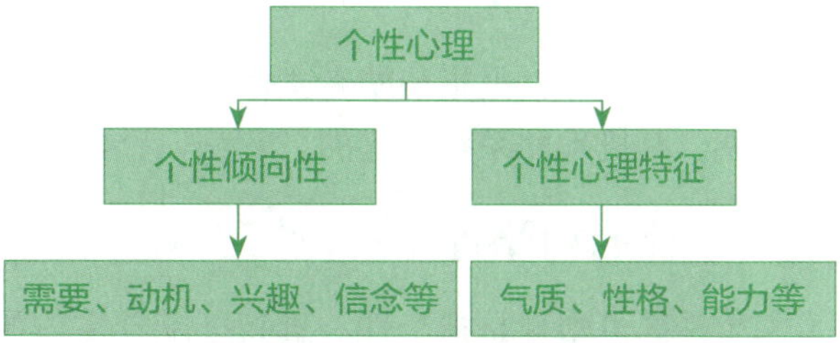

图3-1　个性心理

并且有意志力；有的人则缺乏意志力，盲目性和冲动性较大。总之，不同的人在社会实践活动中做什么、怎样做都表现出各自不同的心理特征。正是由于消费者不同的个性心理特征，才使得其购买行为复杂多样，变化多端。

【头脑风暴】在不考虑外部因素的情况下，即使有些人与褚时健老先生有相似的信念、价值观，也不一定能像褚时健老先生一样，取得再次创业的成功。这是为什么呢？

【一点通】因为个性心理包括两个方面，除了个性倾向性和个性心理特征，个性的另一个方面就是个性心理特征，包括气质、性格和能力。它决定了个性的差异性，个性心理特征是个体身上经常表现出来的本质的稳定的心理特征。个性心理特征使自身的心理与行为区别于他人。此外，它们不是孤立的，是有机结合的一个整体，即使有些人与褚时健老先生具有相似的个性倾向性，但是受个性心理特征，即气质、性格和能力的不同，最后可能产生不同的结果。

知识点二　消费者个性的特点

个性作为反映个体基本精神面貌的本质的心理特征，具有如下特点。

一、个性的稳定性

个性的稳定性是指消费者主体经常表现出来的某种心理倾向和心理特点不变的倾向。它是在一个人出生后，在家庭、社会和学校教育潜移默化的影响下以及在个人实践的活动中逐渐塑造而成的。个性一经形成，具有一定的稳定性。偶尔的、一时的心理现象并不能成为主体的个性特征。

二、个性的独特性

个性的独特性是指不同消费者主体所体现出的个性心理特征都具有独自的个性倾向，体现出各自独特的精神面貌。当然，强调个性的个体差异性并不意味着否认个性也包含着共同性的一面。因为人总是在一定的群体中工作、生活，长期的相同环境条件与实践，必然使个体的个性融进群体的一些共同心理特征。

个性中的共性和独特性是统一的。共性寓于独特性之中，例如，某一民族共有的个性总是在本民族内的成员身上表现出来，尽管每个人都有各自的特点，但并不失去本民族的风俗习惯。正如恩格斯所说：每个人都是典型，然而同时又有明确的个性。

三、个性的整体性

个性的整体性是指消费者主体的各种个性倾向、个性心理特征以及心理活动过程是互相协调，有机地联系在一起的。它是以整体形式表现在一个具体的人身上的。

四、个性的可塑性

个性的可塑性是指个性心理特征随着主体的经历而发生的不同程度的变化，从而在每一阶段都呈现出不同的特征。个性具有稳定性，并不意味着个性是一成不变的，稳定性和可变性是对立的统一。正因为个性不是一成不变的，所以思想教育和环境的影响能够在个性培养方面发生作用。

五、个性的自然性与社会性

先天素质（个性自然属性的重要表现）与后天环境（个性社会属性养成的条件）是个性形成发展的必备条件，是二者的组合，缺一不可。其中先天素质是物质基础，是可能性条件，而后天环境是现实性条件，起决定性作用。

知识点三　消费者的自我形象

一、消费者自我形象的含义

自我形象，也称自我概念，是消费者对自己的认识态度以及自我评价是在与别人、与社会接触过程中，综合自己、他人以及社会各方面评价形成的。消费者的自我形象是消费者对自己的能力、气质、性格等个性特征的感知态度和自我评价，也就是人们通常所说的消费者自己如何看待自己。

【头脑风暴】假如说你买了一件衣服，如果周围的人都给予否定，那么，你穿这件衣服的概率是会增大还是会减少呢？

【一点通】大部分人会受其他人的影响而减少穿这件衣服的概率。

二、消费者自我形象的构成

消费者的自我概念包括实际的自我、理想的自我、他人实际的自我以及他人理想的自我四个方面。

实际的自我就是消费者自己实际上如何看待自己，“我作为消费者，我认为我实际上是什么样子”；理想的自我是消费者自己希望如何看待自己，也就是说“我作为消费者，我希望我成为什么样子”；他人实际的自我是指消费者自己认为别人实际上如何看待自己，也就是说“我作为消费者，我认为我在别人眼中实际上是什么样子”；他人理想的自我是说消费者自己希望别人如何看待自己，也就是说“我作为消费者，我希望我在别人眼中是什么样子”。

三、消费者自我形象在消费中的作用

现实中，人们每个人内心深处都有一个关于自我形象的认识，消费者总是觉得实际的自我不够完美，因此，他们会通过消费特定的产品或服务来塑造理想的自我和他人理想的自我，实现由实际自我向理想自我。例如，有的人已经非常漂亮了，但是她觉得实际的自我还是不够漂亮，因此去世界各地整容，买漂亮的服饰等，实际上是要塑造理想的自我和他人理想的自我，使自己更加漂亮，也让别人看起来自己更加漂亮。

因此，消费者具有追求自我概念的倾向，即消费者需要通过购买和消费一定的产品和服务来告诉别人我是什么样的人，即理想的自我以及他人理想的自我，而品牌个性恰恰满足了消费者的这种需要。消费者就像找朋友一样，在众多品牌中去寻找与自己个性相吻合的产品，去寻找能很好表达自我、标榜自我的产品，从而实现理想自我或他人理想自我的塑造。

任务二

消费者的气质与购买行为

任务导入案例

哪类人会重复投诉

中国电信经过研究发现，大多数重复投诉的电信客户属于胆汁质和多血质型客户，这两类气质的客户高级神经活动类型属于兴奋型和活泼型，他们的情绪兴奋性高，抵制能力差，特别容易冲动，因此，他们在投诉时的心理主要有三类。

第一类，发泄的心理。这类客户在接受电信服务时，由于受到挫折，通常会带着怒气投诉和抱怨，把自己的怒气、抱怨发泄出来，这样客户的忧郁或不快的心情由此会得到释放和缓解，以维持心理上的平衡。

第二类，尊重的心理。多血质型客户的情感极为丰富，他们在使用电信服务过程中产生的挫折和不快，进行投诉时总希望他的投诉是对的和有道理的，他们最希望得到的是同情、尊重和重视，并向其表示道歉和立即采取相应的措施等。

第三类，补救的心理。客户投诉的目的在于补救，补救包括财产上的补救和精神上的补救。当客户的权益受到损害时，他们希望能够及时地得到补救。因此，客户投诉时，需要在这两个方面都同时得到补救。

（资料来源：微博，http://blog.sina.com.cn/s/blog_bf96657b0102vtj5.html.）

问题思考：

请用消费者的气质类型解释以上类型人群的投诉心理。

知识讲解

知识点一　气质的概念

心理学中所说的气质和日常人们所说的气质的含义并不完全一样。日常人们所说的气质，常常指一个人的风格、风度和某种职业上所具有的非凡特点。心理学中给气质下的定义为：气质是指一个人在心理活动和行为上表现的强度、速度、稳定性和灵活性等动态方面的心理特征。简单地说，气质是心理活动的动力特征，它包括三个方面：一是心理过程的速度和稳定性，如知觉速度、思维是否灵活、集中精力的时间长短等；二是心理过程的强度，如情绪的强弱、意志努力的程度等；三是心理活动的指向性，比如，有的人倾向于外部事物，从外界获得新的印象；而有的人倾向于内部，经常体验自己的情绪，分析自己的思想和印象。由此可见，人的气质不涉及心理活动内容，只反映心理活动表现形式特征。

气质的形成和表现具有以下基本特征：①先天性。每个人一出生就表现出的某种气质特点。②差异性。受先天遗传因素的不同以及后天生活环境的差异影响，不同的气质类型存在很大的差异。③稳定性。气质一经形成，受其他因素影响不大，有一定的稳定性。俗话说“江山易改，禀性难移”就是说气质的稳定性。④变化性。气质的稳定性并非不发生变化，受后天环境和教育等实践因素的影响，也会发生某些变化，但变化缓慢且渐进。

实例链接

有一对孪生兄弟，一个出奇的乐观，一个却非常悲观。父亲为了让悲观的孩子快乐起来，让好动的孩子安静下来，做出了这样一个决定：他把乐观的孩子锁进了一间堆满马粪的屋子里，把悲观的孩子锁进了一间放满漂亮玩具的屋子里。一个小时后，他们的父亲走进悲观孩子的屋子里，发现他坐在一个角落里，一把鼻涕一把眼泪地在哭泣。父亲看到悲观的孩子泣不成声，便问：“你怎么不玩那些玩具呢？”孩子哭泣着说：“玩了就会坏的。”当父亲走进乐观孩子的屋子时，发现孩子正兴奋地用一把小铲子挖着马粪，把散乱的马粪铲得干干净净。看到父亲，孩子高兴地叫道：“爸爸，这里有这么多马粪，附近肯定会有一匹漂亮的小马，我要给它清理出一块干净的地方来！”

【思考与应用】请思考个体的气质具有哪些重要的特征？

知识点二　气质类型的主要理论

气质是个古老的概念，公元前5世纪，古希腊医生希波克拉底提出气质的体液学说，以体液学说作为气质类型的基本形式，以巴甫洛夫的高级神经活动学说作为气质类型的生理学依据，通常把人的气质类型划分为多血质、胆汁质、黏液质和抑郁质（表3-1）。英国心理学家艾森克，用因素分析法提出了神经质、内倾性-外倾性以及精神质三维特征的理论。

表3-1　希波克拉底的体液学说

气质类型	占优势的体液	特性
多血质	血液，热而湿	如春天一般热情
胆汁质	黄胆液，热而干	如夏天一般暴躁
黏液质	黏液，寒而湿	如冬天一般冷漠
抑郁质	黑胆液，冷而干	如秋天一般忧伤

知识点三　气质的特征

综合以上学说和观点，人的气质类型有多血质、黏液质、胆汁质和抑郁质四种，并具有典型的特征。

一、胆汁质

胆汁质气质类型的人属于不可遏制型，具有外倾性。优点：积极进取，不怕困难，热情高涨，直率豪爽，有魄力；精力充沛，表里如一，刚强果敢，反应迅速，体验强烈，深刻而稳定；行为坚韧不拔，智力活泼敏捷；能以很高的热情埋头事业；兴奋时，决心克服一切困难，精力耗尽时，情绪又一落千丈。缺点：脾气急躁、暴躁和焦躁，行事鲁莽，易因小事而大发脾气，与别人产生对立情绪，萌生报复心理，办事不考虑后果，事后又后悔，虽然“虚心接受，但坚决不改”；易冲动发泄，感情用事，缺乏耐心，在遇到不如意时，甚至会欺负无辜来发泄不满。总体特征：直率、热情、精力旺盛、情绪易于冲动，心境变化剧烈，脾气暴躁。典型的代表人物有猪八戒、张飞、李逵、鲁智深等。

二、多血质

多血质气质类型的人属于活泼型。优点：反应迅速，有朝气，活泼好动，感情外露，遇事敏感，思想活跃，可塑性大，对环境适应性强，快人快语，善于并易于结交朋友，有很强的活动能力和语言表达能力。缺点：情绪不稳，粗枝大叶，“注意点”变换快，喜怒无常，做事轻举妄动，虑事不周，盲目性大，缺乏耐力和毅力。典型的代表人物有《红楼梦》中的贾宝玉、王熙凤等。

三、黏液质

黏液质气质类型的人属于安静型。优点：人平静，情绪不易变化，也不易外露。善于克制忍让，生活有规律，不为无关的事情分心，埋头苦干，有耐久力，态度持重，不卑不亢，不爱空谈，严肃认真；处变不惊，总能三思而后行；能坚定地执行已做出的决定，不紧不慢地去完成工作，对自己的行为有较大的自制力。缺点：在运动和行为上都很迟缓；对已习惯的工作比较适应，但对新工作较难习惯；可塑性差；不够灵活，注意力不易转移，因循守旧，对事业缺乏热情。总体特征：稳重而缺乏灵活，踏实却有些死板，沉着但生气不足。典型的代表人物有陈景润、牛顿、达尔文、爱因斯坦、爱迪生、林冲等。

四、抑郁质

抑郁质气质类型的人属于抑郁型。优点：沉静，深沉，易相处，人缘好，办事稳妥可靠，做事坚定，能克服困难；敏锐，稳重，体验深刻，有较多的敏感性，能感觉出一般人所觉察不出的事；富于想象，办事谨慎，对力所能及的工作坚忍不拔。缺点：多愁善感，心理反应速度慢，遇事犹豫不决，缺乏果断，动作迟缓；易受挫折，怯懦，孤僻，寡断，疲劳不容易恢复，不图进取，面临危险和紧张情况时，常表现出恐惧和畏缩；受挫后，会心神不安。这种类型的人不喜欢抛头露面，不爱表现自己，不善与人交往，常有孤独感。作为抑郁质类型的人的典型代表有《红楼梦》中的林黛玉。

【头脑风暴】同学们思考一下，以上四种气质类型哪种更好呢？

【一点通】需要指出的是，气质并不决定消费者活动的内容和方向。因此，气质无所谓好坏。我们不能认为，某种气质是好的，某种气质是不好的。一般来说，每种气质都有积极的方面，也都有消极的方面。所以，它对人心理活动的进行和个性品质的形成，有一定的积极或消极作用。

知识点四　消费者的气质类型及营销策略

［微课］
消费者的气质

气质是典型而稳定的个性心理特征。因此，对人的行为活动方式影响比较深远，特别是气质的四种类型在购买活动中充分地表现出来，使得消费者的购买行为丰富多彩，各具特色，如表3-2所示。

表3-2　气质类型在购买行为中的表现

神经活动类型			气质类型	购买行为表现
强型	不平衡	兴奋型	胆汁质	容易冲动，受情绪和性格影响大，喜欢即兴决策，关注自身体验
	平衡	灵活性高（活泼型）	多血质	热情洋溢，易于交流，主见不强，容易融入环境与他人建立关系
		灵活性低（安静型）	黏液质	态度严肃，谨小慎微，注意观察，比较有主意
弱型	抑制型		抑郁质	疑虑，不自信，缺乏决策动力

一、胆汁质类型消费者

感受性弱，耐受性高，情绪兴奋性高，变化剧烈而抑制力差，对外界事物反应速度快，但不灵活，可塑性差，外倾性明显。表现为直率、热情、易冲动、暴躁。这类消费者气质的神经过程呈现稳定性、均衡性等，往往产生冲动性购买，在购物中喜欢标新立异，追求新款奇特、具有刺激性的流行商品。接待这类气质的消费者，要求服务人员眼疾手快，及时应答，并迅速递上他们所需要购买的商品，做好必要的解释，如商品性能、使用方法等。多向他们介绍一些新产品的使用功能，引起他们的注意和兴趣。总之，服务人员要以同样充沛的精力快而准地接待他们，并辅以柔和的语言和目光，做到礼让三分，使消费者的购物情绪达到最佳状态。

二、多血质类型消费者

感受性低而耐受性较高，情绪兴奋性高，外部表露明显，对外界事物反应快，灵活性、可塑性强。表现为活泼、好动、开朗、善交际，注意力易分散，兴趣、感情变化快。对待这种类型的消费者，服务人员要分两种情况：一种是他们询问商品价格、质量、性能时要有问必答，不厌其烦，使他们能高兴而来，满意而归；另一种是如果遇到消费者有些离题的聊天，应礼貌风趣地给以指点，使他们专注于商品。服务人员应尽量帮助他们缩短购买商品的过程，当好参谋，以博得顾客的好感。这类气质的消费者比较容易听取意见和转变态度，因此，处理得当不会引起不悦。

【头脑风暴】为什么市场营销人员在与多血质类型的消费者沟通过程中应尽量缩短该类消费者的购买过程？

三、黏液质类型消费者

感受性差而耐受性强，情绪兴奋性低，抑制性较强，内倾性明显，反应速度慢，不够灵活，具有稳定性，行动表现迟缓，少言、细致、固执而有惰性。接待这类消费者时，服务人员要有的放矢，避免过多语言和过分的热情，因为这样做反倒会引起某些反感。同时，要适当允许这类消费者有自己认真思考和挑选的余地，对他们的谨慎小心应给以充分理解，给以支持和信赖，用文明和礼貌构筑起信任的桥梁，使他们再行惠顾。

四、抑郁质类型消费者

与前三种气质类型的消费者相比较，其特点是神经过程的感受性高而耐受性低，严重内向，反应速度慢，不灵活，情绪兴奋性高，内心体验深刻。表现得刻板、羞涩、敏感、孤僻，防御性强。面对这类消费者，营业人员应更加温和细致，打消他们不必要的顾虑，鼓励他们大胆试穿、试用商品，迅速决定购买。如果他们优柔寡断或放弃购买，也应以礼相待，欢迎他们再来购买。总之，接待中要善于察言观色，捕捉他们所反映的细枝末节的问题并做好心理对应准备，使他们处于平和愉快的气氛中购物。

综上所述，分析了具有典型气质特征的消费者在购买活动中的行为表现，他们具有一定的代表性，但实际情况远比这四种类型要复杂得多。因为，消费者的气质多数介于各种类型的中间类型，加上多种外界条件的影响，使气质特征显露出的机会各不相同。自然购买行为也表现得复杂多样，难以区分消费者究竟是哪一种类型。同时，既不可能也没有必要非要把纷繁复杂的购买行为划归某一类型。研究消费者的气质，主要是观察和判定消费者具有哪些气质特征，从而揭示其购买活动规律，有针对性地提供各种服务，更好地满足消费者的需求。

任务三 消费者的性格与购买行为

任务导入案例

《九品芝麻官》中的性格知识

相信很多人都看过由周星驰主演的《九品芝麻官》这部电影，那么，你能不能用几个关键词来形容剧中的主角包龙星呢？“人之初，性本善；性相近，习相远。”“坏事做尽、改邪归正、维护正义。”把这些关键词组合在一起，这就是包龙星个性心理特征中的性格。

（资料来源：作者根据相关信息整理。）

问题思考：

包龙星在人生的不同阶段，为什么表现出了如此大的性格差异呢？

知识讲解

知识点一　性格的概念

心理学中性格的定义是指一个人对现实的稳定态度和习惯化了的行为方式中所表现出来的个性心理特征，是在后天社会环境中逐渐形成的，它是人的核心的人格差异，性格有好坏之分。简单来说，性格就是气质类型加社会环境。

知识点二　性格的特征

性格由彼此联系相互依存的四个方面的性格特征构建而成。这四个方面的性格特征分别是性格的态度特征、性格的理智特征、性格的情绪特征和性格的意志特征。

一、性格的态度特征

性格的态度特征是性格的核心，表现为个人对现实的态度倾向性特点，属于人的道德品质的范畴。社会、集体、他人、自己的态度方面，都体现了一个人的性格特征。例如，在对待消费的态度上，有的人节俭，有的人浪费；有的人讲究，有的人随意等。在对待工作和学习的态度上，有的人勤奋，认真，细致，有创造精神；有的人懒惰，马虎，敷衍，粗心，因循守旧等。

二、性格的理智特征

性格的理智特征，是指人在认识过程中表现出来的性格特征，即人在感知、记忆、想象和思维等认知方面的个体差异。例如，有的人遇事多思善想，深谋远虑，沉着冷静，有的人听风是雨，人云亦云，手足无措；有的人看问题全面，有的人偏执；有的人能理智地处理问题，控制行为，有的人以感情代替理智等。

三、性格的情绪特征

性格的情绪特征，是指人的情绪活动对其他活动的影响，以及人对其情绪活动进行控制的性格特征，它通常表现在情绪活动的强度、稳定性、持久性和主导心境四个方面。例如，有的人生活、工作、学习常受情绪所支配，有的人则以理智支配行为，控制情绪；有的人情绪易激动且不能自控，有的人情绪稳定，引发缓慢，也能控制；有的人情绪体验深刻持久，有的人则体验肤浅且持续时间短；有的人经常是情绪饱满，热情奔放，乐观开朗，善于调节情绪，有的人则经常情绪低沉，多愁善感，抑郁寡欢；有的人恬静，温和，安宁，有的人则情绪波动，焦虑不安等。

四、性格的意志特征

一个人对自己行为的自我调节方式和水平方面也表现出性格特征，它表现为是否有明确的行为目的，能否坚持自己的信念，能否自觉控制自己的行为等。例如，在自我控制方面，有的人有组织，有纪律性；有的人放荡妄为，我行我素等。在面临困境时，有的人沉着，镇定，深思熟虑，决定果断；有的人却惊慌失措，冒火鲁莽，优柔寡断等。

知识点三　性格与气质的关系

一、性格与气质的联系

性格是一个人本质属性的独特的、稳定的结合，比气质更能反映出一个人的心理面貌。首先，气质和性格相互渗透，彼此制约，主要表现为气质能够影响性格的形成和发展，对一定的性格特性起着促进或阻碍的作用。其次，性格对气质有深刻的影响，在一定程度上能掩盖和改造气质，使气质的消极因素得到抑制，积极因素得到发挥。

【头脑风暴】请用《九品芝麻官》中的包龙星的变化分析性格与气质的关系。

【一点通】《九品芝麻官》中的包龙星本身的气质类型是偏向胆汁质与多血质，这两种气质类型的人更容易培养起勇敢和果断的性格品质。因此，包龙星能够由坏事做尽到改邪归正、维护正义。虽然包龙星具有偏向胆汁质和多血质，气质类型始终没变，但受其父亲耳濡目染等这种社会环境的影响，开始做坏事，后来受社会正义感的驱使，改邪归正、维护正义。包龙星气质的消极因素得到抑制，积极因素得到发挥。可见，性格和气质是相联系的。

二、性格与气质的区别

两者的首要区别是：表现形式不同。气质表现在心理活动的动力方面，如强度、速度、稳定性和指向性，性格表现在对现实的态度和习惯化的行为上，鲁迅先生既“横眉冷对千夫指”，又“俯首甘为孺子牛”，充分表现了他对现实的态度。其次，形成过程不同。气质具有很大的先天性，形成早，不易改变，没有好坏之分；性格具有很大的社会性，形成晚，可塑性大，有好坏之分。心理学家认为，“对于儿童而言，家庭是制造性格的工厂”，父母等主要家庭成员对塑造孩子性格起到了重要作用。最后，在个性中的地位不同，气质是从属地位，性格是核心地位，反映人的本质。

【头脑风暴】我们在生活中经常听到某人性子急，某人性子慢，这属于气质还是性格呢?

【一点通】气质具有先天性，没有好坏之分；性格具有社会性，有好坏之分。性子急或慢没有好坏之分，因此，这属于人的气质。

知识点四　消费者的性格类型

［微课］
消费者的性格

在企业的营销活动中，消费者千差万别的性格特点，往往表现在他们对商品购买活动中态度和习惯化了的购买行为方式上。因此，可以通过对消费者购买态度、购买情绪、购买方式的观察、分析、判断，来认识和大体区分消费者的性格类型。

一、外向型、内向型和中间型消费者

瑞士心理学家荣格按照心理活动的指向，将性格分为外向型、内向型和中间型消费者。

（一）外向型

外向型消费者，性格特点是心理活动倾向于外部，购买商品时热情较高，喜欢提问题，征询意见，不掩饰自己的喜怒哀乐，喜欢与人交往，能较快地适应各种购买环境，比较容易和营业员交流信息，并通过购买活动获得某种心理上的满足。这种类型的消费者虽然购买决策果断，但比较轻率，缺乏自我分析。

（二）内向型

内向型消费者同外倾型消费者正好相反，其性格的行为特点往往是稳重、谨慎，喜欢自己观察体验，自己分析判断，不轻易提出问题、发表意见，也不轻易相信他人意见。这种类型的消费者不善于与人交往，不善于沟通信息，但往往有自己的独立见解与主张。

（三）中间型

中间型的消费者介于内向型与外向型之间。属于这种类型的人，由内部过渡到外部与由外部过渡到内部比较容易而且平衡。

二、理智型、情绪型和意志型消费者

英国心理学家培因和法国心理学家李波按心理活动的技能，将性格分为理智型、情绪型和意志型消费者。

（一）理智型

理智型消费者其购买行为往往受其理智支配。是否购买商品和劳务，购买何种类型，如何购买，什么时候购买，往往是经过周密思考，反复权衡各种利弊因素之后才做决定。

（二）情绪型

情绪型消费者购买行为往往受到感情的支配，同冲动型消费者类似，但冲动型消费者往往是在短时间内激情涌起就采取购买行动。冷静下来之后，又后悔不迭。但情绪型消费者则不完全相同。他们购买商品一般是在喜欢、赞赏等各种感情支配下进行的。总之，是感情左右购买行为。

（三）意志型

意志型消费者购买行为受其意志支配。他们购买目的明确，识别商品积极主动，购买决策迅速果断，并且能克服各种干扰和困难，完成购买活动。

三、顺从型、独立型消费者

按个体活动独立性的程度，可分为顺从型、独立型消费者。

（一）顺从型

顺从型消费者在购买商品时缺乏独立性主见，易受暗示。购买时犹豫不决，经常拿不定主意，需要他人帮助后，才能促进购买决策。决策过程时断时续，持续时间较长，而且碰到突然情况应变能力差。

（二）独立型

独立型消费者善于独立思考，并且有个人信念，判断的坚定性和行动的独立性都比较强，往往是家庭购买决策的关键人物。他们在购买活动中处于主动地位，积极提出问题、思考问题，有较强的自信心，谨慎从事，不盲从，但难免带有一定的主观性、片面性。但需要指出的是，如果对新产品的宣传具有较大的权威性，则固执的消费者可能会更快地接受它。

四、节俭型、自由型、保守型和顺应型消费者

按消费的态度可以分为节俭型、自由型、保守型和顺应型消费者。

（一）节俭型

节俭型性格的消费者讲究实用，注重商品质量，对价格较敏感，对商品的外观造型、色彩等不太在意。

（二）自由型

自由型性格的消费者，消费态度比较随便，想象力丰富，选购商品的标准常常改变。

（三）保守型

保守型性格的消费者，比较谨慎，习惯于传统的消费方式，喜欢挑选有多次使用经验的商品。

（四）顺应型

顺应型性格的消费者，消费态度比较随和，属于大众型，容易受到周围一切事物的影响。

知识点五　对不同性格消费者的营销策略

一、对待选购商品快和慢的消费者的策略

消费者选购商品的速度有快有慢。一般来说，对慢性的消费者，营业人员不能因为他们选购商品时间长而沉不住气，更不能急躁，显出不耐烦的表情；对急性的消费者，营业人员对他们没有经过充分思考匆忙做出的决定应谨慎稳重，防止他们后悔退货；对敏感性的消费者，营业人员应根据他们的要求，需要买什么就拿什么，不要过多介绍商品性能和特点，因为这类消费者对需要购买的商品的性能和特点早已心中有数。

二、对待言谈多和寡的消费者的策略

在购买活动中，有的消费者爱说话，有的则沉默寡言。对爱说话的消费者，营业人员应掌握分寸，多用纯业务性语言，多讲营销行话；对沉默寡言的消费者，营业人员要根据其不明显的举动、面部表情和目光注视方向等因素，摸清他们挑选商品的重点是放在商品质量上，还是放在商品价格上，或是放在商品的花色外观上，用客观的语言来介绍商品。这样，就会使营业人员和消费者很快找到共同语言，促使购买行为尽快实现。

三、对待轻信和多疑的消费者的策略

轻信型的消费者对商品的性能的特点不太了解、熟悉，因此，营业人员应主动帮助他们出主意，检验和查证商品的质量，不要弄虚作假；对多疑型的消费者，应让他们自己去观察和选定商品。

四、对待购买行为积极和消极的消费者的策略

购买行为积极的消费者深知自己要买什么，购买意图清楚明确，行为举止和语言表达毫不费力，营业人员应主动和他们配合，促使购买行为迅速实现；购买行为消极的消费者，没有明确的购买目标，进店以后能否成交，在很大程度上取决于营业人员能否积极、主动、热情地接待他们，激发他们购买的热情，引发他们的购买行为。

五、对待不同情感消费者的策略

不爱交际的消费者，营业人员应注意对他们使用的语言语气，不能随便开玩笑，否则他们会难以接受；对待腼腆的消费者，营业人员不要看不起他们，以免伤害他们的自尊心；对待温厚的消费者，营业人员应主动向他们介绍商品，为他们选择适合需要的商品。

任务四

消费者的能力与购买行为

任务导入案例

老年人在消费中的辨别能力

我国目前已步入老龄化社会，老年产业发展相对落后，老年消费市场不规范，不完善，不能充分满足老年人日益增长的消费需求，老年消费群体对现在快速发展的各种新科技、新消费方式的接受能力相对较弱，商家正是看中了老年消费者的这种状况，向他们推销产品，老年消费者识别能力差，往往钱财受损。为人儿女的要经常和父母沟通交流，引导老年人跟上时代的节拍，擦亮自己眼睛，去识别身边的各类消费陷阱。

问题思考：

请用消费者的能力分析老年人的消费弱点。

知识讲解

知识点一　能力的概念

能力是个性的组成部分，是指能够直接影响人们在实践中的活动效率并能促使活动顺利完成的个性心理特征。能力包括完成一定活动的具体方式以及顺利完成一定活动所必需的个性心理特征。例如，从事音乐活动既需要掌握歌唱演奏的技巧，又需要形成曲调感、节奏感和音乐听觉表演能力等个性心理特征。因此，它是影响活动效果的基本条件。能力的高低直接影响一个人从事活动的快慢、难易巩固程度。

人们进行任何一项社会活动，都需要一定的能力保证。例如，读书需要理解力、记忆力；写作需要创作力、文字表达力；绘画需要观察力、注意力；运动员需要反应的强度、速度和灵活性等。

人们必须具备完成各种活动的能力才能顺利达到预期的目的。能力总是存在于人的具体活动之中，离开了具体活动便无所谓能力。但是，不能认为凡是与人的活动有关，并且在活动中表现出来的所有的个性心理特征都是能力。只有那种直接影响活动的效率，并且使活动的任务能够顺利完成的心理特征才是能力。如暴躁、活泼、沉静等，虽然也是心理特征，并且和活动有一定关系，但它们却不是顺利完成某种活动的最直接最基本的心理特征，因而不能称为能力。而作家的文字表达力，学者的周密思考力，教师的观察力，工程师的技术想象力，音乐家的音乐听觉力和旋律感觉能力，营业员的运算能力、应变能力，则都是顺利完成他们所从事的相应活动所必需的、最基本的心理特征。缺乏这些特征就会影响这些活动的效率，使这些活动不能顺利进行。因此，笔者把这些顺利完成某种活动的心理特征称作能力。

人的实践活动是复杂多样的，当人们进行每一项具体活动时，都要有一定的能力保证。有时还需要有多种能力的组合，以便更好地从事和完成一定的活动。例如，营业人员要想成功地完成营销任务，除了要有运算能力和应变能力外，还必须具备语言表达能力、观察能力、交际能力和记忆能力等。

知识点二　能力的类型

在现实生活中由于人们面对着不同的环境条件和要实现的不同目标任务，会采用不同的方式和手段以显示其自身方面对现实客观世界的各种能力。也就是说，不同类型的活动所需要的能力结构各不相同。只有各种能力互相结合，共同发挥作用时才能完成各种类型的活动。

心理学家认为，人的能力是由一般能力和特殊能力、模仿能力和创造能力、活动能力和社会交往能力三个部分构成（图3–2）。

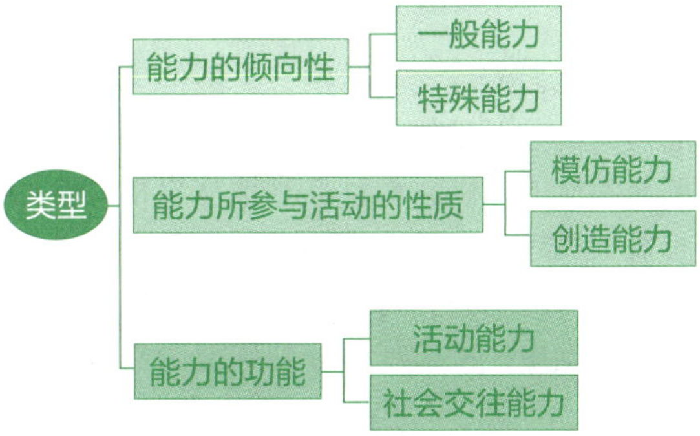

图 3–2　能力构成

一、一般能力和特殊能力

按照能力的倾向性可以分为一般能力和特殊能力。

（一）一般能力

一般能力是指大多数活动所必需的、带有共同性的基本活动，它适合于多种活动的要求。从最复杂的活动到最简单的活动都不能脱离这种一般能力。

人的一般能力的有机结合通常称为智力，它主要包括：观察能力，指观察的速度、广度和精细等；思维能力，指对事物的分析、综合、抽象和概括能力；表达能力，包括语言表达能力和文字表达能力，特别是前者的高低，标志着一个人的概括水平和思想水平；记忆能力，指人的心理活动在时间上保持连续性的长短，包括记忆的速度、准确性、持久性等。这四种基本能力在人的智力构成中各有一定的作用并相互制约、相互影响。其中，以思维能力为核心和其他认识能力有机地结合为一个整体。如果思维能力偏低，则表现能力、想象能力、表达能力、记忆能力都受到影响，整个认识能力或智力水平也就偏低；反之亦然。因此，逻辑思维能力标志着一般能力水平的高低。

（二）特殊能力

特殊能力是指为某项专门活动所必需的知识和技能，它属于专业技术方面的能力，如专业鉴赏能力、定向能力、运算能力，色彩辨别能力、音乐能力、绘画能力、平衡能力等。购买珍贵毛皮、珠宝时的鉴别能力，购买各类文物、字画时的鉴赏能力等均属特殊能力。每一种活动除了要求有一般的能力外还要求有一些专门能力，例如，飞行员除了要求具备一般的观察能力、记忆能力和思维能力外还应具备在高空高速度条件下工作所需的特殊能力。有的人由于缺乏与自己所从事的工作相适应的特殊能力而被淘汰，这类事例是不少见的。

【头脑风暴】你认为指挥家舟舟具有一般能力还是特殊能力呢？特殊能力是不是天赋呢？

【一点通】特殊能力当然不是天赋，主要靠后天的锻炼和培养，特别是早期培养。舟舟虽然具有一定指挥的天赋，但是需要天天练习，不断培养，后者起决定作用。否则，就是“仲永学诗”。

（三）一般能力和特殊能力的关系

在人们的现实生活中，一般能力和特殊能力是有机地联系在一起的，一般能力和特殊能力的区分不是绝对的。在同一活动领域中，由于具体的活动性质与条件的不同，也有一般与特殊的区别，而且顺利地从事活动都必须具有一般能力，又具有特殊能力。一般能力越发展就越为特殊能力的发展创造有利条件；而在活动中发展相应的特殊能力的同时也就发展了一般能力，特殊能力是在一般能力的基础上展示和发挥的行为表现。在人们的每次具体活动中，一般能力和特殊能力总是共同起作用，很难将它们截然分开。

二、模仿能力和创造能力

按照能力所参与活动的性质，可以分为模仿能力和创造能力。

模仿能力是指根据别人的指导和积累的经验、知识和技能进行一系列活动的能力。例如，人在儿童时期的学习主要依靠一定的模仿能力。创造能力则指根据一定的目的，创造出有社会价值的新的独特的东西的能力，如新观点、新理论、新技术、新产品、新工艺和新方法等。这两种能力也是相互联系的，再造性活动一般都包含有创造性因素；创造性活动也包含有再造活动，而且创造性能力是在再造性能力的基础上产生飞跃发展的。

三、活动能力和社会交往能力

按照能力的功能，可以分为活动能力和社会交往能力。

活动能力是指人们完成某种活动的能力，它也是由一些基本能力构成的，如组织能力、计划能力、适应能力以及实际操作能力等。社会交往能力是指参加社会群体生活与周围人们相互交往协调的能力。营销活动作为一种人际活动，消费者还需具有一定的人际交往能力，这种能力在现代社会中对人来说更是不可缺少的。活动能力和社会交往能力是密切联系、相互制约、相互促进的。人们通过在实践活动和交往活动中认识客观世界，来不断提高自己的认识能力；人们又是依靠它对客观世界的认识去调节自己的实践活动和交往活动。

知识点三　能力的差异

由于各人先天素质的差异，特别是后天条件的不同，如社会环境、所受的教育、所从事的实践活动以及主观努力程度不同等因素，使能力具有了差异性。这种能力上的差异性不仅存在于数量和质量上，还存在于水平上。主要表现为以下方面。

一、能力类型的差异

能力类型的差异是指在认识过程中那些稳定的心理品质。例如，有的人视觉记忆效果较好，有的人听觉记忆效果较好；有的人有音乐能力，有的人有数学天才。这就是特殊能力的个体差异。再如，同样是思维能力，有的人形象思维占优势，有的人抽象思维更突出。另外，有的人善于观察，有的人擅长记忆，有的人善于思考等，这些都说明，一般能力同样存在个体差异。

二、能力水平的差异

能力水平的差异是指个体能力发展程度的差异，也是个体能力发展过程中量的变化。世界上第一个关于智力水平差异的测量标准是比奈-西蒙智力量表，由法国心理学家比奈及其助手西蒙1905年编制的，1916年美国斯坦福大学推孟进行修订，称为斯坦福比奈智力量表。此外，推孟还提出了智商IQ的概念。

三、能力时间的差异

能力差异还表现为时间的差异，是指个体能力发展在年龄上的差异，是主客观因素综合作用的结果。奥地利作曲家莫扎特5岁就创作了他的第一首乐曲，8岁时举办独奏音乐会；我国唐朝初期四杰之一的王勃，10岁能作赋，13岁写出著名的滕王阁序。除了才华早露的，还有大器晚成的，我国的画家齐白石，本来长期做木匠，40岁才显露绘画才能，成为著名的国画家。尽管人成才有早有晚，但就总体而言，成才的最佳年龄阶段应是成年或壮年时期。

四、能力性别的差异

不同性别之间能力也是有差异的，比如，女性在语言表达能力上要优于男性，男性在空间知觉能力等方面要优于女性，男性多倾向于逻辑思维，女性多倾向于直觉与形象思维。

实例链接

葡萄酒品酒师

葡萄酒品酒师是一个新鲜而神秘的职业。说它新鲜，是因为它是新职业之一；说它神秘，是因为成为品酒师的门槛非常高，需要具备多种特殊技能。品酒师的工作不仅仅是喝酒品评那么简单，它的背后还有着更多的故事。

葡萄酒品酒师凭着高度灵敏的感知，丰富的经验和准确的判别能力准确判断出使用的葡萄品种、采用的生产工艺、酒龄的长短以及酒的产地，酒的风格特点乃至主要缺陷等，为老板进货把关；除此之外，他们帮顾客选择富有个性特点的葡萄酒，并搭配不同的菜肴，使酒的最佳品质发挥出来；此外，他们常参加一些高级酒会，或商业聚会，介绍酒知识、传播酒文化。

【思考与应用】以上案例中葡萄酒品酒师应具备哪些能力？

知识点四　消费者的能力类型

［微课］
消费者的能力

在消费行为中，消费者不同的能力形成了不同的购买类型。

一、确定型、半确定型以及盲目型消费者

按照购买目标的确定程度划分，分为确定型、半确定型以及盲目型。

确定型消费者有比较明确的购买目标，事先掌握了一定的市场信息和商品知识。半确定型消费者进入营业现场前已有大致的购买目标，但对商品的具体要求尚不明确。盲目型消费者购买目标不明确或不确定，他们进入营业现场，无目的地浏览，对所需商品的各种要求意识不明确。购买时容易受到营销人员的态度，其他消费者的购买情况等营销环境的影响。

二、知识型、略知型和无知型消费者

按照商品的认知程度可以划分为知识型、略知型和无知型消费者。

知识型消费者具有较全面的能力，了解较多有关商品的质量、性能、价格、产销等知识。略知型消费者的能力和水平处于中等状态，他们通常掌握一定的商品消费知识，但不够系统和全面。无知型消费者的能力和水平处于缺乏状态。

【头脑风暴】你在购买大部分商品时属于哪一种类型呢？

【一点通】每位消费者的回答不尽相同，有人是这么回答的：在购买牙膏时是确定型；在购买洗面奶时是半确定型，经常选好了又会犹豫；在装修时对于建材属于盲目型，对建筑材料毫无了解。

这就说明消费者的能力不同，使得消费者的购买行为呈现出多样性或差异性，要求营销人员遵守职业道德，合理的引导消费者的购买活动，促进商品的销售，切不可有意利用消费者的能力弱点去推销伪劣商品，欺诈顾客。

项目四

消费者的个性倾向性

项目任务导图

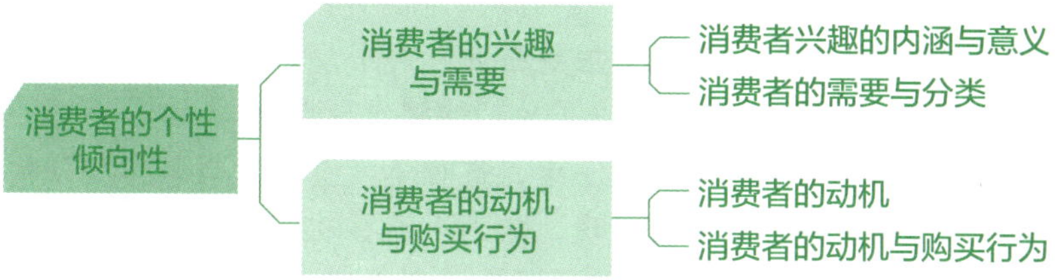

项目目标

知识目标

理解消费者需要理论中的兴趣、需要和动机的内涵

掌握马斯洛需要层次理论的营销应用

能力目标

能够正确发现、识别消费者的兴趣、需要和动机

有效针对消费者的不同个性倾向开展营销活动

素质目标

培养良好的消费习惯，正确认识自己的需要

培养良好的心理素质

任务一

消费者的兴趣与需要

| 任务导入案例 |

国产手机在非洲的成功

“传音手机”相信很多人都没有听说过这个牌子，最初听到这个名字甚至还以为是某黑科技手机的外号。但实际上“传音”公司是我国的一家手机制造厂商，在中国香港、迪拜、非洲等地都设有分公司。传音控股经营项目主要面向非洲，其制造的手机品牌占非洲市场份额约50%，传音以非洲手机市场占有率第一的成绩，成为“一带一路”倡议下出海企业的先驱标杆。

传音为什么会“称霸”非洲呢？主要原因有两个：第一点不用说，自然是便宜；第二点就是接地气，懂消费者的内心，抓住了他们的消费痛点。

传音公司特地在非洲成立了研发小组，进行了大量的数据采集和分析，把拍照识别的功能优化调整，通过调查传音公司发现，非洲人最喜欢的皮肤颜色是巧克力色，于是他们将手机拍出的照片调整为巧克力色，从而帮助非洲消费者拍出了真正满意的照片。

除了拍照，非洲人还热爱载歌载舞，于是传音将超长开机音乐，巨响的来电铃声功能通通加了进去。听说非洲有时停电？传音开发的“火箭充电技术”充电半小时能用7个小时，巨大的电池容量能超长待机半个月。有趣的是，非洲人喜欢办许多手机卡，但又没钱买多余的手机怎么办，传音四卡四待诞生了。最重要的是能听音乐、有收音机、能上网、可以拍照美黑的大屏手机。

上述黑科技还仅仅是传音手机针对非洲市场推出的部分功能，均获得了非洲消费者的强烈认可，传音在非洲的成功实至名归。

（资料来源：搜狐网“传音手机出海记——你不知道的非洲之王”。）

问题思考：

1．你认为传音手机成功的关键是什么？

2．传音手机在非洲市场的销售如何体现消费者购买过程中的兴趣、需要和动机？

| 知识讲解 |

知识点一　消费者兴趣的内涵与意义

一、兴趣的含义

［微课］
消费者的兴趣

所谓兴趣，是一个人力求接触和认识某种事物的一种意识倾向。消费兴趣是指人们需要某一种商品的情绪倾向。这种情绪的表现往往是喜不喜欢，感不感兴趣。

在消费过程中，要理解消费者对某一商品或劳务的需要，往往是从对该商品或劳务感兴趣开始的，兴趣是消费者购买活动的动力因素之一，那兴趣是从哪里开始或者发生的呢？

（一）兴趣的来源

兴趣多与以往的经历紧密相关，是一种有历史感的东西。了解的、熟悉的东西或场景更容易引发兴趣，因此有了回忆营销和经典营销。

对于“50后”“60后”“70后”的人而言，小人书是儿时最熟悉不过的课外读物，伴随了这个时代的人走过了那段文化贫瘠的岁月，给他们灰色的童年增加了一丝色彩。在今天的古物市场或书店中，年过半百，甚至两鬓斑白的中老年人会突然如孩子一样，眼中闪烁出喜悦的光芒，激动地翻看着儿时阅读过的再版小人书。这些小人书的价格非常昂贵，原版保留至今的动则几千元，上万元，少则也要几百元，即使是再版的小人书也卖到了几十元。

【头脑风暴】是什么让小人书身价倍增？

【一点通】虽然有收藏市场的经济驱动，但其本质是承载了那个时代的回忆。这些中老年消费者买回来的不仅是商品本身，还有美好的回忆。这种回忆会让他们对特定的商品产生深刻或强烈的认同感，于是愿意高价购买。

（二）兴趣的本质

兴趣的本质是关注。消费者看到感兴趣的东西会产生愉悦感，但为何一看到特定的商品就会感兴趣呢，是因为之前或很久以前就已经关注了解或者体验过，所以当再次与该商品触碰就会产生快乐，但这种快乐是兴趣的表象，其本质是关注。

兴趣的本质是一个人对一件事或物品产生了关注，继而去了解、认识、学习，跟别人交流从而产生了一种很悠长、回味无穷的快乐的一种活动或者行为。因此对于营销而言，激发消费者的兴趣，就可能会产生购买行为，让消费者的兴趣对产品或服务产生持久的关注，从而发生长期购买行为，即形成了粉丝或忠实顾客。

（三）兴趣的激发

兴趣的激发并不都与过往的经历有关。当一个孩子在认真地看一本新书，一个人如痴如醉地观看新广告时，其中肯定有吸引他们的新信息或关键信息，这些信息也会引发人们注意某物或专注于某事的持续性状态。

让消费者产生兴趣，除了过往经历外，还可以通过需要提供足够的信息，或新奇的信息来刺激消费者，并诱导消费者有所动作，比如，提供新的优惠券可诱导消费者购买或购买更多，赠送礼品可以缩短消费者的购买决定，积分兑换可以维系老顾客长期购买等。这个过程中，移动的物体、夸张的金额、意外的礼品、洪亮的声音、明亮的光线、鲜亮的色彩及强烈的气味都是信息，都可以刺激消费者产生兴趣或购买冲动，并消除人和商品之间的界限，在消费者和销售员之间搭建有机结合的桥梁。因此，首先要提供关于这件商品的足够信息，才能引起消费者的兴趣，否则消费者就会转身离去。所以，不管是旧兴趣，还是新喜好，都是人们的一种持续性关注状态，这种状态容易引起行为的倾向，如购买倾向，兴趣往往就是营销开始的那条引线，也就是说兴趣是需要的前提，人们看到感兴趣的东西，就会产生购买需要，并通过购买行为满足感官和欲望，并因此而产生快乐与幸福。

（四）兴趣的意义

兴趣会在消费者的购买决策过程中对消费者的购买行为产生以下三个方面的重要影响。

1．兴趣有助于消费者为未来的购买活动做准备

消费者如果对某种商品发生兴趣，会主动收集有关信息，积累知识，为未来的购买活动打下基础。例如，很多小学生已经对手机品牌、性能配置、价格水平如数家珍，这说明他们对手机的兴趣非常强烈，并通过各种渠道收集信息为未来的购买做准备。

2．兴趣能使消费者缩短决策过程，尽快做出购买决定并予以执行

消费者在选购自己感兴趣的商品时，一般心情比较愉快，精神比较集中，态度积极认真，这样使得购买过程易于顺利进行。

3．兴趣可以刺激消费者对某种商品重复购买或长期使用

消费者对某种商品的持久兴趣会发展成个人偏好，从而固定地使用该商品，形成重复的、长期的购买行为。例如，对花鸟鱼虫感兴趣的消费者，会经常光顾有关的专业市场，重复购买与此兴趣相关的商品。

虽然吸引兴趣是销售活动的第一个阶段，但不是一个独立的阶段，事实上，一旦消费者对某件商品产生了兴趣，这种兴趣会存在于整个销售过程中，兴趣会对后面发生的需求、欲望、购买动机、决定购买、购买后满足等阶段都会产生影响。

二、兴趣的分类

依据兴趣与指向对象的关系，可分为直接的和间接的兴趣。直接兴趣是指消费者由于对商品或劳务本身的需要而产生的喜爱和追求。例如，青年学生由于对苹果手机的喜爱而省吃俭用地去购买它。间接兴趣是指对某种事物的本身没有兴趣，而对于这种事物未来的结果有兴趣。例如，很多家长给孩子报艺术兴趣班多半不是出于孩子喜好，而是为了培养孩子将来成才而进行的教育消费。

依据兴趣反映到消费者购买商品种类的倾向性的不同，还可分为偏好型、广泛型、固定型和随意型等兴趣。

1．偏好型

部分消费者将兴趣的指向性所形成的对一定事物的特殊甚至极端化的喜爱表现。

2．广泛型

这类消费者的购买兴趣多元化，他们对外界刺激反应灵敏，可能受到多种商品广告、

宣传等吸引和社会环境的影响，购买形式与内容不拘一格。

3. 固定型

这类消费者兴趣持久，具有稳定的购买行为，往往是某些商品的长期消费者。

4. 随意型

这类消费者没有对某种商品的特殊偏爱或固定习惯，也难以成为某种商品长期的忠实顾客。

【头脑风暴】在购买服装、化妆品、手机等商品时，消费者表现为以上哪种兴趣类型？

| 实例链接 |

红牛能量自习室

大学生群体，在红牛品牌消费升级战略中具有重要的价值。为了更好地优化消费群体结构，红牛开始将消费人群的培养延伸至大学校园人群，向大学生传递品牌精神、培养产品认知、推进产品体验。

面对越来越挑剔的大学生受众，如何创造一个兴趣点和共鸣点，以有趣的方式帮助红牛将品牌精神“你的能量超乎你想象”及“提神醒脑、补充能量”的产品特性实现切实的沟通传达，并使之能够主动认可、行动、扩散，这是营销的重点与难点。

1. 营销目标

红牛校园营销的四大目标，即开拓红牛高校校园市场渠道、传递并强化红牛的品牌精神、实现大学生场景化产品体验、培养消费习惯刺激产品销售。

2. 营销策略

每年的6~7月，伴随着高校考试季的到来，百万大学生也纷纷开启了突击备考模式。但是，智能手机的全天候陪伴和社交应用的碎片化干扰，让学生们的注意力愈加分散，虽然坐在自习室里但仍旧无法专心学习。那如何帮助大家提高自控力、专注备考就成为这一时期的校园营销最好的机会点。

众所周知，“专注”是红牛品牌精神“你的能量超乎你想象”的延展，也是红牛产品价值“提神醒脑、补充能量”在功效方面的直接体现。在红牛校园营销中，“专注”是与大学生人群沟通的关键词。2016年，为了让学生专注课堂学习，红牛发起了“手机换红牛，专注一堂课”活动；2017年，为了鼓励大学生迎接考试季、专注上自习，红牛干脆自己建了一个能量自习室。

借由微信大数据对销售区域内重点学生人群精准推送的同时，虚拟的线上能量自习室互动活动与校园内真实的体验活动相结合，不仅有效地传达了“你的能量超乎你想象”的品牌精神和“提神醒脑、补充能量”的产品价值，更是引发了广告结束后流量不减的良好效果。

【思考与应用】红牛能量自习室营销活动的成功，主要体现了大学生消费群体哪些消费特点与兴趣？

知识点二　消费者的需要与分类

［微课］
消费者的需要

一、需要的含义

需要是指消费者在生理和心理上的匮乏状态，即感到缺少些什么，从而想获得它们以满足自己。比如，饿的时候有进食的需要，或在与他人交往中有被人尊重的需要，都是一个人产生需要的表现。

需要是消费行为的基础，没有需要就不会产生消费行为。

二、需要的特点

（一）对象性和选择性

人的需要不是空洞的，总是包括一定内容或某种具体事物，离开具体事物、具体目标、具体内容，就无所谓需要了。各种需要彼此之间的区别，就在于需要对象的不同，都必须有一定的外部物质条件才能满足。例如，居住需要房子，出门要有交通工具，娱乐要有场所。

人的需要是具体的，但也具有选择性。已有的知识经验决定着消费者的具体选择，消费者的爱好、层次、价值观、经济收入，都会影响消费者的选择性。例如，饿了想吃东西，选择什么样的食品呢？是馒头、米饭，还是面包、蛋糕？消费者到商店购买商品时，对象性和选择性几乎是同时出现的。

（二）多样性和差异性

多样性和差异性是消费者需要的基本特征，它既表现在同一消费者需要内容的多元化，也表现在不同消费者需求的差异上。

同一消费者不仅有生理、物质方面的需要，还有心理、精神方面的需要，而且对某一特定消费对象常常同时有多方面的要求，如既要求商品质地优良，又要求商品能够展示独特个性等。不同消费者在年龄、性别、生活方式、文化水平、经济条件、个性特征、所处地域的社会环境等方面千差万别，由此形成了多种多样的消费需要。例如，有些人以经济实用作为选择标准，有些人则要求商品外形美观、新颖，从而鲜明地显示出不同消费者之间消费需要的差异性。

（三）连续性和发展性

人们不会因为某种需要得到满足就终止需要了，当一种需要被满足之后，另一种新的需要就会被激化。比如，饿了就需要吃饭，吃饱了又需要去运动，人的需要永远不会满足，这样就形成了需要的连续性。同时，需要是由人的社会环境和生活条件所决定的，所以需要是随社会的发展而发展的。比如，人们过去骑单车，后来开摩托车，再后来开汽车等。需要是永无止境的、无限发展的，在质的方面不断提高，在量的方面不断扩大，连续性与发展性并存。

（四）伸缩性和可诱导性

伸缩性又称需求弹性，是指消费者的需要会随着某些因素的变化而产生变化。例如，支付能力、价格、储蓄、商品供给等因素的变化，会导致消费者购买商品的数量、品种、档次等的弹性变化。

可诱导性是指需要可以通过外部的干预，加以引导和培养。例如，许多企业正是利用消费者需要的可诱导性开展广告宣传、倡导消费时尚、创造示范效应、施以优惠刺激，从而有效地影响、诱导消费者形成、改变或发展需要。

（五）互补性与替代性

消费者对某一种产品的需要常常与对另一种产品的需要紧密相关。需要的相关性分为正相关和负相关，即互补性和替代性。例如，人们对私家车的需要带动了燃油消费的大幅度增加，这就是互补性；猪肉价格上升导致人们对猪肉的消费量下降，但同时对牛羊肉或鸡肉的消费量上升，这就是替代性。

三、需要的分类

如图4–1所示，假设圆圈代表市场，里面形形色色的图形代表不同的消费者或不同的消费需要，也就是说消费者的需要是多样的，差异化的。

心理学家将需要分为原始需要和习得需要两类，也称先天需要和后天需要。

原始需要指的是先天的、维持生存所需的基本需要，如空气、食物、水等生活方面的需要；习得需要指的是后天在对文化或环境做出反应的过程中学习到的需要，如自尊、亲和、成就、权力、社会地位等方面。

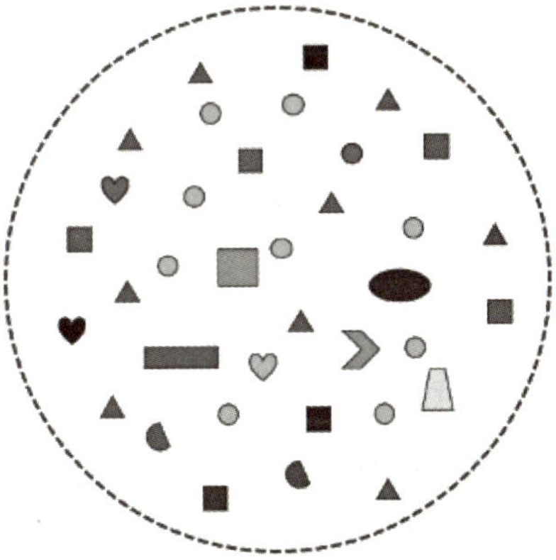

图 4–1 形形色色的需要

【头脑风暴】人类的需要在满足时，有没有先后顺序呢？一个人是怎么控制或决定自己的需要的？

【一点通】人类的需要是多样的，排序也是不同的，同一个人的不同需要之间往往也是相互关联的，只有当目前的需要被满足后，才会进入下一个要满足的需要阶段。

四、马斯洛需要层次理论

美国著名社会心理学家亚伯拉罕·马斯洛对于人类需要的解释，是现在被广泛认同和引用的理论。马斯洛认为需要是人类内在的、天生的、下意识存在的，按先后顺序发展进阶并实现个人成长与达到“高峰体验”而发展出来的系统性身心表现。

马斯洛将人的需要分为生理需要、安全需要、社交需要（也称归属需要）、尊重需要以及自我实现的需要五个层次（图4–2），前两种体现原始需要，后三种体现习得需要。

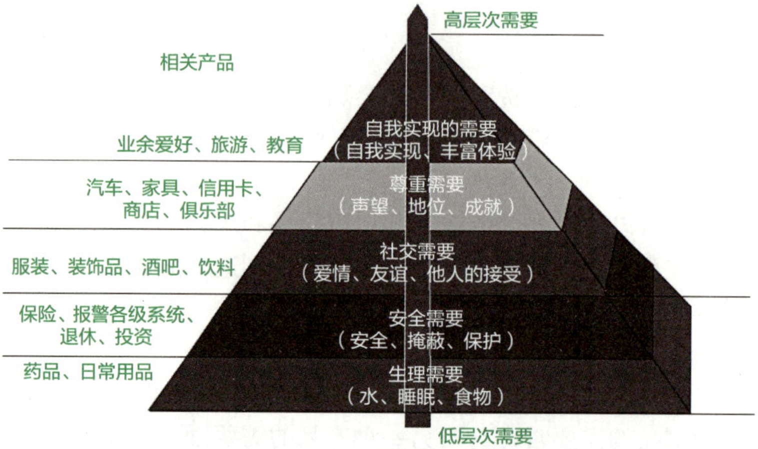

图 4-2　马斯洛需要层次理论

（一）生理需要

这是人类维持自身生存的最基本要求，包括饥、渴、衣、住、性的方面的要求。如果这些需要得不到满足，人类的生存就成了问题。在这个意义上说，生理需要是推动人们行动的最原始、最直接的动力。马斯洛认为，只有这些最基本的需要满足到维持生存所必需的程度后，其他的需要才能成为新的激励因素，此时相对满足的生理需要也就不再成为激励因素了。

（二）安全需要

这是人类要求保障自身安全、摆脱事业和丧失财产威胁、避免职业病的侵袭、接触严酷的监督等方面的需要。当生存需要获得一定满足后，安全需要就变得强烈了，如消费者不再为缺少食物发愁时，就会考虑食物的绿色、环保、健康问题。当然，当这种需要一旦相对满足后，也就不再成为激励因素了。

（三）社交需要

这一层次的需要包括两个方面的内容。一是友爱的需要，即人人都需要伙伴之间、同事之间的关系融洽或保持友谊和忠诚；人人都希望得到爱情，希望爱别人，也渴望接受别人的爱。二是归属的需要，即人都有一种归属于一个群体的感情，希望成为群体中的一员，并相互关心和照顾。感情上的需要比生理上的需要来的细致，它和一个人的生理特性、经历、教育、宗教信仰都有关系。

（四）尊重需要

人人都希望自己有稳定的社会地位，要求个人的能力和成就得到社会的承认。尊重的需要又可分为受人尊重和自我尊重。自我尊重是指一个人希望在各种不同情境中有实力、能胜任、充满信心、能独立自主，也称作内部尊重。受人尊重是指一个人希望有地位、有威信，受到别人的尊重、信赖和高度评价，也称作外部尊重。马斯洛认为，尊重需要得到满足，能使人对自己充满信心，对社会满腔热情，体验到自身价值与存在意义。

（五）自我实现的需要

这是最高层次的需要，它是指实现个人理想、抱负，发挥个人的能力到最大程度，完成与自己的能力相称的一切事情的需要。也就是说，人必须干称职的工作，这样才会使他们感到最大的快乐。马斯洛提出，为满足自我实现的需要所采取的途径是因人而异的。自我实现的需要是努力实现自己的潜力，使自己越来越成为自己所期望的人物。

五、消费者的需要

针对消费者的多样化行为，很多企业一直在探究一个基本问题：消费者到底需要什么？

马斯洛的需要层次理论成为理解消费者行为的一个很好的工具，营销者往往会以此为依据，开展有针对性的营销活动，但首先要明白消费者在做出购买行为前都在想什么？

对于消费者而言，当低层次的需要得到满足后，下一个层次的需要就变成行为的激励力量。特别提醒一下，马斯洛需要层次理论会受到文化的影响，尤其是在亚洲文化中群体归属的需要可能要比个体尊重的需要更受重视。

任何一种需要并不因为上一层需要的发展而消失，各层次需要相互依赖与重叠，最高层次需要发展后，低层次需要仍然存在，只是对行为影响的比重减轻而已。如果某一较低层次的需要面临重新得不到满足的状况，则这一低层次的需要又会重新成为现在行为的主要影响力量，但也会出现部分消费者沉浸在生理与安全需要层面止步不前的情况，其较低的需要被满足后不会再晋升到更高层面了。

消费者购买某一类产品是为了满足某一水平的需要，例如，有的顾客在选择饭店时会在乎价格实惠，更多考虑性价比；而有的顾客则会考虑健康卫生，这些顾客为了安全愿意承担更高的消费成本；还有的顾客会考虑宴请他人时的豪华与尊重，认为价钱不是问题。造成这种消费差别的原因可能与他们的收入、环境、认知、其他消费决策者和参与者等因素的影响有关，所以，当一个人有了消费需要后，会做出什么样的消费行为与选择也是不尽相同的。企业在做营销时要首先界定他们可以提供什么样的产品，可以满足哪些消费者的需要或痛点。

实例链接

茶饮料为什么就不能卖“去火”的概念

一份关于茶饮料的调研报告发现，目前消费者选择茶饮料的诉求正悄然发生着变化。

首先，当前的消费者最喜欢喝的茶饮料还是绿茶和红茶，而奶茶受欢迎程度正在逐渐上升，已进入前三甲，往后是花茶和乌龙茶，其他茶饮料品类提名比率很低。绿茶饮料之所以排名第一位，主要是因为有很大一部分消费者认为绿茶不仅能快速解渴，而且具有明显的去火作用。

其次，消费者购买茶饮料的主要原因已不再是基于中国传统文化的习惯性消费，首要考虑的因素是健康。喝茶饮料的目的是为了解渴和去火。消费者普遍认为茶饮料有着清新淡爽、不易上火的特点，有近70%的受访者认为茶饮料有去火的作用，特别是绿茶和花茶。消费者认为与王老吉、和其正等凉茶的不同是，茶饮料能健康去火；而王老吉、和其正凉茶类功能性饮料的主要原料是中草药，是中药去火，有些消费者担心喝多了会对身体有害。

而目前多数品牌的茶饮料未突出“去火”的产品诉求，这对于茶饮料企业未来发展是一个难得的市场机会。如果茶饮料企业大胆诉求健康“去火”的新主张，未来有可能快速做大市场、做强品牌。

【思考与应用】请大家讨论消费者都是基于哪些需要购买茶饮料的？最突出的需要是什么？作为企业是应该满足消费者的需要还是引导消费者的新需要？

六、需要与需求

马斯洛的需要层次理论对营销者有所裨益不是因为它明确指出了消费者在阶梯上爬升，而是它提醒了我们，消费者在不同的消费情境下和不同的生命阶段中会有不同的需要表现。

需要是一种不平衡的状态或感觉，并不指向具体的某物。欲望是用以满足需要的特殊消费形式，当需要的具体满足物出现或存在时，需要就转化为欲望，往往受文化环境、特有经历、学习与认知等因素的影响。需求是对有能力购买且愿意购买的某个具体商品的欲望，是购买力的直接体现。例如，某人头发脏了，需要清洁头发，这是需要；下午要见客户，没法回家，只能去理发店洗发满足需要，这就是欲望；选择日常洗发10元，护理洗发25元，精致按摩洗发60元，这三种选择就是需求。

营销的主要作用是发现消费者的需要，影响他们的欲望，才能创造合适或更多的需求。但是要注意，抽象的内心需要可以被抓住但不能被无中生有，而需求是可以创造出来或以提供选项的形式而存在，因为它是具体的、物化的。

任务二 消费者的动机与购买行为

任务导入案例

泡面之后，可乐也卖不动了？

虽存疑惑，但仔细想想，也是那么一回事。像以前，每次进入超市，泡面、啤酒之类的都是放在超市入口或者离买单很近的地方，如今却要围着超市找半天才找得着。以前的明星商品，如今却被悄悄地被放在了角落里。

从某些地区的大型商超比如沃尔玛、家乐福、大润发等可以发现，除了速溶咖啡、方便面，啤酒、薯片、巧克力、可乐、糕点、糖果、冰淇淋等快消品的销售这两年都有所下滑，而“健康”“自然”“新鲜”的商品成为越来越多人的选择。

“泡面又要烧开水、撕包装，又不好吃，关键现在泡面也不便宜！如今外卖这么方便，谁还吃方便面呀！”这几年兴起的电商外卖平台也是导致方便面销售失宠的一个重要原因。

同时，消费回归理性和传统也是造成快消品业绩表现欠佳的一个原因。很多消费者在接受采访时表示：“花50元钱买一盒速溶咖啡，一个星期就喝完了，要喝咖啡也是买新鲜咖啡豆，找人磨好，自己慢慢煮着喝才有味。”

随着市场上新鲜烘焙咖啡的出现，虽然价格稍微贵了一点，但是品质跟速溶咖啡却是不一样的，平时喝速溶咖啡的人，也许是没时间好好品味新鲜咖啡的口感。

现如今，针对喜欢喝咖啡的消费者，随时可以喝上新鲜的咖啡，改变了自己的生活方式，品位不断上升。

（案例来源：搜狐网，https://m.sohu.com/a/114923292_486102.）

问题思考：

1. 为什么速溶咖啡、方便面等“失宠”了？
2. 消费者买或不买行为的背后是什么力量在引导他们？

知识讲解

知识点一　消费者的动机

为什么有些人选择在高桥上蹦极，而有些人则把闲暇时间花在象棋或园艺上？

不论是寻求刺激、打发时间、解渴果腹，还是获取某些深层次的精神体验，人们做任何事都有一个理由，虽然有时说不出来。这里的“理由”就是指消费者动机，理解消费者动机才能理解消费者行为背后的原因。

［微课］
消费者的动机

人们要吃什么或不吃什么，理由可能是非常简单而直接的，但许多人可能没有意识到，他为什么会做出喜欢这样或不喜欢那样的选择，这就需要动机来解释了。

【头脑风暴】大家经常去逛超市吗？为什么？

【一点通】超市可以让大家休闲放松，或者满足美味享受，还可以跟喜爱的品牌产生互动，也会与朋友间产生社交活动，这些都是逛超市的原因表现，也是人们去超市的动机。

一、动机的内涵

动机是可以提供实现消费者目标所需能量的内部唤起状态，并可以引导、激发和维持消费者的个体心理活动。

消费者动机，指在产品购买和消费过程中满足生理和心理需要的驱动因素，当消费者的需要被激活时，就产生了动机。

二、消费者动机的引发及功能

【头脑风暴】动机是如何引发消费者行动的呢？

【一点通】动机是行为的原因，动机会刺激和触发行为反应，并为这种行为反应指明具体方向。

要理解消费者动机的引发，需要通过动机的功能来理解，动机一般具有四个功能。

（1）激活功能，可以唤起身体的能量，即激活紧张状态。动机作为行为的直接动因，其重要功能之一就是能够引发和终止行为。这种动机引导顾客购买哪一种产品，如购买家具还是家电等。动机的基本功能就是起这种激活作用。消费者在某方面的需要一经得到满足之后，该动机会自动消失，相应购买行为也宣告终止。这是引发顾客购买行为的初始动机。

（2）引导功能，是行为指向一定的对象或目标，具有明显的选择性。顾客的动机是多种多样的，这些动机的目标可能是一致的，也可能是矛盾的，动机的引导功能，可以引导消费者选择购买哪种具体产品，例如要买冰箱，品牌是买海尔还是美的。

（3）维持功能，即消费者坚持向动机目标前进的高能行为。人的行为是有连续性的，动机的实现也往往要有一定的时间过程，在这个过程中，动机始终起着激励作用，直至行为目标实现为止。例如买空调，空调美丽的外观设计和新功能都对购买空调具有维持作用。

（4）调整功能，消费者可以根据反馈的信息调整行为或重新确定目标，那此时会产生新的动机。动机需要强化或不断刺激，才可能最终转化为购买行为，否则当刺激与需要之间存在偏差，或者刺激停止后，消费者可能会从空气净化器转为购买新风系统。

知识点二　消费者的动机与购买行为

动机的结果表现是行为，动机能使行为指向一定的目标和对象，但动机和行为之间不完全是一一对应的关系。同样的动机可能产生不同的行为，同样的行为也可以由不同的动机所引起。

当个体处在极度饥饿、极度困倦的情况下，其主导动机一般只有一个，个体想尽快满足进食或睡眠的需要，在这种情况下，动机和消费行为之间存在着一一对应关系。

一般情况下，一种动机会激发多种消费行为，当一个人希望获得朋友们的喜爱或尊重时，可能参加瑜伽班，每天会在朋友圈打卡，去健身房也会在网上打卡，男朋友送了新包包，会拍照发朋友圈，或者组织朋友聚餐，也会拍照分享。

现实条件下，由于受到时间、精力以及购买能力的限制，经常会引发多种消费动机，最后产生一种消费行为的现象，这就是所谓的一举多得，例如去看电影，可以满足人们休闲、社交、彰显品位、代入角色、寻求刺激、关注与支持偶像等多种需求。

一、动机的分类

对于购买动机的类型，通常有一般购买动机和具体购买动机两种。

（一）一般购买动机

消费者的购买动机是复杂多样的。从大的方面来看，包括生理性购买动机和心理性购买动机。

（1）生理性购买动机。生理性购买动机是由先天的、生理的因素所引起的，为满足、维持、保持、延续和发展生命等需要而产生的各种购买动机。

（2）心理性购买动机。心理性购买动机主要是由后天的社会性或精神需要所引起的，为满足维持社会生活进行社会生产和社会交际，在社会实践中实现自身价值等需要而产生的各种购买动机。

从引起消费者心理性购买动机的主要因素来分析，心理性购买动机又可分为感情动机、理智动机和惠顾动机等。

（1）感情动机。是指由消费者的情绪和情感两个方面所引起的购买动机。消费者的需要是否得到满足，会引起其对事物的好恶态度，从而产生其肯定或否定的感情体验，如求新动机、求美动机、好胜动机、求名动机等。

（2）理智动机。消费者在对商品的分析、比较基础上所产生的购买动机称为理智动机，如求实动机、求廉动机等。在消费者队伍中，有相当一部分消费者的购买行为是以理智为主、感情为辅的。这类消费者在采取购买行为之前，喜欢根据自己的经验和对商品的认识，收集商品有关信息，了解市场行情，经过周密的分析和思考，做到对商品的特性心中有数。例如，消费者选择商品时，比较注重商品的品质，讲究实用、耐久、可靠、使用方便、价质相宜、设计科学和辅助服务等。理智购买动机，决定了有理智的消费者常常具有客观性、周密性和控制性的特点。

（3）惠顾动机。是指消费者根据感情和理智上的经验，对特定的商品或商店产生特殊的信任和偏好，形成习惯、重复光顾的购买动机。产生惠顾动机的原因很多，如商店地点便利、售货迅速、服务周到、秩序良好、陈设美观、品种齐全、质量可靠、价格适宜和环境优美等。由于惠顾动机是以信任为基础的，因而其具有经常性和习惯性特点。

（二）具体购买动机

消费者的购买动机是复杂多样的。从大的方面来看，有生理性购买动机和心理性购买动机，但在人的购买行为中，往往既有生理性的购买动机又有心理性购买动机，相互交织在一起并不好区分，而且如果只是这两种购买动机就显得非常粗略了，不便于制订出有指导性的营销方案，这就需要研究消费者的具体购买动机。

（1）求实动机。这是以注重商品或劳务的实际使用价值为主要目的的购买动机。消费者在购买商品或劳务时，特别重视商品的实际效用、功能质量，讲求经济实惠、经久耐用，而对商品的外观造型、色彩、商标、包装装潢等不太重视. 在购买时大都比较认真仔细地挑选，也不太受广告宣传的影响。例如，消费者在购买基本生活资料、日用品的时候，求实动机比较突出，而在购买享受资料、较高档次的、价值大的消费品时，求实动机不太突出。此外也要看消费者的消费支出能力和消费的价值观念。

（2）求新动机。这是以注重商品的新颖、奇特和时尚为主要目的的购买动机。例如，消费者在购买商品时，特别重视商品的外观、造型、式样色彩和包装装潢等，追求新奇、时髦和与众不同，而对陈旧落后时代的东西不屑一顾。在购买时受广告宣传、社会环境和潮流导向影响很大。具有这种购买动机的消费者一般来说观念更新较快，容易接受新思想、新观念，生活也较为富裕，追求新的生产方式。

（3）求美动机。这是以注重商品的欣赏价值和艺术价值为主要目的的购买动机。消费者购买商品时特别重视商品对人体的美化作用、对环境的装饰作用、对其身体的表现作用和对人的精神生活的陶冶作用，追求商品的美感带来的心理享受。购买时受商品的造型、色彩、款式和艺术欣赏价值的影响较大，强调感受，而对商品本身的实用性要求不高。这样的消费者往往文化素质较高，生活品位较强。但从现在的情况看，也有这样两个趋势：一是随着人们生活水平的提高，收入的增加和用于非食物方面开支比重的增大，求美动机越来越强烈了；二是随着时间的推移，人们休闲时间的增加，越来越多的人注重求美的动机了。

（4）求廉动机。这是以注重商品价格低廉，希望付出较少的货币而获得较多的物质利益为主要特征的购买动机。价格敏感是这类消费者的最大特点。例如，在购买时不大看重商品的外观造型等，而是受处理价、优惠价、大特价、清仓价、“跳楼价”等的影响较大。一般而言，这类消费者收入较低或者经济负担较重。有时也受对商品的认识和价值观的影响。近年来还有一种趋势，就是在目标市场营销中，较低档次的消费者对于较高档次的消费品而言，往往是求廉购买。例如，在广州不少的时装专卖店，本来是面向高收入者的，他们讲究时装的质地、款式、时髦与否，服务，购物环境等，普通大众一般的时候是不会光顾的，但在换季时大减价清仓处理，普通的消费者此时出去抢购，就是求廉动机的激发。

（5）求名动机。这是一种以追求名牌商品或仰慕某种传统的名望为主要特征的购买动机。消费者对商品的商标、商店的牌号等特别重视，喜欢购买名牌产品。在购买时受商品的知名度和广告宣传等影响较大。一般而言，青年人、收入水平较高的人常常具有这种购买动机。

（6）好胜动机。这是一种以争强好胜或为了与他人攀比并胜过他人为目的的购买动机。消费者购买商品主要不是为了实用而是为了表现比别人强。在购买时主要受广告宣传、他人的购买行为所影响。对于高档、新潮的商品特别感兴趣。

（7）显耀动机。这是一种显示地位、身份和财富势力为主要目的的购买动机。消费者在购买商品或从事消费活动时，不太重视消费支出的实际效用而格外重视由此表现出来的社会象征意义，通过购买或消费行为体现出有身份、权威或名流的形象。例如，具有显耀动机的人与具有好胜动机的人相比，通常所处的社会阶层高，而又经常与下一阶层的人在一起，为了与众不同，常常购买具有社会象征意义的商品。

（8）求同动机。这是一种以求得大众认可的购买动机。消费者在购买商品时主要以大众化为主，跟上潮流即可，人有我有，不求创新，也不要落后，有时也称为从众动机。在购买时受购买环境和别人的经验、介绍推荐影响较大。

（9）便利动机。这是一种以方便购买、便于使用维护为主的购买动机。在购买价值不高的日用品时，消费者常常具有这种购买动机。对于这类日用消费品，消费者经常购买，经常使用，购买时也不太认真挑选，讲求便利是其主要特征，他们对服务也有一定的要求。

（10）偏爱动机。这是一种以某种商品、某个商标和某个企业为主的购买动机。例如，消费者由于经常地使用某类商品的某一种，渐渐产生了感情，对这种商品、这个商标的商品或这个企业的商品产生了偏爱，经常指名购买。因此有时也称为惠顾动机。再广泛一点说，有人喜欢购买外国货，有人喜欢购买国产货等都是属于偏爱动机。企业注重服务，善于树立产品形象和企业形象往往有助于培养、建立消费者的偏爱动机。

二、消费者的购买行为

（一）购买行为

心理学上所谓的行为，是指人们在外部刺激的影响下，所采取的有目的的活动，它是个体与环境相互作用后的某种特定的反应。消费者购买行为就是消费者为了满足某种需要，在购买动机的驱使下进行的购买商品和劳务的活动过程，它是消费者心理与购买环境、商品类型、供求状况及服务质量等交互作用的结果。它是社会上最具广泛性的一种行为方式。消费者购买行为并不都是由刺激直接引起的，而是经过消费者的一系列内部心理折射实现的。

（二）消费者购买行为的类型

消费者千差万别的心理活动影响着实施购买的全过程，产生出各具差异的购买行为，为此，可按照不同标准对消费者购买行为进行分类，总结其变化规律，为企业制订切实可行的营销方案提供依据。

1．根据消费者购买目标的确定程度划分

消费者的购买行为可以分为全确定型、半确定型及不确定型三种。

（1）全确定型。消费者在进入商店，产生购买行为之前，已有明确的购买目标，对所要购买商品的种类、品牌、价格、性能、质量、型号、样式及颜色等都有明确而具体的要求。因此，这类消费者进入商店后，一般都能有目的地选择商品，并主动提出需购商品的各项要求，一旦商品合意，就会毫不犹豫地买下商品。整个购买过程都是在非常明确的购买目标指导下进行的。

（2）半确定型。消费者在进入商店购买商品之前，已有大致的购买目标，但还不能明确、清晰地提出所需商品的各项具体要求。在购买行为实际发生时，仍需对同类商品继续进行了解、比较，经过较长时间的考虑，才会完成购买行为。

（3）不确定型。消费者在进入商店购买商品之前，没有任何明确的购买目标，进入商

店主要是参观、浏览和休闲，一般只是漫无目的地观看商品或随意地了解一些商品的情况，如果碰到感兴趣的商品会购买，也可能浏览一番，不买任何商品就离去。

2. 根据消费者购买行为的不同态度划分

（1）习惯型。消费者因以往的购买经验和使用习惯，对某些商店或商品十分信任和熟悉，以致形成某种定势，长期惠顾某个商店或长期购买使用某品牌的商品，产生习惯性的购买行为。这种行为不会因年龄的增长或环境的变化而变化。在购买商品时，这类消费者目的性很强，不受时尚的影响，决策果断，成交迅速。

（2）理智型。这类消费者的购买行为以理智为主，感情色彩较少。在购买商品之前，往往不易受他人诱导或广告宣传的影响，自始至终由理智支配行动。

（3）经济型。这类消费者选购商品多从经济观点出发，对商品的价格非常敏感，以价格高低作为选购标准。消费者往往对同类商品中价格低廉者感兴趣，认为既经济又实惠。

（4）冲动型。这类消费者的情绪波动性大，对外界刺激敏感，没有明确的购买计划，易受外界因素影响，凭直观感觉从速购买，选择商品考虑不周到，买后常常感到非常懊悔。他们在购买商品时往往容易受感情支配，富于联想，以感情需要进行购买决策。

（5）疑虑型。这类消费者善于观察细小事物，体验深而疑心大。在选购商品时细致、谨慎且动作缓慢，他们往往缺乏购买经验或主见，在购买商品时大多表现得犹豫不决，难以自主决策，一般都渴望得到营销人员的提示和帮助，容易受外界因素影响。

【头脑风暴】请观察你周围的熟悉的人是否购买了家庭轿车？其购买动机是什么？你更换新手机了吗？更换的动机是什么？

三、如何确定消费者购买行为

如果用传统的问卷方式或访谈法调查消费者购买凯迪拉克汽车的原因，相当多的消费者会说这款车跑得快或者豪华，但用语句完成法询问，结果可能就不同了。

相当多的人会填写“富裕”，在跑得快或者豪华这种情况中虽然表述的也是客观信息，但听上去更理性更容易接受，而填写“富裕”的情况反映的就是消费者的隐性动机——炫耀，如果有人填写“魅力”，则“魅力”可以解释为性感动机。

特别注意在这个关于购买汽车的例子中，这两类动机都会影响到购买行为，显性的动机可能是高品质、更豪华以及想要去旅行，而隐性动机也许是显示成功、彰显地位、财富以及让女性觉得自己更有魅力。

这种做法叫作投射技术法，也是动机研究中的常用方法，根据心理学家的研究，人们会把无法满足的冲动或欲望、难以解决的冲突和焦虑、难以描述的伪装下的内心真实想法压抑下来，成为潜意识的一部分。运用投射技术，在短时间内要求完成刺激与反应的过程，被试者无法进行全面而周到的思考，所以在回答问题的过程中常常把自己的真实情绪、情感、态度、需要、动机、观点、信念和个性特点等心理活动，投射在反应之中。

所以现实中，企业总是会通过问卷调查、售后反馈等各种形式来了解消费者真实、客观的想法，这样才能真正搞懂消费行为背后的需求点。

项目五

消费者的购买过程

项目任务导图

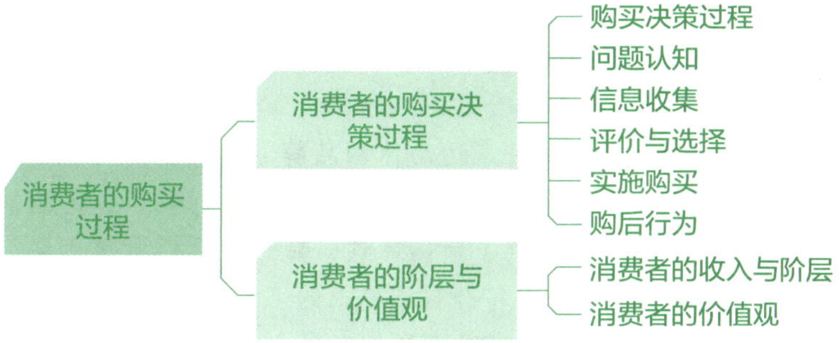

项目目标

知识目标

掌握消费者购买决策的类型及内容

掌握消费者购买决策过程及影响因素

理解把握不同阶层的消费者购买心理及价值观

能力目标

能够根据消费者类型剖析其购买决策的心理过程

能够运用适当的营销策略引导消费者做出购买决策

素质目标

培养良好的消费习惯，按需购买，避免冲动购物

培养良好的职业道德，提高客户沟通及服务素养

任务一 消费者的购买决策过程

任务导入案例

刘女士选服装

刘女士是一名企业主管，经常要出入各种社交场合，所以经常要为自己选服装，并且经常要为自己选购的服装搭配各种饰品、丝巾或是鞋子等相关饰物。

这个周末，企业要组织员工一起出去踏青春游。一向注重公众形象的刘女士当然又要进行大采购了。也许是自己经常选购的都是时装和礼服的缘故，到了选购休闲装的时候反而不知道买什么样式的好了，到商场转了一大圈也没有拿定主意。她打电话咨询了一下自己的好朋友杨女士，杨女士建议她到一些运动休闲品牌专卖店去选购，说专卖店里的运动休闲装分类细、款式多，一定可以找到合适的。

按照杨女士的建议，刘女士来到一家运动休闲品牌专卖店里进行挑选。刘女士来之前已经想好了，主要从以下四个方面考察运动休闲装：服装的时尚性、舒适性、耐穿性和清洗的便利性。不过，这次刘女士又遇到了新的麻烦，她选中了四款休闲装，这四款服装价格相近且各有优点，但没有一款是完全符合自己要求的。

该店的营业员小罗已经站在不远处观察了她一段时间，发现她反复在这四款服装前观察比较，但又犹豫不决，小罗肯定地认为刘女士对服装有购买需要。为了把握住这位顾客，不让顾客流失，小罗决定跟她聊聊天，帮助刘女士做出购买决策。

通过有效的沟通，小罗了解了刘女士的购买动机，并发现刘女士对四款运动休闲服有以下一些看法。

A款：面料舒适性不错，穿着舒适；是单装，去年的流行款，不过今年大街上还有不少人在穿；不太耐穿；清洗起来也不是很方便。

B款：面料舒适性也很好，穿着舒适；也是单装，今年刚上市的新款；不耐穿；清洗起来很麻烦。

C款：面料舒适性一般，穿在身上感觉透气性不是很好；今年刚上市的新款，并且有搭配的休闲裤和休闲裤带；耐穿性一般；清洗起来比较方便。

D款：面料舒适性较好，特别是透气性不错；是套装（上衣+裤子），去年的旧款，今年已经不流行了；耐穿性很好；清洗起来也很方便。

（案例改编自卢泰宏《消费者行为学》。）

问题思考：

假如你是营业员小罗，请你根据上述情况分析刘女士的购买决策过程，给出合理的建议，协助刘女士做出购买决策。

知识讲解

知识点一 购买决策过程

一、购买决策类型

面对不同产品的购买，消费者关心或感兴趣的程度是不一样的，因此经历的决策过程也不太一致。有的决策似乎是自动而短暂的，例如买纯净水，而有的可能会花几个星期甚至几个月，例如买一套新房子。这是因为消费者在购买决策过程中总是会将产品信息与已有的认知进行综合比对，这时长上的差别只是因为关于纯净水的储备信息足够多，脑海中已经明确了哪几个品牌优先购买，只要看到即可迅速进入购买阶段，而买房子则需要从婚房、改善型住房还是孩子上学方便等问题识别开始，并经历完整充分的后续步骤，也就是说购买时间长短的差别是因为他们的购买介入度不同。

购买介入度是消费者因为某一特定需要而产生的，对购买过程关心或感兴趣的程度。根据购买介入度的高低，笔者将购买决策分为名义型决策、有限型决策和扩展型决策。

（一）名义型决策

名义型决策是指一个问题被认知后，经内部意识搜索，在头脑中浮现出一个偏爱的品牌或形象，于是快速选择的购买决策过程。这种状态下消费者往往会选择并购买相同或相关产品，这是一种习惯性行为，往往发生在购买介入度很低的情况下，例如买可乐或水，由于品牌忠诚或者觉得这类产品都差不多，决策就没那么麻烦。此时消费者更依赖情绪、经验、感官进行判断，因此简单重复信息对消费者更有效。

（二）有限型决策

有限型决策是指消费者介入程度不是很高、解决需求问题的时间比较短、认为备选商品之间的差异不是很大的购买决策状态。例如买衣服，会进行一定的信息搜集，会对备选方案进行简单比较，但不会长时间筛选，对购后的评价也不太在意。

（三）扩展型决策

扩展型决策是指消费者介入程度较高，需要较长时间斟酌的购买决策状态。例如化妆品、手机、旅游消费，往往就会经历完整的5个步骤，先是问题认知，然后进行内外部信息搜集，接着会比较多个备选方案的特点与属性，买完之后还有可能产生认知冲突和后悔情绪。此时消费者依赖于关键论点、论据和性能参数进行判断，因此内容详尽的广告宣传，对扩展型决策更有效。

购买介入度的高低实际上表明的就是消费者对信息的关注程度与加工程度的高低。

二、消费者类型

有的消费者凭感觉消费，很容易受到影响，有的则很细致，即便重复广告或详尽信息对他们的影响可能都不大，这些消费者更相信自己的分析与判断，也就是说，有的消费者偏理性，有的更感性，面对不同产品、不同情景，他们的购买介入程度也有区别。

从消费者思考方式以及介入度高低两个维度，可以将购买决策行为的特征进行归纳，分为四种类型的消费者，如图5-1所示。

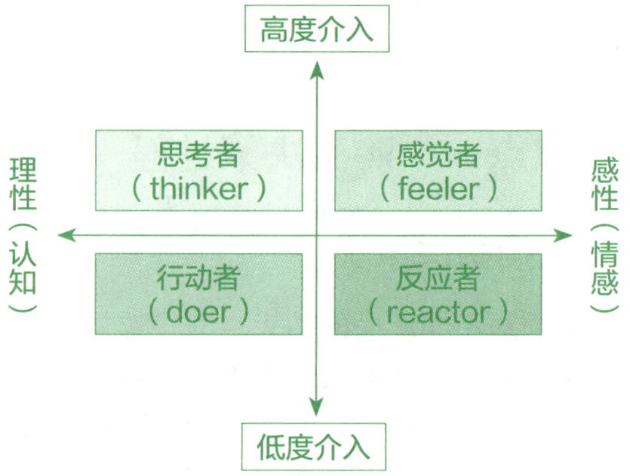

图 5-1　消费者分类模型

（一）思考型消费者

当面临汽车、房屋购买、装修等消费情境时，消费者是思考者，对购买是高介入而理性的，他们在决策前会寻求大量信息和理性依据，并进行充分的比较思考之后才会做出决策。例如沃尔沃汽车，强调安全、环保，消费者就需要深入了解并与其他品牌进行比较。

（二）感觉型消费者

当面临化妆品、服饰购买或挑选礼物等消费情境时，因为购买产品与个人的形象、品味以及对他人的尊重程度相关，消费者是高介入而感性的，他们往往会去关注产品的美好、爱、幽默、炫酷和尊贵，并会产生愉悦、亲近、开心、向往的感觉和购买冲动，例如金六福的广告：回家过年带金六福酒，首先是五粮液出品，代表美好与高品质，又能体现强烈的喜庆、幸福和愉悦感。

（三）行动型消费者

当面临日用品、饭店就餐等消费情境时，消费者是低介入且理性的行动者，他们往往会习惯性购买能满足基本功能需求的、熟悉的产品，这种情况下，企业保证自己的产品可靠且受到大家的认可就会非常重要，但丧失了消费者信任的品牌或产品，消费者往往就会“用脚投票”。例如，三聚氰胺事件下的三鹿奶粉，瘦肉精事件下的双汇等企业均遭到了消费者的抛弃或质疑，甚至引发了对整个行业的不信任。

（四）反应型消费者

当面临电影、甜品、咖啡、香烟等满足消费者个人嗜好产品的购买时，消费者是反应者，对购买是低介入而感性的，产品会强调渲染美好的感觉和体验。例如，当看到德芙丝滑美味、浪漫浓情的广告时，消费者脑海中那个“购买键”，很容易就会按下。

三、“互联网+”购买决策

在互联网时代和丰富的数字媒体环境下，消费者似乎变得更理性了，在寻找合适商品的时候，总能发现一些信息含量高的蛛丝马迹，甚至一些没怎么做广告的品牌似乎更受欢迎。

在数字化媒体环境下，人们获取信息的方式和决策流程都发生了变化。现在的消费者已经从被动接受信息、营销宣传逐步转变为主动获取信息。

日本电通集团提出AISAS（注意、兴趣、搜索、行动、分享）这样的一个购买决策模型，如图5-2所示。

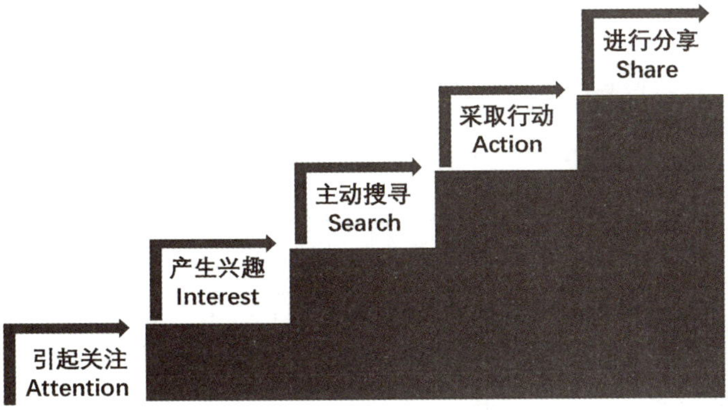

图 5-2　AISAS 模型

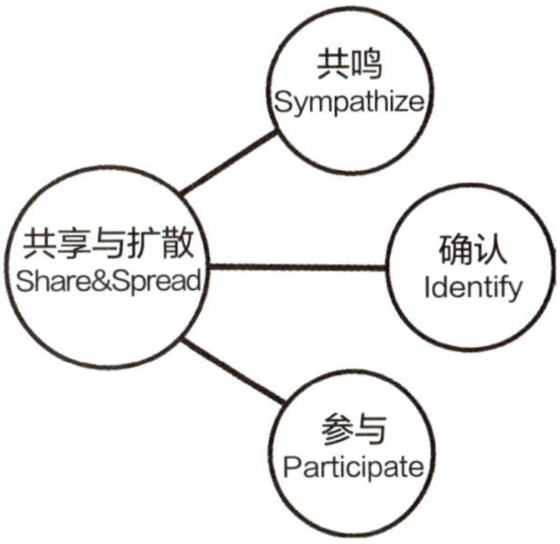

图 5-3　SIPS 模型

模型中的搜索和分享就是互联网时代的两个典型的行为模式，电通公司后来又提出了SIPS（共鸣、确认、参与、共享与扩散）分析模式，都能很好地体现，如图5-3所示。

在互联网传播网络中，消费者更关注的是那些能够引起共鸣的信息，确认信息与自己的需求是否相符，然后参与到信息的分享活动中，信息由此获得扩散并在相关消费者心中储备或萌生。

很多营销学者认为互联网环境下，消费者的决策进程与传统时空环境下的五个阶段相比变得更简明高效了，尤其是问题认知、信息收集与评价选择三个阶段，互联网消费者会在短时间内通过商品页面介绍与买家评价对商品进行综合且深入的认知及评判，并与自身的消费需求进行理性比对，迅速做出喜欢或不喜欢，买或不买的决定。互联网环境下，网络消费者将问题认知、信息收集与评价选择三个阶段简化为综合评估一个阶段。

网络消费者虽然简化了传统购买决策过程，但是更高强度地增加了互粉和互信两个关键阶段，这两个阶段既是购后满意的体现，也是购买决策前的决策基础，如果潜在消费者对某个品牌或商品没有信心、信任，就会“用脚投票”，也就不会产生后续的购买决策过程。例如，上海大众在一年投入几十亿元广告费的背景下，2019年中保研发布的碰撞测试结果中，帕萨特倒数第一的成绩就可能让消费者失望，甚至对上海大众品牌产生疑虑与不信任。

知识点二　问题认知

一、问题认知的内涵

问题认知是消费者理想状态与实际状态之间的差距达到一定程度后激发消费决策过程的结果。实际状态是指消费者对其当前的感受及处境的认知，而理想状态是指消费者当前想达到或者向往的状态，如图5-4所示。

［微课］
消费者的需求认知

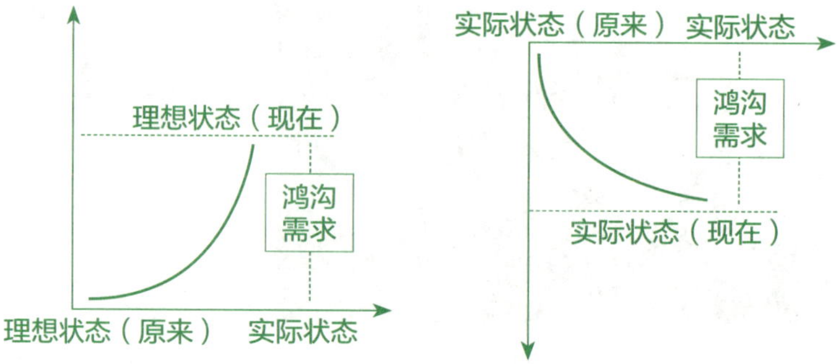

图 5-4　需求状态鸿沟模型

二、问题认知的类型

不管有没有企业推广，女生都会买防晒霜，但如果没有华为新款手机，男生可能不会想到要买一个比专业相机还厉害的手机。由此可见，消费者认知问题也有不同的类型，可分为主动型问题和被动型问题。

主动型问题是指消费者在正常情况下就会意识到或将要意识到的问题；被动型问题则是指消费者尚未意识到的问题。

企业对于消费者已经意识到的主动型问题只需要去满足他们的认知就可以了。例如，我国的传音手机到非洲销售时，针对非洲兄弟的特点与需要，率先开发了支持夜间拍照的美颜相机，并持续满足当地的其他消费需求，最终占据了非洲一半的市场份额。

针对被动型问题认知，在销售产品之前，企业得做很多消费教育引导工作。例如，肯德基在非洲销售时，当地人并没有对炸鸡表现出明显的欲望，但当“炸鸡+冰镇可乐”套餐上市时，消费者就被引导启动了。

问题认知是消费者启动购买决策的第一步，虽然这一步是自然而然发生的，但这一过程常常受到新产品及其企业营销行为的刺激，通过激发甚至创造消费者的问题认知，进行消费者教育，让顾客相信只有这种产品才会解决他们的问题。

知识点三　信息收集

一、消费者的信息来源

［微课］

消费者的信息收集过程

根据消费者的信息获取渠道，主要分为个人来源、商业来源、公共来源和经验来源四种。

个人来源：家庭、朋友、邻居、熟人，这一类属于口碑，都是经过他人之口来传达信息，而且消费者愿意相信他们，因为他们本来就有信任基础，口碑的好处就是可以帮助消费者短时间内做出决策。

商业来源：广告、网站、推销员、经销商、包装、展示，这一类需求信息展示得比较精准。包装、广告，都是对应单个精准广告，明确告诉消费者是什么。消费者需要自己做决策，分析信息的真假和是否合适自己。

公共来源：大众媒体、社交媒体、消费者评级机构。这类信息比较杂，比如报纸、广告集中印在一起，成本虽然低一些，但效果也较低。

经验来源：处理、检查、使用商品，当消费者用过某个产品，就拥有了使用过程中所产生的使用体验，进而把这种体验转化为内在的经验，方便以后遇到类似事件时直接提取过去的经验。

上述四种信息来源中，亲朋好友口头传播或已购买的效果信息对潜在消费者影响很大，但销售员较难控制经验来源的信息，对消费者购买行为的影响比较稳定，销售员也不好把握，只有商业来源信息最为重要，从消费者角度看，商业信息不仅具有通知的作用，而且一般来说具有针对性、可靠性，个人来源和经验来源只能起验证作用，而对企业来说，商业信息是可以控制的。消费者可以通过商业信息的渠道了解本企业的产品，进而购买本企业的产品，因此企业要做的是将外部的商业信息转化为消费者的内部信息。

内部信息往往由于具有先前的购买经验、广告灌输、文化与环境浸入等形式形成的内部记忆或认知，值得注意的是，很多产品就是通过低介入灌输的形式浸入人们脑海的。

【头脑风暴】如果你身边有同学想学游泳，学校里又没有泳池，你会给他什么建议？

【一点通】关于游泳得去问问喜欢游泳的人，或者可以到网上看看点评，最好去几家游泳中心看一看、比一比才能做决定。

有的消费者就游泳俱乐部选择的问题，需要问问过来人或者网上找评论，再或者自己现场调查了解，这是主动获取外部信息的方式。

当消费者内部信息不足以让他们做出决策时，他们会进行外部信息搜寻，关于某一类产品，消费者在头脑中是有一个品牌集合的，不过，只有常见常买的活跃品牌才会成为备选方案，因此，营销者为了让自己的品牌进入到消费者的意识领域，就会形成不同的营销策略。

特别需要注意的是，即便是了解市场的消费者，也需要一定程度上通过外部搜寻信息来补充认知。

二、消费者的信息搜寻

信息搜寻是指消费者在社会环境中结合自身进行调查，获取适当数据或资料，以制定合理决策的过程，分为内部信息搜寻和外部信息搜寻。

消费者会将过去储存在记忆中的有关产品、服务的信息提取出来，以解决当前面临的消费或购买问题。例如想买一辆新车，他们可能会先问自己以下三个方面的问题：

（1）我要一辆什么样的车？即关于产品评价标准的信息；

（2）我打算从哪几个品牌中进行挑选？也就是关于备选品牌的信息；

（3）每个品牌的主要特点如何？也就是关于品牌间具体功能或属性方面的信息。

如果是男性，可能会想要越野车或SUV，甚至知道自己是喜欢丰田、福特还是长城，或是三菱等，往往对第二个问题有信息储备，甚至第三个问题都有不少的认识。但是如果是一个女生可能只能描述第一个问题，如想要一辆可爱的、好开的车，而且评价标准模糊、不全面，这时就要进行信息补充或搜集才能作答这三个问题。

如果消费者搜寻了内部信息没有答案，那就会进而开始外部信息的搜集，从外部来源如同事、朋友、商业传媒及其他信息渠道来获得与某一特定购买决策相关的数据和信息。

搜寻外部信息是有成本的，包括金钱、时间、体力和心力等综合成本。如果综合成本的损耗大于搜寻收益，人们就会减少搜寻行为，但是互联网的出现，大幅度地降低了信息搜寻成本，提升了信息搜寻效率。

【头脑风暴】企业应该如何保持购买可乐、纯净水等具有惯性的忠诚客户？

【一点通】保持广告的曝光率；保持渠道稳定，货物充足；保持品质稳定性和一致性；保持创新，不断开发新产品。

知识点四　评价与选择

［微课］消费者的方案评价和购买决策

在购买决策中，消费者的大部分努力往往都花在从那些可获得的备选品牌中做出选择的这一阶段，这就是消费者决策的第三个阶段：评价与选择。

消费者们一旦收集了相关信息，接下来就要对产品进行评价并且做出选择，消费者对备选方案进行评价和选择的过程往往从确定评价标准开始。

消费者首先会确定评价标准的性质和特征，紧接着消费者会对每个评价标准的重要性进行评估，赋予不同的权重，将备选品种按评价标准进行打分，然后确定评价标准规则，最后做出选择，这其中最重要的就是评价标准和评价规则。

一、评价标准与规则

（一）补偿性决策规则

补偿性决策规则是指消费者将产品在优势属性上的积极评价，与在劣势属性上的消极评价，相互补偿，是一种综合考虑某品牌的各种属性的决策方法。要求消费者必须对各种品牌的重要属性做深入的思考。

（二）词典编纂规则

类似编纂词典的词条排序法，即消费者先将产品的各种属性按照自己认为的重要性程度排列出顺序，然后按顺序比较不同品牌各种属性的优劣，不断汰劣存优，直至找出最优产品。消费者会从最重要的属性逐项进行比较。

（三）排除式决策规则

消费者会将每一种属性的重要性排序，每一种属性分别设定一个最低要求，凡是符合最低要求以上的品牌都在决策选择之列。消费者会按重要性顺序设置最低门槛。

（四）联结式选择规则

联结式选择规则是指消费者对各种产品属性达到的最低水平做出规定。消费者对每一评价标准设置最低门槛。

二、引导消费者建立评价标准

作为消费者要评价的各种决策方案可能各有优劣，面临过于复杂的评价选择过程时，消费者往往会因为选择过多、认知超载消耗了心理能量，削弱了做出明智选择的能力，会因为耗不起时间、信息不够完整、需求不太确定等原因延迟做出决策。

因此，营销者首先要努力提高本企业商品的知名度，使其商品进入到消费者评价的范围，才可能被选为购买目标；其次还要调查研究人们比较、评价某类商品时所考虑的主要因素，采取针对性的策略，例如，常用的差异化策略，通过营销传播，让顾客知道独特卖点和差异化的定位，最大限度地影响消费者的购买选择。

消费者的评价与选择购买过程，就是消费者与企业进行博弈的过程，只有降低消费者的防备心理，通过教育消费者，让他们了解企业的优势与特点，认可企业的产品与服务才会更容易促进消费的发生，因此更深刻吸引消费者做出购买决定的做法是建立评价选择的决定性标准。

知识点五　实施购买

一、实施购买的影响因素

消费者通过对可供选择的商品进行评价后，会从中选择一个最佳或最可接受的方案作为购买决策的实施方案。该方案就形成购买意向，其内容包括要购买商品的品牌、价格、数量、时间、地点、付款方式等方面的决策内容。但购买意向并不一定导致实际的购买行为，还有可能受到下列因素的影响而改变原有的购买意向。

（1）他人的态度。他人的反对态度越强烈，或持反对态度者与购买者关系越密切，或反对者对该商品的认知越权威，消费者的购买意图越易被影响。例如，在购买钢琴等商品时，通常会请一位懂行的朋友作陪，这就是权威性的影响力，则修改购买意图的可能性就越大。

（2）意外的情况。这包括消费者个人、家庭、企业、市场及其他内外部突发因素，如意外失业、家庭变故、欲购品牌出现重大问题等，则很可能改变购买意图。

（3）预期风险。若所购商品存在较大的预期风险，消费者就可能采取推迟购买或改变购买意向等措施来避免或减少风险。例如，某人十分渴望购买一台液晶电视，但他预计一个月后的“双十一”期间会大幅降价，于是他决定暂时不买。

在这一阶段，一方面，营销者要向消费者提供更多具体的有关商品的信息，便于消费者把握和了解；另一方面，应通过服务形成方便消费者的条件，加深其对商品的良好印象。同时，营销者应当尽可能了解使消费者犹豫的因素和引起风险觉察的因素，设法排除障碍，降低风险，促使消费者做出最终的购买决策。

二、冲动购买

一部分消费者买东西时精挑细选、反复纠结的时候比较少，很多时候，出手就在一瞬间，就是所谓的冲动购买。

冲动是神经受到刺激引起的兴奋性反映。冲动购买就是采购决定的快速达成，它是一种无计划的、瞬间产生的、强烈持续的、立即购买的渴望。

【头脑风暴】大家都冲动购买过什么东西呢？

（一）冲动购买商品的特点

一般是购买介入程度低、价值不高的便利品，或者消费者对性能、用途、特点都比较熟悉的必需品，还有是个人偏好强烈的商品，或者是那些外观、包装有吸引力的商品、促销打折、销售员力推的商品。

（二）冲动购买的触发

消费者在什么情况下会冲动购买？哪些因素会激发冲动购买？

物质环境会触发冲动购物，那些有吸引力的卖场、可触摸可体验的东西、丰富的商品、大额的折扣都在引发购物者的兴奋感，从而发生冲动购买。

冲动购物还有可能是社会环境触发，例如“双十一”，所有的电商平台、实体商店，甚至同学、朋友都在疯狂渲染“双十一”的到来，你买我买大家买，一起买个痛快，在国外，有“黑色星期五”，时间一到，人们蜂拥而至，踩踏事件也常有发生。

在旅游购物的时候，往往也会很容易受到周边他人的行为影响，别人都在排队买小吃、买纪念品、买新奇的东西，其他消费者也很容易跟随，这就是从众心理，不买怕后悔，也容易激发冲动购物。

冲动购买会受到时间压力的触发，时间匮乏会让消费者匆忙做出决定，时间充裕又会让他们逛来逛去，暴露在更多的商品诱惑里。

冲动购物还会受到消费者先前情绪状态的触发。情绪高涨，觉得心情好，就想买东西，情绪低落了也想买东西，别人不爱我，我更要爱自己，希望通过购物修复自我，找回温暖。

另外如果可支配收入多，或者是花呗、白条也会让人产生有钱任性的错觉，冲动购物的可能性也会增大。

最后移动支付的便利也会让消费者的购买行为更流畅，产生一气呵成的快感。

（三）减少冲动购买

为了避免“剁手”，心理学家给出了以下减少冲动购买的建议。

在挑选商品和付款之间短短地停留冷静一下，想想自己是不是真的需要它们，就能显著提高把钱留在口袋里的机会；少用信用卡购物，出门少带钱，当然现在这么操作起来是有困难的，因为人们都是拿着手机就出门，一扫一刷全搞定，那就手机尽量别绑信用卡，少打白条，少逛街购物，再有就是减少在商店和网店闲逛的时间。

知识点六　购后行为

［微课］

消费者的购后行为

一、购后冲突

经过问题认知、信息搜集、评价选择和实施购买，消费者好不容易清空了购物车，把喜欢的东西抱回了家，可是，他们会不会买完又后悔了呢？

消费者对于他们的获取、消费和处置决策并不总是充满信心，他们在做出某个重要的决定后，经常会关心这个决定是不是明智的？在意别人如何看待他们的决定。例如，有的人签完购房合同后一边释然一边紧张，最担心房子降价，也担忧户型会不会有问题，没事就去网上看看买的小区怎么样，看看其他的业主都在说什么，别的楼盘又是什么情况，心累又焦虑。这种因某次购买而引起的心理焦虑、怀疑和不安的状态就是购后冲突。

购后冲突的发生是因为做出一个相对长期的购买决定或选择，且意味着放弃其他产品的诱人特点为代价。

当然了，并不是所有的购买行为都会引发购后冲突。

二、购后冲突的影响因素

购后冲突的可能性和激烈程度受到以下因素的影响。

（1）忠诚度，如果消费者对某个品牌是忠诚的，很少会有购后冲突与失调。

（2）决定不可改变的程度，决定越容易改变，冲突与失调就越不容易发生。

（3）决策的重要程度，这个决定对消费者越重要，消费者越有可能产生激烈的冲突。

（4）在备选品中做选择的难度，如果备选品都差不多，选择难度很大，也容易产生冲突，决策后后悔很可能就出现了。

（5）个人体验的焦虑倾向，那些喜欢较真、容易纠结、易于焦虑的人更可能产生购后冲突。

三、购后冲突的降低

消费者购后冲突的降低需要从消费者和营销者两个方面进行。

消费者可以通过降低购买决策的重要性或者增加对购买产品的欲求感，再或者是通过改变购买决策来减少购后冲突与失调。例如，有的消费者认为反正是打折买的，好歹也穿了几次，买错了也不要紧；就得在十一假期前买那套化妆品，晚了就派不上用场了，还有那些衣服，不喜欢就退掉，反正现在退货挺方便的。

但研究也发现，即便消费者改变了购买决策或者没有选择不了解的商品，仍有可能感到后悔，因为有些企业会以“后悔”为主题进行广告营销，例如，有的保险公司就宣传：如果没有选择我们来陪伴度过最困难的时期，那将是你一生中最大的遗憾。

营销者应该如何减少消费者的购后冲突呢？

首先是培养品牌的忠诚度，要通过消费者经历与感受、品牌文化与故事、广告与社会形象等方面综合吸引消费者，让消费者自我排除其他消费选项，从内心强化选择，认可自己的购买行为。

其次是细致的售后关怀。为了让顾客不后悔，应该通过细致的售后关怀来证明消费者的决策是明智的，从外部减轻焦虑。例如，淘宝、京东的无理由退换货、运费险、上门取件等做法，都是减少购后冲突的好方法。再如，宝马汽车为了帮助消费者摆脱决策后后悔，会在销售后给顾客发送宝马的杂志或电子信息，这其中都充斥着那些能使消费者对他们的座驾感觉良好的信息，这些支持性的信息减少了消费者的后悔，更重要的是增进了消费者对于宝马品牌的好感。

同样的道理，当企业或营销者没有这么做的时候，消费者可能自己会去获取这些支持性信息。例如，前天听人说这个楼盘的地段稀缺，昨天在论坛里看到有人说开发商很靠谱，今天又看到置业顾问发的朋友圈里暗示可能会涨价，就这样，通过搜集和挑选对自己决策有利的信息，来力证自己选择的明智，心理学家称之为偏好性选择，只选择对自己有利或不利的信息，从而构建或强化片面性的信息。

另外，企业还可以通过加大产品之间的差异性，减轻购后冲突。例如，有些型号的商品仅限电商平台销售，消费者无法与线下商店进行比较。再如，通过差异化定位的汽车，为不同偏好的消费者提供不同的购买理由。买了轿车的人，偶尔自驾游时会想到还是应该买辆越野车，但是想想绝大多数时间都在城市通勤用，还是轿车舒适又省油。买了宝马的人觉得雷克萨斯也不错，可是一想到自己买这款车就是为了享受驾驶乐趣，立刻找回了自信。买了沃尔沃的人觉得车型不够时尚，想到自己就是为了孩子的安全以及车内清洁的空气，立刻觉得自己是理性的，这样就能很好地解决由于选择困难而带来的购后冲突。

四、消费者购买满意度

消费者对其购买活动的满意度（S）是其产品期望（E）和该产品可衡量结果（P）的

函数，即S=F（E，P）。若E<P，则消费者会感到很满意；若E=P，则消费者会感到满意；若E>P，则消费者会感到不满意。

研究发现，消费者遇到超值购买的产品或者感觉特别好的用户体验会与他人分享，当他们买到的东西引发不开心或不满意的时候也会有吐槽或抱怨的冲动，因此消费者满意或不满意的时候，都会忍不住与别人分享，向亲朋好友、同事推荐或否定。

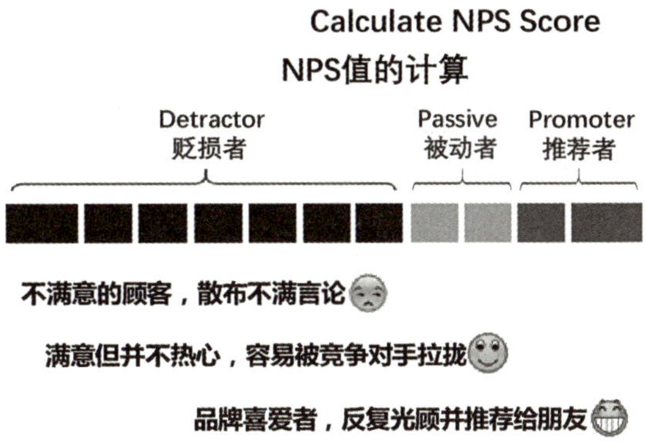

图 5-5　净推荐值模型

很多企业会用“净推荐值”作为衡量顾客满意度的指标，净推荐值又称净促进者得分，也可称口碑，是一种计量某个客户将会向其他人推荐某个企业或服务可能性的指数，是比较流行的顾客满意度与忠诚度分析指标。

测量净值推荐时，只需对客户提出一个简单却至关重要的问题，那就是你有多大可能把我们推荐给同事或朋友？

请在0～10分区间里打分，然后依据得分将打分的用户分为三组，得分在9～10分为推荐者，他们是产品忠诚的用户，会继续使用或购买产品，也愿意将产品引荐给其他人；得分在7～8分为被动者，是满意但不热心的用户，几乎不会向其他人推荐产品，很可能被竞争对手拉拢走；0～6分为贬损者，他们是不满意的用户，很可能在同事或朋友面前讲产品的坏话，并阻止身边的人购买或使用该产品，如图5-5所示。

消费者决策过程并不随购买行为的结束而终止。消费者在使用了产品或接受了服务后，他还要进行购后评价，但这里并没有涉及购后不满意的具体情况，因为消费者的感受与评价往往一段时间后才能做出满意或不满意的判断，且常见的情况是刚发生了购买行为的消费者多是满意的，而随着使用时间的推移，他们的满意度会降低，当然也有些低涉入度的消费者在一开始表现出较低程度的满意，但随着使用时间的变长，他们的满意度会提高，而这往往会成为忠实顾客。

任务二
消费者的阶层与价值观

任务导入案例

低调的有钱人

重要的日子到来了，陈珊要和她的男朋友张钊一同回家去拜见她的父母。她与张钊从认识到谈恋爱，不知不觉也有一年多了，彼此都还没有见过对方的父母。陈姗的父母原本是上海人，但在那激情燃烧的岁月里，他们大学一毕业就响应号召，主动申请到了新疆工作。张钊是地道的广州人，他与陈姗的相恋真是一段现代版的爱情故事——在中国移动广东省分公司从事行政工作的张钊，与研究生毕业刚来单位工作的陈姗彼此一见钟情。

张钊很少谈及他的家庭，经常说自己一定要靠自己的力量打拼。陈姗很欣赏他的这种拼搏精神。有一天，张钊说他的父亲是广州一家著名私企的老板，陈姗听了有点愕然。她原以为张钊因家境贫寒才没多谈他的家庭情况。她还经常在想，有朝一日见到他父母时，一定要买一些东西来孝敬二老。现在倒好，他竟然是富家子弟。她知道，现在有不少暴富的人，他们进出要坐奔驰、宝马，住的是金碧辉煌的别墅，吃的是山珍海味，穿的是国际顶级名牌，打球一般都打高尔夫。

一路上，陈姗都在想，张钊的家一定很富丽堂皇，还应该有私家游泳池，有一个大的后花园，车库放的不是奔驰就是宝马，或许还有劳斯莱斯。“就这里了。”陈姗的思绪被张钊一句话给打断了。她往车外张望了一下，发现来到了广州番禺区的星河湾。下车后，张钊把陈姗带到了其中的一栋楼房，进了一套复式结构的单元。这套房子装修朴素淡雅，家具倒都是新的，但看起来并不名贵。

楼上下来了一对夫妇让陈姗更是大吃一惊。张钊介绍说是他的父母，但无论从哪个角度，都看不出是私企大老板及夫人的样子来。他的爸爸个头中等，稍微有点瘦，穿一件白色T恤衫，黑色西裤（没有看到很明显的名牌标记），一点都不像港产片的富豪形象。也不像人们经常看到的珠江三角洲大老板的样子。他的妈妈很端庄，穿了一套白色长裙，身上没有有钱人喜欢带的钻石戒指和钻石项链，只带了一串珍珠项链。

中午他们请陈姗到星河湾的会所吃饭。陈姗注意到张钊父亲开的是一部黑色皇冠3.0。

如果说陈姗在来之前多少有点担心，不知如何与富有的张钊父母相处的话，现在她很自信结婚后一定能与公婆相处融洽。

（资料来源：霍金斯著的《消费者行为学》。）

问题思考：

1. 为什么陈珊会觉得张钊的父母应该穿名牌开豪车？
2. 广东的富商与香港富商在消费观念上有什么区别吗？

| 知识讲解 |

知识点一　消费者的收入与阶层

一、社会阶层

（一）社会阶层的内涵

1. 社会阶层的概念

消费者在社会中的地位与社会阶层，是由一系列复杂变量决定的，包括收入、家庭背景、教育经历和职业等，表现为你从哪里毕业、学历程度、你的职业、你住在哪儿、你孩子在哪里上学、你的业余爱好是什么等。社会阶层是拥有相似生活经历的个体集合，而非一个有着强烈认同的正式群体。

社会阶层的概念本身并不是负面的。为了社会正常运转，每个人都有一个必须扮演的角色。然而，一些角色（如医生、高管）要比其他角色（如保安）更具名望和价值。即使是存在不平等，社会阶层的区分可以有助于个体确定他们在社会中的角色或他们期望的角色。需要注意的是，社会阶层的各个等级都对社会有着重要贡献。

绝大多数社会中都有一个社会阶层等级，将社会成员按照社会地位从高到低进行分组，并且赋予某些阶层的人更高的地位。这些社会阶层成员的行为和生活方式都表现出区别于其他社会阶层成员的特征。某一特定阶层的成员往往共享类似的价值观和行为模式。

2. 社会阶层影响生活方式

社会阶层既是一个人的拥有状态，也是一个人的存在状态。阶层是关于一个人如何处置财产和如何界定自己在社会中的角色的问题。或许有人不喜欢社会中的某些成员比其他成员更优越或“不一样”的说法，但大多数消费者承认阶层差异的存在以及它对消费的影响。

社会阶层现在更广泛地被用来描述人的整体社会地位，处于同一社会阶层的人在社会中的地位是大体相同的，这些人相互交往，在如何生活上有着共同的想法和价值观，属于人们常说的“人以群分，物以类聚”。

一个人在社会结构中所处的位置不仅决定了他能花多少钱，还决定了他会如何花钱。明显很有钱但不显耀出来，这种朴素的生活方式是一类富人的特点，早已拥有金钱的人不需要再表明他们已得到金钱。相比之下，那些新富起来的消费者对同等财富的处置方式可能完全不同。

（二）社会阶层的分类

多数社会中存在着三种主要阶层：上层阶层、中层阶层和下层阶层。尽管绝大多数社会中都存在着某种等级结构，但社会阶层的规模和构成是由这个国家的相对繁荣程度决定并形成了不同的形态。例如，美国约70%的人口集中在中层阶层（图5–6），但是亚洲国家多数人属于下层群体（图5–7）。

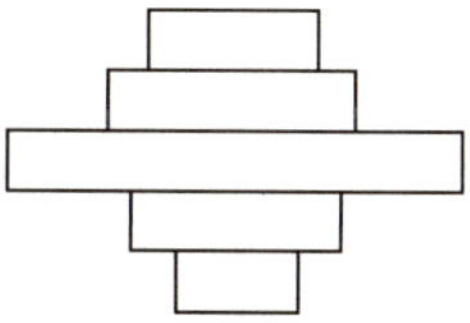

图 5–6　美国社会阶层

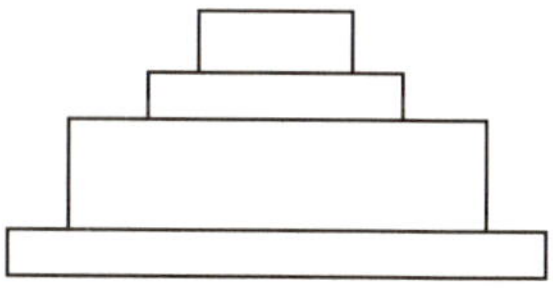

图 5–7　亚洲国家社会阶层

社会阶层的相对规模和结构随着文化的不同而变化，例如，欧美和日本的中层阶层人数居多，中国等发展中国家的下层人口占较大比例。特别注意的是，与其他社会阶层相比，多数社会中的上层阶层之间更加相似，因为上层往往更具大都市化和国际化向导，而下层阶层最容易受到本国文化的约束，因而在生活方式、衣着和饮食习惯方面与其他阶层的差异最大。

1．上层阶层的消费特点

绝大多数的上层阶层是由多种群体组成的，如包括富豪家族成员、社会精英、专业人士等，这些消费者认为储蓄和投资同等重要，发生购买时虽然更重视产品品牌与文化、特征与性能，但也有不少人看重价格。

尽管规模不大，上层阶层的成员往往共享一系列与消费行为相关的共同价值观和生活方式，这些消费者往往认为自己有智慧、关注政治、有经济眼光，并且强调自我表达与诉求，因而会购买高级的名牌产品来展示良好的品位。

暴发户是在较低的社会阶层基础上短时间内获得了大笔财富的上层消费者。这一群体喜欢收集财富和权力的象征物，如高档红木家具、艺术品、豪华汽车、昂贵的珠宝等，期望通过外在的象征物提升自己的社会地位与名望。

2．中层阶层的消费特点

中层阶层收入较高或相对稳定，普遍受过较好的高等教育，他们相信能够控制自己的前途并看到机会，有内生的价值观和消费观，但价值观和消费模式十分多样化，这也反映出他们对消费的产品及品牌的认识更全面深刻，甚至关注产品背后的文化与社会责任，他们多表现在房屋、汽车、服装、子女教育、旅游及高品质的家庭用品上花费大量可支配收入，并且很多人在特定行为上会向上层寻求模仿或突破，例如，上层人士的穿着与休闲活动、参加自我提升的课程等。中层阶层往往是一个国家最主要的消费群体。

3．下层阶层的消费特点

这一阶层具有更广泛的多样性，受教育程度普遍较低，更依赖老板或者家人生存，在社会、心理方面更多受地域文化的影响，本地化偏好强烈。

下层阶层的消费者其实更愿意消费而非储蓄，当然背后的客观情形可能是无力储蓄，为了维持财务相对稳定，已经消耗了几乎所有的收入，因此这些消费者更容易根据价格判断产品质量，且在购买时对产品信息掌握较少，更有可能在打折或促销时购物。

（三）社会阶层的影响

社会阶层的结构非常重要，因为它们强烈地影响和规范消费者的价值观，从而影响购买行为。假设社会阶层中的成员时常（正式和非正式地）往来，人们更容易受到来自同社会阶层成员的影响，拥有相似生活经历的消费者可能会展现出相似的生活方式和行为，而非其他阶层成员的行为表现。

某一阶层消费者的规范和行为也会影响其他阶层的消费者，一个被广泛引用的阶层影响理论是滴漏效应，该效应认为从上层阶层中开始的时尚随后为较低阶层所模仿。例如，上层人士采用的服装风格往往会在其他阶层流行开来。滴漏效应产生的原因是较低阶层的成员渴望通过模仿较高阶层来提升自己的社会地位。如果他们缺乏相应的文化知识，从而无法做出正确判断什么是可接受的或其内心追求的，他们往往就会受到高阶层的影响。例如，中层阶层常常依靠上层阶层给予他们在音乐、艺术和文学这些文化事务上的指引。

知识点二 消费者的价值观

一、价值观的内涵

消费者购买和使用商品或服务来表达什么，这反映了消费者内在价值观和生活方式，例如，有的消费者购买上万元的高端手提包来炫耀他们在经济上的成功；有的消费者通过购买“可负担的奢侈品”来奖赏自己。

尽管存在奢华的诱惑，但某些消费者正在放弃品牌消费并决定回归朴实。其中一些消费者对过于重视物质的现象很反感，一些消费者对自然资源的浪费表示担忧，另一些消费者渴望摆脱品牌的束缚，还有一些消费者仅仅是为了省钱。这些返璞归真的消费价值观往往意味着在折扣店以更低的价格购买产品。

这种双重趋势表明了价值观对消费者行为的影响，更重要的是价值观决定了人们认为购买或拥有哪些产品是正确的，如果某消费者倾向于节俭，将会重视性价比，而热爱户外烹饪的人可能会将上万元的烧烤架视为其生活中的必需品。这些差异的内在价值观就是消费者不同外在购买心理的特征表现。

价值观是指关于特定的行为或结果是好是坏的持久信念，例如，你可能认为身体健康、保证家人的安全或拥有自由是好的。由于价值观是一种持久强烈的信念，因而在不同的情境和时间下，将会成为消费者购买行为选择的标准，也因此不同的价值观在具体消费事物上存在差异。

价值观在不同群体的消费者之间存在差异，是因为受到文化、种族、社会阶层、教育和职业等因素的综合影响。例如，有些消费者的价值观是保护个人所获得的珍贵东西、对他人有同情心、拥有自控能力以及对行动的思考，而另一些消费者会强调家庭安全与人身自由。

二、测量价值观

1. 从文化背景中推断价值观

测量价值观最简单的方式为根据文化背景进行推断，而广告被称作价值观的反映器，如实用性、科技感、节俭、智慧、家庭与责任以及独特高贵是广告中常见的价值观。可以通过广告来发现跨文化差异及价值观趋势，中国各地区的发展水平不同，这些地区的广告反映出了不同的价值观。内地早期的广告更关注于实用性主题以及承诺美好生活，香港地区的广告多强调享乐主义及轻奢的生活，而现在，随着中国大陆经济的巨大发展和进步，广告的趋势也从实用性主题转向产品多样性、高品质、高科技等主题。

此外，价值观在影视和娱乐节目中也有明显体现，但社会文化到底是创造了观众（消费者）的价值观还是反映了人们的价值观，还是存在争议的，鉴于此，可以通过引入其他方法来更具体的测量价值观。

2. 手段-目的链分析

手段-目的理论是由心理学家米尔顿·罗克奇提出的，阐述了个人价值影响个人行为的方法。

手段-目的理论认为，顾客在购买产品和服务时，其出发点是实现一定的价值，为了实现这一价值需要取得一定的利益，为了实现这一利益需要购买一定的产品和服务的属性。

属性包括原材料、形态、制造过程等内部属性，以及服务、品牌、包装和价格等外部属性。

利益包括功能利益、体验利益、财务利益和心理利益等内容。

价值包括归属感、爱、自尊、成就感、社会认同、享受、安全、快乐等内容。

具体地说，个人价值是人们所追求的最终目标，手段是人们实现目标的方法，在营销范畴中，手段就表现为产品属性及由此带来的产品利益。这就形成了一个手段-目的链：产品属性→产品利益→个人价值。

顾客在购买产品时，总是为了实现个人某种价值。价值是由产品和服务功能利益组合实现的，不同的顾客对产品和服务有着不同的利益诉求，而利益是由不同的产品和服务属性实现的。价值确定产品和服务带来的利益，利益确定产品和服务的属性。因此，定位包括价值定位、利益定位和属性定位三个方面。

一个标准的手段-目的链模型，顶端是个人价值，中层是各种利益，最底端是产品的属性。

营销人员可以利用手段-目的链分析了解消费者更注重产品的哪些属性，并以此来推断消费者的价值观。有了这些信息，营销者就可以回过头来揭开驱动消费者做出决定的价值观。假设某消费者喜爱淡爽啤酒，因为它比普通啤酒含糖低，酒精度低，含热量更低，但口感一致，如果询问消费者为什么喜欢喝淡爽啤酒时，他们的回答也许是“我希望自己健康”。如果继续问其原因，消费者或许会回答“因为我希望自我感觉更好”。

请注意，手段-目的链存在几个潜在的等级。首先，消费者提到的某种重要属性后面跟随着该属性所提供的具体利益。其次，消费者会表明，该利益之所以重要，是因为它可以实现某种工具性价值观。这一完整过程之所以被称为手段-目的链，是因为该属性提供了实现某种渴望的终极状态或价值观的方法。

根据表5-1发现，某一特定的属性可以与十分不同的价值观相关联。例如，与一些消费者看重淡爽啤酒的健康利益相比，一些消费者青睐淡爽啤酒是因为他们在一个能导致更强归属感的情境中饮用该啤酒。其次，相同的价值观可能会与非常不同的产品和属性相关联。因此，与淡爽啤酒和米饭相关联的属性可能对归属感这一价值观有同等的吸引力。另外，某一特定属性可能与多种利益或价值观相联系，也就是说，某一消费者喜爱淡爽啤酒，不仅因为它让人健康，还因为它可以促进归属感。

表5-1　手段-目的链示例

产品	属性	利益	价值观	终极价值观
淡爽啤酒1	低糖、低热量	我不会长胖	使我更健康	自我感觉良好（自尊）
淡爽啤酒2	• 低糖、低酒精度 • 低热量 • 口感好	• 更少腹胀 • 使人愉快/令人放松/令人精神焕发	• 美好时光 • 友谊 • 共享	归属感
米饭	蒸煮袋包装	便利，不用清洁碗碟	节省时间	享受更多与家人在一起的时光（归属感）

营销人员可以利用手段-目的链对消费市场进行细分，并根据某一具体的属性和相关的价值观来吸引消费者。例如，为了营销酸奶，企业可以识别出某一重视健康的细分女性群体，并通过强化诸如低糖低脂肪之类的产品属性来赢得消费者。同时它们还可以确定第二个重视愉快享受的细分群体，并通过添加水果成分之类的属性来赢得这一细分市场。

项目六

消费者群体心理与行为

项目任务导图

- 消费者群体心理与行为
  - 消费者群体概述
    - 消费者群体的概念及分类
    - 参照群体的典型理论、概念、类型及群体效应
    - 文化对消费群体的影响
  - 不同消费者群体的消费心理与行为
    - 家庭消费的消费心理与行为
    - 不同年龄阶段消费者的消费心理与行为
    - 不同性别群体的消费心理与行为

项目目标

知识目标

了解不同消费者群体的概念与分类

了解不同消费者群体的消费行为表现

掌握不同消费者群体的消费心理特征和相应的营销策略

能力目标

能够根据市场状况对消费者群体进行细分

能够根据不同消费者群体的消费心理特征开展相应的营销活动

素质目标

能够在营销活动中正确看待每种消费者群体的特点，诚信经营

任务一　消费者群体概述

任务导入案例

天猫618直播，哪些消费者群体更买账

淘榜单联合淘宝直播发布的《2019年天猫618淘宝直播消费者画像》，“90后”已经成为直播间的消费主力，而“00后”异军突起，同样具有超强的购买力。与此同时，小镇青年也在直播间贡献了不少。边看边“剁手”已经成为越来越多人在天猫618期间购物的新方式。

“90后”“00后”成“剁手党”主力

从不同年龄段最爱在直播间购买的商品类型来看，“90后”“00后”最爱买的前三名分别是美容护肤、女装和彩妆香水。而“60后”“70后”则更喜爱在直播间剁手珠宝翡翠等。从地域来看，江苏、广东、浙江等沿海省份是直播消费人数的前三大省份。河南、湖北、四川、安徽等内陆地区同样也热衷在直播间“剁手”。而不同地方的消费者在直播间里最爱购买的商品却出奇一致，美容护肤、女装、洗护、彩妆等最为畅销。

“超级推荐”开启直播场景营销

对于消费者而言，直播变得越来越触手可及，他们开始习惯走进直播间挑选自己心仪的商品，创造了一种全新的消费场景。而直播也已成为各个行业品牌商家的标配。天猫618期间，兰蔻便举行了自己的品牌直播日，包括淘宝第一主播薇娅在内的14位主播，连续3小时齐刷刷为其带货，场面颇为壮观。在薇娅的直播间，兰蔻王牌小黑瓶1小时就卖出4700多瓶，超过了去年618期间的总销量。

微淘直播推广样式

“超级推荐”目前包含活动推广、商品推广、图文推广、直播推广四大应用场景，覆盖了消费者购前、购中、购后的消费全链路多场景触达，一方面有利于潜在新客的获取，另一方面，它所实现的也不光是单次的投放和拿到转化效果，真正的营销价值其实来自于商家对于粉丝、对于会员的长期积累。在越来越强化消费者运营的背景下，这个意义尤为重要。

（资料来源：搜狐网，https://www.sohu.com/a/321481785_296480.）

问题思考：

1. 天猫618直播哪些消费者群体更“买账”？
2. 用消费者群体知识分析直播卖货产生的原因。

| 知识讲解 |

知识点一　消费者群体的概念及分类

一、消费者群体的概念

消费者群体是由具有某种共同特征的若干消费者组成的集合体。同一消费者群体中的消费者在消费心理、消费行为、消费习惯等方面都具有共同之处，而不同消费消费者群体成员之间在消费方面存在着多种差异。

二、消费者群体的分类

消费者群体的形成是内在因素与外在因素共同作用的结果。内在因素主要有性别、年龄、个性特征、兴趣爱好等消费者生理、心理方面的特点。外在因素主要有生活环境、所属国家、民族、宗教信仰、文化传统、政治背景等社会文化方面的影响，如图6–1所示。

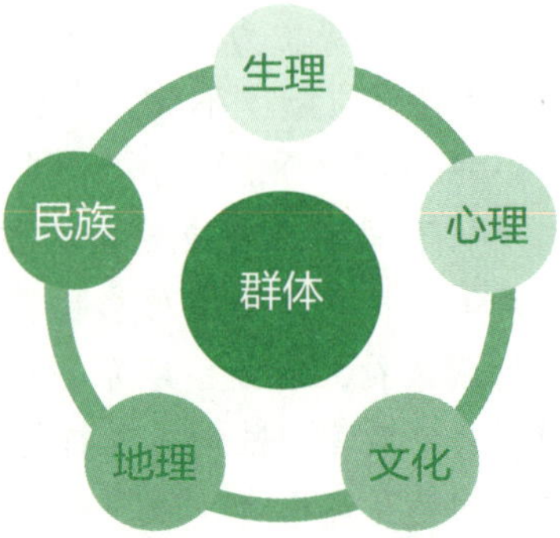

图 6–1　消费者群体的形成因素

一般来说，消费者都具有一定的群体意识和归属感，遵守群体的规范和行为准则，承担角色责任，同时也会意识到群体内其他成员的存在，在心理上相互呼应，在行为上相互影响。

知识点二　参照群体的典型理论、概念、类型及群体效应

本课程以一种通用性的群体划分类型，参照群体进行讲解。

一、参照群体的典型理论

莱斯格和帕克在1977年便对参照群体进行了定义，他们认为参照群体是一类个体或群体，这类群体是与个人的看法、愿望和行为有着显著关联的实际或想象中的个人或群体。而1987年穆蒂尼奥认为参照群体是对个体的信念和决策产生重要影响的，个体在确定标准时所参照的实际或想象中的个人或群体。

二、参照群体的概念

总结前人的研究可以看到，参照群体是那些作为判断事物标准或仿效模仿的群体，即任何会成为个人在形成其态度、价值或行为上的参考或比较对象的个人或群体，是对个人的行为、态度、价值观等有直接影响的群体。

三、参照群体的类型

按照不同的分类标准，从消费心理学角度进行划分，消费者的参照群体一般有以下几

种分类方法，如图6-2所示。

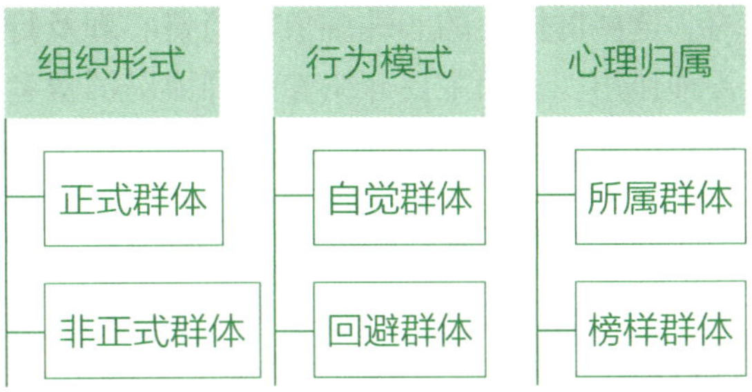

图6-2　消费者参照群体的分类

（一）正式群体与非正式群体

按照消费心理学的组织形式可以划分为正式群体与非正式群体。正式群体是指组织形式较为固定，且有固定目标的群体。正式群体中的消费者必须遵守群体的行为准则，严格保证群体活动的规范性。例如，职业协会、消费活动俱乐部、同业者联谊会等均属于正式的消费者群体。正式群体的规模相对比较大。与此相反，非正式群体是指结构比较松散，由于个体某种专门兴趣、某种信念或某方面的特殊需要而从属或参加的群体。例如，几个相交较亲密的朋友、多年的邻居、某种共同兴趣爱好者等，都属于非正式群体。

【头脑风暴】某女士的女儿今年8岁，她从4岁开始每周末学习舞蹈2小时，这属于正式群体还是非正式群体呢？

【一点通】舞蹈班的建立可以说是以专门的兴趣而组建的，应该是非正式群体。

（二）自觉群体与回避群体

根据消费者的行为模式可以划分为自觉群体与回避群体。自觉群体是指消费者按照自己的年龄、性别、民族、教育、职业等指标，自动将自己归属于某个群体。例如，中年知识分子群体、“老三届”群体、敬业者群体、传统型消费者群体等。自觉群体中成员并无直接交往，但是其成员通常会自觉地约束自己的行为，使之符合群体的规范。回避群体与自觉群体相反，是指个体消费者自认为与自己不相符的行为，避免归属的群体。例如，高收入者对低收入者的消费行为，成年人对于青少年的消费行为，男性消费者对于女性消费行为等都在一定程度上采取回避态度。

（三）所属群体与榜样群体

按照消费者心理归属的不同可以分为所属群体与榜样群体。所属群体是指一个人实际归属或参加的群体。该群体既可以是正式组织，也可以是非正式组织，榜样群体是指消费者做出购买决策时的个体所倾慕和向往的群体。人们的参照群体按照不同的分类标准可以出现多个不同角度的参照群体。例如，可口可乐的广告主角涵盖了“钢铁侠、黑寡妇、绿巨人、蚁人、美国队长和猎鹰”这6个几乎男孩子都会心动的角色。可以说可口可乐这几年的广告成功地塑造了男孩子这类消费者的自觉群体和榜样群体等参照群体，并借势营销，成功地影响了消费者的心理。

四、消费参照群体的群体效应

人们在群体中相互作用、相互影响就产生了群体心理，如模仿、从众、流行和暗示等。这些群体性的心理现象对消费心理及行为产生了各种作用。下面主要介绍参照群体对消费者心理的影响效应。

［微课］
暗示效应

图6-3　佳洁士品牌形象

（一）暗示效应

巴甫洛夫认为：暗示是人类最简化、最典型的条件反射。

暗示是用含蓄、抽象诱导的方法对消费者的心理和行为产生影响，从而使人们按照一定的方式去行动或接受一定的意见，使其思想、行为与暗示者期望的相符合，这种现象称为“暗示效应”，而使用这种方式进行的营销，则称“暗示营销”。暗示是一种心理现象，生活中的每一个人，或接受别人暗示，或暗示别人，或自我暗示。例如，人们在对某人某事做出判断时，易受第一印象或第一信息支配，就像沉入海底的锚一样把人们的思想固定在某处。消费者进入快餐店之前，无意间看到一块奔驰车的户外广告牌，标明C型车将以低于32万元的价格出售，当消费者进入快餐店之后，他可能会觉得标价39.9元的套餐特别便宜。宝洁中国公司曾在市场上推出独特的亮点，其品牌产品“佳洁士”（图6-3）联合“中华口腔医学会”，在部分超市开设“专业关怀，健康口腔”的活动。这种行为本身在向消费者传递一种“专业防蛀”的信息，虽然佳洁士并没有直接说明，但“中华口腔医学会”代替它展露出来。

［微课］
从众效应

暗示思维营销被很多国内外大品牌使用，无论对于企业，还是个人品牌，都是非常实用的。

（二）从众效应

古斯塔夫·勒庞认为，在群体中，每一种情感和行为都极具感染性。

从众效应也称羊群效应，经济学里经常用“羊群效应”来描述经济个体的从众跟风心理。羊群是一种很散乱的组织，平时在一起也是盲目地左冲右撞，但一旦有一只头羊动起来，其他的羊也会不假思索地一哄而上，全然不顾前面可能有狼或者不远处有更好的草。由于行为参照，出于对偏离的恐惧和群体凝集力等原因，个体会怀疑、改变自己的观点、判断和行为等，以和他人保持一致，即从众效应。

消费者在很多购买决策上，会表现出从众倾向。从众心理的影响因素主要有群体的规模、个人心理特点、群体规范等，如图6-4所示。

（1）群体规模表现为群体人数的多少、吸引力的大小、个人在群体中的地位、群体中与自己条件相似者的行为，以及群体成员的反从众行为等。通俗地讲，就是“人云亦云”“随大流”，大家都这么认为，我也就这么认为；大家都这么做，我也就跟着这么做。例如，购物时喜欢到人多的商店；在

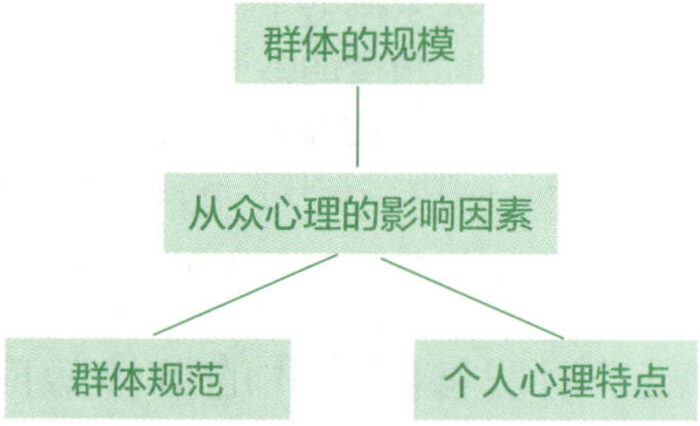

图6-4　从众心理的影响因素

品牌选择时，偏向那些市场占有率高的品牌；在选择旅游点时，偏向热点城市和热点线路。又如，天猫店“孕妇防辐射衣”的某旗舰店在淘宝上通过高销量和好评度，拥有非常好的排名，每个进入店铺的人都进行了非常高的转化。

（2）从众心理也与个人的个性心理特点有关，例如，顺从型的人多缺乏主见，在大多数场合下都容易发生从众行为。

（3）任何一个群体都有一定的群体规范，这种规范会转化为一种无形的心理压力，对其内部的个体产生影响。个体消费者在大多数情况下往往会自觉地遵从群体规范，使个体的很多消费行为与群体规范取得一致。这种一致性主要分为两种情况：一方面可能是消费者顺从群体压力而做出被动的、消极适应性的消费行为，例如，高校常有这样一种现象，入校时随意安排的学生班级之间、宿舍之间，一年左右时间，便在各个方面显示出不同层次，出现明显的“不同步”现象。相对来说，优等生、英语过四六级、研究生录取等，班级、宿舍都比较集中。宿舍成员集体出动参加各种证书培训班，已是大学校园蔚然流行的风景，一男生直言：“哥儿几个都在拼命学，我不上进，岂不丢人?”；另一方面也可能是消费者寻求社会认同和群体归属而做出的主动的、自我调整式的、积极适应性的消费行为。

（三）模仿效应

个体看到别人的行为以后，便会产生仿效和重复别人行为的趋向。这种仿照榜样而做出类似的言行举止的过程就叫模仿效应。

效仿效应发展到今天，延伸出了粉丝经济、名人效应、意见领袖等模式。

［微课］
粉丝效应

1．粉丝经济

“粉丝”一词译于英文“fans”，随着新媒体的发展，微博、微信等日益渗透到普通民众中，衍生出一批对某种精神、产品、活动或人产生热心的追随者，可以定义为粉丝，如图6-5所示。

图 6-5　粉丝经济

在生活中，人们随处可见一些粉丝经济，品牌的竞争力随时考验着各企业构建的粉丝团体力量以及品牌自身的粉丝经济效应。众所周知，发展一个新用户的成本远远高于挽留一个老用户，而有效地发展粉丝经济既能吸引潜在的用户，又能留住已有的用户。例如，小米的“饥饿营销”，苹果新品发布会，COCO限量珍藏版等，懂得利用资源的稀缺性能更好地带动粉丝经济。在美国，粉丝经济的理念及模式已经从娱乐圈逐步渗透到政治领域，互联网领域以及传统产业领域。

2．名人效应

吃什么不重要，重要的是和谁吃。一顿饭的时间，可以抢占头条，结识人脉，获得指点，“巴菲特午餐”就是一种典型的名人效应。《现代汉语词典》对名人效应的释义是“名人在社会上产生的影响力”。名人与普通人相比，其行为与偏好一旦公开，就会形成一定的感染力和号召力，引起人们的关注甚至模仿，也容易形成媒体聚焦的话题。曾经的世界首富，与其共进午餐，对个人及其企业的品牌提升必然助力不小，这就是一种名人效应带来的效果。

3．意见领袖

传播学学者研究认为，在人际传播网络中，通过为他人提供信息、观点或建议，在一定范围内产生影响的人物，称为“意见领袖”，信息要得到公众的广泛接纳，需要意见领袖通过其影响力让公众广泛接纳。更有研究指出，不足0.05%的意见领袖可以吸引到50%用户的注意力。某一领域的名人在特定范围内更容易产生影响，其影响也更深远，因此可以视为名人是该领域的意见领袖。

在消费心理学中，意见领袖特指为他人过滤、解释或提供信息的人，这种人因为持续关注程度高而对某类产品或服务有更多的知识和经验。家庭成员、朋友或媒体、虚拟社区消息灵通的权威人士常常充当意见领袖。例如，《意见领袖》曾成为新浪的一个节目，它永远只把话筒伸向最权威的声音——金融投资大师、商界领袖以及政府决策者。

知识点三　文化对消费群体的影响

[微课]
文化对消费者的影响

文化对消费者行为有着广泛而深远的影响。在当代消费者行为研究中，文化价值观对消费者行为产生的影响备受关注，这些都会使人们对商品颜色、包装、方便性、购物时间以及销售人员的态度产生自己的偏好。换言之，就是对消费者行为产生了影响。在一个人的一生之中，能够确保自身朝着某个方向发展的最根本因素是文化，但不同的文化决定着人们不同的价值观念与价值取向，从而影响人的消费行为，可见文化对消费行为的影响非常重要，值得我们细细研究。

一、文化的概念

（一）文化的概念

广义的文化是指人类社会在漫长的发展过程中所创造的物质财富和精神财富的总和。狭义的文化是指社会的意识形态，包括政治、法律、道德、哲学、文学、艺术、宗教等社会意识的各种形式。它既包括人类生产的物质财富和提供的各种服务，也包括价值观念、伦理道德、风俗习惯、行为规范、宗教信仰等意识范畴，即思想文化、英雄文化、商业文化、医学文化、诗文文化、戏曲文化、武术文化、神龙文化、圣贤文化、名流文化、农耕文化、科技文化、汉字文化、宗教文化、民俗文化、姓氏文化等。不同民族、不同社会，其文化内涵的差别很大。中义的文化介于广义与狭义的文化之间，是指社会意识形态同人们的衣食住行等物质生活、社会关系相结合的一种文化，如服饰文化、饮食文化和各种伦理关系、人际关系等，也称为社会文化。笔者在消费心理学中所讨论的文化即指中义的文化。消费文化是指反映在消费中的一个社会或一个集团、阶层各种外显的或内隐的思维模式、行为模式和价值模式。

（二）亚文化的概念

亚文化又被视作“文化中的文化”，有种文化都由若干更小的文化组成，它为某种文化群体带来更明确的认同感和集体感。亚文化群体的成员不仅具有与主流文化共同的价值观念，还具有自己独特的生活方式和行为规范。就消费者购买行为而言，亚文化的影响更为直接和重要，有时甚至是根深蒂固的。

二、文化的特点

（一）文化是后天习得的

文化是一种习得的行为，它不包括遗传性或本能性反应。人类个体从出生开始，就从自己周围的社会环境中学会了一整套的信念、价值观、习惯等。

（二）文化的影响是无形的

文化的影响是无形的、看不见的，它对人的影响也是潜移默化的。在大多数情况下，人们根本意识不到文化对自身的影响。只有当我们接触到另一种文化时，才会意识到自己所特有的这种文化已经塑造了自身的行为。例如，只有当我们面对美国人借钱过日子，租房子住时，才知道中国人的落叶归根、勤俭持家的观念已塑造了我们的行为，中国人终其一生的积聚也要想方设法建一个房子，不管是为自己建还是为子女建。

（三）社会文化是规范性的

现代社会越来越复杂，文化不可能规定人的一举一动，只能为大多数人提供行为和思想的边界。

三、文化对消费行为的影响

不同国家、不同民族、不同地域和不同类型的群体，都有各自独特的风俗习惯，在衣食住行等方面都表现出不同的消费特点。

（一）民族文化对消费行为的影响

中华民族深沉含蓄，表现为服装风格严谨朴实，而西服所形成开口很大的基本造型与西方文化强调自由和个性解放密切相关。中国人过春节吃饺子、吃年糕、放鞭炮；元宵节吃元宵、耍龙灯；端午节吃粽子；中秋节吃月饼；等等。

实例链接

好客山东贺年会

位于山东枣庄台儿庄的“好客山东贺年会”已经连续成功举办了10届，成为海内外知名旅游节庆品牌，并受到了旅游业界的广泛关注，赢得了各级旅游部门、旅游企业和广大游客、市民的高度认可。2020年贺年会在原有的元旦、春节、元宵节三大节点的基础上，新增“二月二”这一新的节点，形成“四大节点”体系，将传统的农耕文化元素融入旅游活动，结合时代发展和人民需求重新阐发，切实推动优秀传统文化创造性转化和创新性发展，进一步打造冬季旅游热点，拉动淡季旅游消费。

台儿庄“好客山东贺年会”倾心打造“家·传承”“家·记忆”“家·味道”“家·幸福”“家·国情”五大主题活动。在这里让人们感受到中国传统春节的魅力，重温儿时记忆深刻的过年习俗，共同见证中华民族随着日新月异的发展正开创更加幸福的新时代。

（资料来源：大众日报，https://hb.dzwww.com/p/4283113.html.）

【思考与应用】分析“好客山东贺年会”中体现出的民族文化对消费行为的影响。

（二）地域文化对消费行为的影响

地域文化的形成往往和当地的历史传统与文化传统密切相关，不同地域由于自然环境和社会环境的制约和影响，会形成不同的地域文化特征，必然对商品生产的取材、设计加工、款式造型、包装装潢以及商品的消费习惯产生深刻影响，形成带有浓厚地域文化色彩的商品。中东地区气候炎热，容易出汗，人们喜欢用气味浓烈的香水；该地区少有凉风，气温高达四五十摄氏度，当地人又常用发乳涂身以润肤防暑，并喜欢用清爽易挥发的化妆品，而在许多高寒地区和国家大为流行的含油脂多的化妆品在此便无人问津。从中国不同地区的饮食习惯来看，湖南人爱吃辣椒，四川人喜食麻辣，浙江人爱吃甜食，山西人喜食醋等等习惯，都是由于当地自然环境条件的影响。在世界范围内，商品地域文化特点尤为突出，一些具有中国传统文化特色的商品如丝绸、刺绣、手工地毯等，不仅在市场上具有很强的竞争力，而且在世界范围内传播和弘扬着中华民族源远流长的传统文化。

| 实例链接 |

品牌的地区差异化

不同的社会文化背景，也使消费者对品牌有不同的理解。在跨文化的企业管理中，不同文化背景的人群，对同一品牌的理解，可以说是南辕北辙。

通用汽车公司不理解为什么雪佛莱的Nova车型在拉丁美洲卖不出去，后来发现“nova”在西班牙语中是“开不动”的意思。另一家卖罐装婴儿食品的公司在包装罐上印着一个很漂亮的婴儿照片。这种罐装食品在其他市场上都卖得很好，但在非洲部分地区却卖不动，后来发现这地方的人认为食品包装上的照片就是食品成分。

正是这些原因，导致了现在很多国际著名品牌，出现了无概念化。企业往往只让品牌有一个单纯的符号区别的作用，比如2003年上半年，联想的“Legend”曾在2003年改为“Lenovl”，就是为了防止在联想品牌国际化中，出现意想不到的文化误读。

（资料来源：百度文库，https://wenku.baidu.com/view/7c7ef0c6284ac850ac024224.html.）

【思考与应用】从地域文化对消费行为的影响角度分析品牌地区差异化的重要性。

（三）民族亚文化对消费行为的影响

民族、职业差别以及居住环境的不同，都可以在统一的民族文化之下，形成具有自身特征的群体或地区文化即亚文化。

任务二

不同消费者群体的消费心理与行为

任务导入案例

在中国经济持续向好的背景下，新中国成立70年以来，中国居民人均可支配收入增长近60倍，人民生活水平得到进一步改善。艾媒咨询2019年数据显示，中国恩格尔系数持续下降，并在2017年跌破30%，达到联合国富足标准，在消费结构中，交通和通信、教育文娱、医疗保健比例逐年上升。

中国社会经济发展主要矛盾已经转变为“人民日益增长的美好生活需要和不平衡不充分的发展之间的矛盾”，区域间发展的不平衡，收入分配差距和贫富差别在较长一段时间还将持续存在，但人们对于美好生活的内涵和外延都在不断拓展，家庭消费结构在不断改变和升级。

爱吃、爱美、爱玩成为最大消费驱动力。

（资料来源：中国新闻网，https://www.sohu.com/a/345286077_123753.）

问题思考：

从不同消费者群体的消费者心理角度分析我国不同消费者群体的消费现状。

知识讲解

知识点一　家庭消费的消费心理与行为

家庭是人类基本的消费单位，家庭的社会地位和经济条件，不仅决定了家庭的购买能力，也决定了家庭成员的需求层次和消费水平、消费结构。家庭对消费的影响主要取决于家庭结构、家庭消费决策、家庭生命周期阶段和家庭经济收入等方面，如图6-6所示。

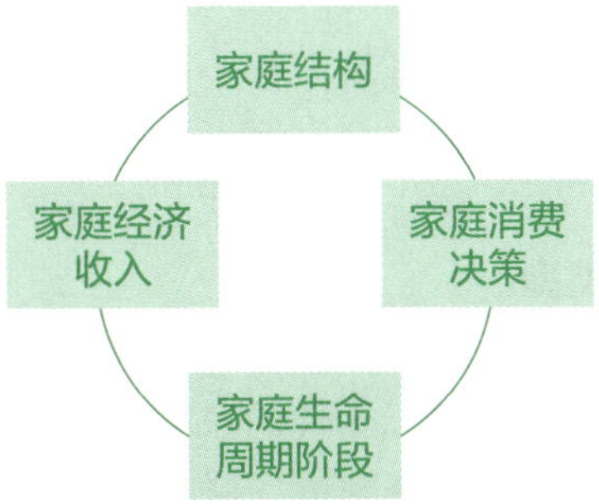

图6-6　家庭对消费的主要影响因素

一、家庭结构对消费心理的影响

（一）家庭结构的概念

家庭结构是家庭成员组成的情况也称家庭形态，家庭人员组成一般是指家庭人数、年龄、性别、各成员之间的关系等。

（二）家庭结构的构成

家庭的构成是家庭结构的重要概念之一，家庭构成主要是指家庭成员的数量、年龄、文化结构等。不同的家庭构成情况与家庭的消费心理和消费行为有密切关系。

（1）数量结构主要是指家庭成员数量的多少。随着三胎时代的来临，中国人口总量在一定时期内增加，据最新凯度消费者指数显示，有82%的多孩夫妻觉得属于自己的时间越来越少，“没时间”成为多孩家庭的最大痛点，而现代育儿观让家长更看重陪孩子的时间。因此，“效率优先”“超级便利”成为多孩家庭选购商品的重要标准。

（2）年龄结构是指家庭成员在年龄上的分布，也与家庭的数量结构有关。一般情况下，家庭人口越多，年龄分布越广。第七次人口普查数据显示，2020年中国65岁人口占比达到13.5%，在“十四五”期间这个数字将达到14%，中国将进入深度人口老龄化社会，老年人将成为中国未来最主要的消费群体之一。

（3）文化结构是指一定文化下的各种表现形式的内在的有机联结体。具体包括三个层面：表层的物质文化，中层的制度文化，深层的精神文化。随着全面建成小康社会的深入推进，城乡居民收入稳步增长，消费结构加速升级，带薪休假制度逐步落实，假日制度不断完善，代表精神文化的旅游消费得到快速释放，由于《2016—2020年全国红色旅游发展规划纲要》等红色旅游支持政策升级助推红色旅游发展，使得红色旅游成为近几年来发展比较快的特种旅游模式，国家旅游局《2019年中国旅游景区景点市场分析报告》显示，近年来接待人数持续增长，从2012年的6.7亿人次增长到2017年的13.24亿人次，并且取得了明显的社会效益和经济效益。

（三）家庭结构的类型

根据家庭规模和不同代际家庭成员、血缘和婚姻关系，家庭结构可以分为核心家庭、主干家庭、联合家庭、不完全家庭、单身家庭。

（1）核心家庭。核心家庭是指由父母与未婚子女所组成的家庭，已成为我国主要的家庭类型。

（2）主干家庭。主干家庭是指由两代或两代以上夫妻组成，每代最多不超过一对夫妻，且中间无断代的家庭。

（3）联合家庭。联合家庭指由父母与两对以上的已婚子女或已婚兄弟姐妹组成。

（4）不完全家庭。不完全家庭是指夫妻没有子女或夫妻离异、丧偶后只有一方与子女共同生活的家庭，一般称为丁克家庭或单亲家庭。

（5）单身家庭。单身家庭包括终身不婚或丧偶、离婚后过独居生活的家庭。

（四）家庭结构的特点

随着社会的发展，家庭处于发展演变的过程中。当代中国家庭，在其规模、经济生活、文化水平、家庭成员修养等方面都在发生深刻变化。结构上由紧变松，规模上由大变小，职能上由多变少等，从今后的发展趋势看，这种变化集中体现在以下几个方面。

（1）家庭逐渐小型化。随着整个社会经济的发展，人们文化水平和生活水平的提高，以及观念的转变，青年人的独立性增强，青年夫妇凡是条件许可，都愿离开父母独立生活。计划生育政策的贯彻和实行，城镇的三口之家已成为普遍趋势，甚至无子女的家庭也不少见。因此，家庭趋向小型化。

（2）家庭文化程度普遍提高。经济的发展，使全社会成员受教育的程度有了较大的提高，九年制义务教育在全国的普及，使家庭的文化水平得到普遍提高。

（3）儿童、子女成为家庭的中心。儿童、子女在家庭中的地位上升，其中尤其以城镇最为突出。家庭的所有成员为儿童智力开发、为子女的成才倾注了心血。

（4）家庭中男女地位趋于平等，民主协商气氛日益增强。随着妇女文化水平和就业率的提高，家庭中男女的地位日益平等，夫妻双方对家庭责任的认识都在变化，夫妻双方对家庭中的重大事项能协商解决，民主气氛大大增强。

（5）家庭物质生活追求舒适，精神生活追求享受。社会生产力的发展，使家庭经济生活由温饱型向小康型过渡，人们在吃饱穿暖的基础上，正在向追求质量（吃喝讲究营养，穿着讲究漂亮），使用向讲究高档高层次需求转变。同时随着家庭生活水平、文化水平的提高和家庭劳动的社会化，使家庭精神享受的提高成为可能。

二、家庭消费决策对消费心理的影响

（一）家庭消费决策的概念

家庭消费决策是指家庭在发挥其消费职能的范围内，从实际出发，确立所要达到的消费目标，选择正确的途径和方法，使预定的目标能够最大限度地实现。

笔者在讲消费者的概念时讲过了消费者的五大角色：提倡者、影响者、决策者、购买者和使用者，这里不再赘述。

（二）家庭消费决策类型

从家庭权力的中心点角度来划分，家庭消费决策可以分为各自做主型、丈夫支配型、妻子支配型、调和型，如图6–7所示。

图 6–7　家庭消费决策类型

（1）各自做主型。各自做主型是指家庭商品的购买决策由夫妻二人分别根据自己的需要单独决定。这类家庭一般经济收入较高，受教育程度较高，易接受新观念，夫妻双方在经济上相对独立，各自都可做出购买决策，而对方从不过多干预，购买行为自主性、随意性较强。

（2）丈夫支配型。丈夫支配型是指家庭主要商品的购买决策由丈夫决定。在我国部分农村地区及不发达地区，丈夫支配型在传统观念较强的中国家庭中较为普遍。这类家庭通常文化水平较低，家庭经济来源以丈夫为主，丈夫的购买心理与行为就代表了整个家庭。此外，丈夫的生活能力、理财能力大大高于妻子的家庭也可能采取这种决策类型。

（3）妻子支配型。妻子支配型是指家庭主要商品的购买决策由妻子决定。这类家庭通常经济收入高，丈夫工作忙，或消费决策不是家庭生活的主要话题，或妻子持家能力大大超过丈夫。前两类妻子支配型家庭在购买行为上比较随意，是产品销售中较易吸引的对象；而后者则往往是市场上的挑剔购买者。

（4）调和型。调和型是指家庭主要商品的购买决策由夫妻二人共同协商决定。这类家庭通常夫妻双方关系融洽，文化程度较高，思想开放，适应时代潮流，家庭中民主协商气氛浓厚，购买决策慎重、全面，购买行为理智，冲动性较少。

三、家庭生命周期对消费心理的影响

［微课］
家庭生命周期

家庭生命周期是指一个家庭由组建开始直至解体、消亡的全部过程。在家庭所处的不同时期中，消费者购买心理与购买行为有明显的差异。

1985年，美国经济学家、诺贝尔经济学奖获得者弗兰克·莫迪利亚尼提出的生命周期理论比较有代表性，该理论把生命周期分为单身期、家庭形成期、家庭成长期、退休前期和衰老期五个阶段。在我国一般可分为初婚期、生育期、满巢期、空巢期和鳏寡期这五个阶段，对每一个具体的家庭来说，有时会出现顺序重叠、跳跃的现象。但对于家庭生命周期中的每一个发展阶段来说，都存在着许多共同的，又十分明显的消费行为特点。

1．初婚期

初婚期是指从结婚登记成为合法夫妻并建立家庭，到生育第一个子女前这一时期。

我国初婚期的消费特点是消费支出额大，消费水平很高，突击性的消费行为比较明显，购买商品讲究时髦与流行。调查显示，在结婚费用中，耐用消费品支出占首位，酒席的支出占第二位，穿着支出占第三位，在我国，青年人结婚费用惊人，购买独立的住房成为重大支出。在发达国家和我国大中城市青年人中，特别是文化层次较高或较为开放地区，这一时期有加大与延长的趋势，即婚后较长时间不希望养育子女。

2．生育期

生育期是指从第一个孩子的出生，到最小一个孩子被抚养成人的阶段。这一时期的家庭比前一时期有明显的变化。家庭的经济负担开始加重，尤其以工资为主要生活来源的家庭更为突出，随着育儿观念的转变，子女的开支在家庭消费支出中的比例日趋加大。

3．满巢期

满巢期指从子女长大成人到结婚前这一阶段。在此阶段，子女开始有一定的经济收入，家庭的总收入处于最高峰，总的消费水平很高，有能力共同购买大件商品，子女的消费经验也相当成熟，能共同参与商品的评价、选择和购买活动，甚至在某些家庭中成为主要决策者。家庭的总体消费能力很强，呈现出医疗支出下降，日用品、穿着、文化娱乐费用上升的特点。

满巢期的支出一是满足整个家庭成员的消费需要；二是开始为子女的结婚生育进行家庭储蓄。

4. 空巢期

空巢期指子女成家立业之后，陆续组织出新的家庭，成长为另一个消费单位，只剩下两位老人。在空巢期内，家庭总收入增加，人均消费会达到很高的水平。在这一阶段的支出主要用于以下几个方面：一是子女建立家庭时所需的部分支出；二是用于第三代的各项消费，这是由我国传统的家庭观念所决定的，对第三代关心越多，这一部分的支出越大；三是用于家庭的储蓄，以应付意外灾祸和养老用品等。

空巢期的消费行为特点更加明显，收入水平高的家庭会在这一阶段充分享受，满足以前的消费愿望，如家具的更新、奢侈用品的选购等都成为可能，出现了跳跃性需求。心理学上把这一阶段称为第二次青春期。

5. 鳏寡期

鳏寡期指夫妻双方，有一方去世。家庭收入明显减少。

【头脑风暴】单亲家庭处于家庭生命周期的哪个阶段呢？

【一点通】有不少学者已认识到这一概念的局限性，他们认为家庭生命周期只适用于核心家庭，而不适用于许多亚洲国家和其他发展中国家普遍存在的主干家庭、联合家庭；家庭生命周期概念也忽略了不完全家庭、单身家庭。

四、家庭经济收入对消费心理的影响

无论处于家庭生命周期的哪个阶段，任何消费动机的实现，或生理、心理需要的满足，都要有经济收入作为基础。

知识拓展

根据一般的消费规律，低级家庭消费阶段的人们用于吃、穿、住的比例较高，随着家庭收入的提高，消费结构逐渐升级，家庭用于发展型、享受型消费的比重会有较大幅度的上升，通常将吃、穿、住等方面的消费定义为生存型消费家庭，将教育、交通通讯、医疗保健定义为发展型消费家庭，将娱乐、文化、服务定义为享受型消费家庭。

恩格尔系数越低，表明享受型与发展型消费所占比例越大，同时表明某国或者某地区的经济越发达，人民越富裕。根据国际经验，人均GDP达到10000美元左右，消费需求增长将从生存型向发展型、享受型转变。据家庭财富调查显示，2018年我国家庭人均财产超过20万元，3.82%的家庭有两套及以上住房，可见，我国已从生存型消费家庭逐步转向发展型、享受型消费家庭。这一趋势具有四大标志：第一，交通通讯消费上升；第二，文化教育消费上升；第三，旅游娱乐消费上升；第四，保健养生消费上升。

（资料来源：作者根据相关信息整理。）

知识点二　不同年龄阶段消费者的消费心理与行为

年龄是最常见的划分消费群体的标准。有关学者根据我国国民特征，将年龄划分为以下六个阶段：0～2岁为婴幼儿期；3～11岁为儿童期；12～17岁为少年期；18～35岁为青年期；36～59岁为中年期；60岁以上为老年期。不同年龄阶段的消费者有着不同的生理和心理特征，因而形成了不同的消费心理。

一、少年儿童消费者群体的消费心理特征与营销心理策略

（一）儿童消费者群体的消费心理特征

儿童的心理出现较大的质的飞跃，即开始了系统的学习过程，认识能力、意识倾向、学习兴趣、意志及情绪等心理现象逐渐加强，还学会了在感知和思维的基础上解决简单的问题。

（1）从生理性需要逐渐向带有社会内容的需要发展。婴幼儿期的消费需要主要表现为生理性的，且纯粹有他人帮助完成。进入儿童期后，所需购买的消费品在花色、样式上逐渐增加个人的意识；在消费过程中逐渐形成对所接触的消费品的评价意识，初步形成为自己选择消费品确立目标，并逐渐具有列举出一定理由的能力。

（2）从模仿性消费逐步向带有个性特点的消费发展。随着年龄的增长，自我意识不断形成，儿童的消费心理逐渐由模仿性消费心理向按照自己的需求愿望、带有个性特点的消费方面发展，在面对众多同类商品时，能提出自己的购买意见、选择和要求。

（3）消费心理从感性消费逐渐向理性消费发展。儿童的消费心理多处于感情支配阶段，消费情绪极不稳定。但随着年龄的不断增长，接触社会消费实践，知识、经验等不断增加，调节与控制自己情感的能力也在不断增强，消费心理也渐趋理性。

（二）少年消费者群体的消费心理特征

少年与儿童相比，他们的生理和心理都有了较大的变化，生理上呈现第二个发育高峰，心理上有了自觉与被尊重的要求。少年期是依赖与独立、成熟与幼稚、自觉与被动性交织在一起的时期。

（1）以成人比拟，独立性强。有成人感，这是少年消费者自我意识发展的显著心理特征。在主观上他们认为自己已经长大成人，就应该有成人的权利与地位，反映在消费心理方面，则是不愿受父母过多干涉，希望按自己的意愿行事，要求自主独立地购买所喜欢的商品，喜欢在消费品的选择方面与成年人相比拟。

（2）购买行为的倾向性开始确立，购买行为趋于稳定。少年时期由于对社会环境的认识不断加深，知识不断丰富，兴趣趋向稳定，鉴别能力提高。随着购买活动次数的增加，购买行为趋于习惯化、稳定化，购买的倾向性也开始确立。

（3）消费观念开始受社会群体的影响。少年消费者由于参与集体学习、集体活动，接触社会的机会增多，受社会环境的影响逐渐增加，其消费观念和消费爱好由主要受家庭影响逐渐转变为受同学、朋友、老师、明星、书籍及大众传媒等社会因素的影响。

（三）少年儿童消费者群体消费市场的营销心理策略

（1）针对儿童的消费心理特点恰当地运用商品定位方法。儿童、少年消费有两种基本情况。一是购买者和使用者一致，即儿童和少年的消费品由他们自购自用。到了少年期，儿童的消费行为由完全的依赖性过渡到半独立性，不但能购买少量个人消费品，而且能向家长提出自己的要求并参与家长的决策。二是购买者和使用者分离，即所用消费品由家长或其他成年人购买。从这一实际出发，为做好儿童、少年消费品的销售工作，必须恰当地进行商品定位，才能收到较好的效果。

（2）在营销中对儿童、少年自购自用消费品要尽可能运用儿童语言进行接待。相反，凡成年人为儿童、少年购买消费品，就要针对成年人对孩子的关怀与慈爱、情感与希望等进行接待，才能引起他们的购买欲望。

（3）针对儿童、少年的消费心理特点，充分发挥商品直观形象的作用。少年、儿童在购买消费品时仍较多地从简单、直观的感觉去判断商品的好坏，按照个人某一方面的爱好去概括商品的全貌，为了满足自己的好奇心理和时尚追求去确定购买某种商品。因此在产品设计、生产、营销中都要注意充分发挥商品直观形象的作用，科学地激发他们的购买欲望。

（4）提高商品识记程度，向少年、儿童灌输企业或商品形象。随着年龄的增长，少年、儿童逐步成为家庭购物的影响者、倡议者甚至是决策者。他们或说服长辈购买，或提出购买建议，有些商品还可自己做主购买，因此要将商品的厂牌、商标逐步印入少年儿童的头脑中。可见，设计一些为少儿所熟悉和喜爱的商标与造型，这对推销商品和开拓市场有着长远的影响。

二、青年消费者群体的消费心理特征与营销心理策略

在我国，青年消费者人口众多，也是所有企业竞相争夺的主要消费目标。因此，了解青年消费者的消费心理特征，对于店铺的经营和发展具有极其重要的意义。

（一）青年消费者群体的消费心理特征

一般来说，青年消费者的消费心理特征具有以下几点。

（1）追求时尚和新颖。青年人的特点是热情奔放、思想活跃、富于幻想、喜欢冒险，这些特点反映在消费心理上，就是追求时尚和新颖，喜欢购买一些新的产品，尝试新的生活。在他们的带领下，消费时尚也就会逐渐形成。

（2）表现自我和体现个性。这一时期，青年人的自我意识日益加强，强烈地追求独立自主，在做任何事情时，都力图表现出自我个性。这一心理特征反映在消费行为上，就是喜欢购买一些具有特色的商品，而且这些商品最好是能体现自己的个性特征，对那些一般化、不能表现自我个性的商品，他们一般都不屑一顾。

（3）容易冲动，注重情感。由于人生阅历并不丰富，青年人对事物的分析判断能力还没有完全成熟，他们的思想感情、兴趣爱好、个性特征还不完全稳定，因此在处理事情时，往往容易感情用事，甚至产生冲动行为。他们的这种心理特征表现在消费行为上，那就是容易产生冲动性购买，在选择商品时，感情因素占了主导地位，往往以能否满足自己

的情感愿望来决定对商品的好恶，只要自己喜欢的东西，一定会想方设法，迅速做出购买决策。

（二）青年者群体消费市场的营销心理策略

（1）满足多层次的心理需要，刺激产生购买动机。企业开发的各类商品，既要具备实用价值，更要满足青年人社会交往、自尊、成就感等多层次的心理需要。例如：个性化的产品会使青年感到自己与众不同，受人关注；名牌皮包、时装会表现拥有者的成就感和社会地位感，受到青年人的青睐。

（2）开发时尚商品，引导消费潮流。青年人学习和接受新事物快，富于想象力和好奇心，因此在消费上追求时尚、新颖。企业在产品的开发、设计过程中，要针对青年人的心理特点注重开发时尚产品，使青年人能迅速接受新产品，以推动消费潮流。

（3）注重个性化产品的生产、营销。个性化的产品、与众不同的商品被青年人称为“酷”，容易大受欢迎。企业在产品设计、生产中，要改变传统思维方式，要面向青年人开发个性产品。尤其是在服装、装饰品、手机等商品的设计生产和营销过程中，要注重个性化的设计，寻求特性，以树立消费者的个性形象。

（4）推出同类不同档次的商品，满足不同收入水平青年的需要。青年人由于职业、收入水平不同，分属不同的消费阶层，他们在商品的购买上表现出一定的差别。企业在开拓青年人市场时，要考虑到这些不同的特点，生产不同档次、不同价格水平、面向不同收入水平的同类产品，以满足不同收入水平青年人的需要。

（5）做好售后工作，推动市场开拓。青年人往往是新产品的率先采用者，在购买后就会即时把他的购买预期与产品性能进行比较。企业在售出商品后，要收集相应信息，了解顾客反映，以及时改进产品。同时，要及时处理好顾客投诉，以积极的态度解决产品中存在的问题，使青年消费者感到满意，进而认可企业的产品和服务。

三、中年消费者群体的消费心理特征与营销心理策略

中年人的心理已经相当成熟，个性表现比较稳定，他们不再像青年人那样爱冲动，爱感情用事，而是能够有条不紊、理智分析处理问题。中年人的这一心理特征在他们的购买行为中也有同样的表现。

（一）中年消费者群体的消费心理特征

（1）理智性胜于冲动性。随着年龄的增长，青年时的冲动情绪渐渐趋于平稳，理智逐渐支配行动。中年人的这一心理特征表现在购买决策心理和行动中，使得他们在选购商品时，很少受商品的外观因素影响，而比较注重商品的内在质量和性能，往往经过分析、比较以后，才做出购买决定，尽量使自己的购买行为合理、正确、可行，很少有冲动、随意购买的行为。

（2）购买的计划性多于盲目性。中年人虽然掌握着家庭中大部分收入和积蓄，但由于他们上要赡养父母，下要养育子女，肩上的担子非常沉重。他们中的多数人懂得量入为出的消费原则，开支很少有像青年人那样随随便便、无牵无挂、盲目购买。因此，中年人在

购买商品前常常对商品的品牌、价位、性能要求乃至购买的时间、地点都妥善安排，做到心中有数，对不需要和不合适的商品他们绝不购买，很少有计划外开支和即兴购买。

（3）购买求实用，节俭心理较强。中年人不再像青年人那样追求时尚，生活的重担、经济收入的压力使他们越来越实际，买一款实实在在的商品成为多数中年人的购买决策心理和行为。因此，中年人更多的是关注商品的结构是否合理，使用是否方便，是否经济耐用、省时省力，能够切实减轻家务负担。当然，中年人也会被新产品所吸引，但他们更多的是关心新产品是否比同类旧产品更具实用性。商品的实际效用、合适的价格与较好的外观的统一，是引起中年消费者购买的动因。

（4）购买有主见，不受外界影响。由于中年人的购买行为具有理智性和计划性的心理特征，使得他们做事大多很有主见。他们经验丰富，对商品的鉴别能力很强，大多愿意挑选自己所喜欢的商品，对于营业员的推荐与介绍有一定的判断和分析能力，对于广告一类的宣传也有很强的评判能力，受广告这类宣传手段的影响较小。

（5）购买随俗求稳，注重商品的便利。中年人不像青年人那样完全根据个人爱好进行购买，不再追求丰富多彩的个人生活用品，需求逐渐稳定。他们更关注别的顾客对该商品的看法，宁可压抑个人爱好而表现得随俗，喜欢买一款大众化的、易于被接受的商品，尽量不使人感到自己花样翻新和不够稳重。

由于中年人的工作、生活负担较重，工作劳累以后，希望减轻家务负担，故而十分喜欢具有便利性的商品。例如，减轻劳务的自动化耐用消费品，半成品、现成品的食品等，这些商品往往能被中年顾客认识并促成购买行为。

（二）中年消费者群体消费市场的营销心理策略

（1）注重培育中年消费者成为忠诚顾客。中年消费者在购买家庭日常生活用品时，往往是习惯性购买。生产者和经营者要满足这种心理需要，使其消费习惯形成并保持下来；不要轻易改变本企业长期形成的历史悠久的商品品牌包装，以免失去顾客。商品的质量标准和性能价格比，也不要轻易变动。

（2）在商品的设计上要突出实用性、便利性，提供良好的现场服务。中年消费者消费追求商品的实用性、便利性。市场营销者应根据中年人的消费习惯，提供各种富有人情味的服务。例如，提供饮用水、休息设施，物品保管、代为照看小孩等服务。

（3）重视售后服务。中年消费者购物后发现问题，多数会直接找经营者解决，而且态度坚定，理由充分。经营者应切实帮助他们解决问题，冷静面对，切忌推诿、扯皮，不负责任，以免失去忠诚顾客。

（4）促销广告活动要理性化。面向中年消费者开展商品广告宣传、现场促销活动，要理性化，依靠商品的功能、效用打动消费者，靠实在的使用效果、使用者的现身说法来证明。

四、老年消费者群体的消费心理特征与营销心理策略

随着世界人口老龄化趋势不断增强，老年人在社会总人口中所占的比例不断增加。老年消费者在生理和心理上同青年消费者、中年消费者相比发生了明显的变化。

（一）老年消费者群体的消费心理特征

（1）注重实用性。老年消费者一般都有家小，他们会按照自己的实际需求购买商品，量入为出，注意节俭，对商品的质量、价格、用途、品种等都会做详细了解，很少盲目购买。

（2）有主见，不受外界影响。老年消费者在消费时，大多会有自己的主见，而且十分相信自己的经验和智慧，即使听到商家的广告宣传和别人介绍，也要先进行一番分析，以判断自己是否需要购买这种商品。因此，对这种消费者，商家在进行促销宣传时，不应一味地向他们兜售商品，而应该尊重和听取他们的意见，向他们“晓之以理”，而不能希望对他们“动之以情”。

（3）消费求便利，要求得到良好的售后服务。老年消费者的生理机能有所下降，他们总希望购买场所交通方便些，商品标价和商品说明清楚些，商品陈列位置和高度适当，便于挑选，购买手续简便，服务热情、耐心、周到。也要求商品能够易学易用、方便操作，减少体力和脑力的负担。

（4）消费需求结构发生变化。随着生理机能的衰退，老年消费者的需求结构发生了变化，保健食品和医疗保健用品的支出增加，穿着类和其他奢侈品方面的支出大大减少，满足个人的嗜好和兴趣的商品支出有所增加。

（5）较强的补偿性消费心理。在子女成家立业、没有了过多的经济负担后，部分老年消费者产生了较强的补偿性消费心理，在美容、衣着打扮、营养食品、健身娱乐和旅游观光等商品的消费方面，有着与青年人类似的强烈消费兴趣，以补偿那些过去未能实现的消费愿望。

（二）老年消费者群体消费市场的营销心理策略

老年人用品的使用者是老人，但购买者既可能是老人自己，也可能是晚辈的子女、孙子女等，因此，研究老年人用品市场，要注意采用以下方法。

（1）开发适合老年人需求的各类商品。老年消费市场广，消费潜力大，目前市场上真正适合老年人的商品品种仍显单调，大有潜力可挖。

（2）重视全方位的良好服务。在销售老年人用品时，应提供良好的专门服务场所，以满足老年人心理上所要求的方便、舒适的购物环境，并提供亲切、体贴的服务。营业员要满足老年人自尊的心理要求，耐心、热情地为其服务。

（3）开展对老年人及其子女的双重促销。促销活动不但要针对老年人，还可以针对老人的子女开展。有些商品，如老年人健身用品、营养品等，不但可以面向老年人设计广告，还可以面向青年人，提倡尊老敬老的社会风尚，激发青年人孝敬老人的心理，从而产生购买行为。

实例链接

中国消费者协会和人民网以线上方式联合开展2020年“315”国际消费者权益日主题活动并发布了2020年中国消费者协会调查报告。据统计，2020年1月23日至3月7日期间，与消费相关的舆情数据共计239万余条，分析相关数据可以发现，新冠肺炎疫情来袭，“宅”成为居民生活的一大常态，宅经济话题火热。随着新冠肺炎疫情形势逐渐向好，报复性消费登上了话题热度榜。不同年龄段、不同家庭角色的消费者在疫情期间消费的行为有很大的差异，在这当中老年消费者的消费画像是“时髦”。越来越多的老年人通过电商平台购买食品和生活用品，成为网络消费市场不可忽视的新消费群体。

中年消费者的画像是“淡定”，他们更关注疫情防护知识、线上问诊、心理援助等服务，后续“互联网+医疗”的服务模式将成为新的消费趋势之一。青年消费者的消费画像是“宅家”。减少了外出社交的消费和奢侈品需求的年轻人，注意力更多地转到了自我提升和线上娱乐上。少年消费者的消费画像则是“封印”。线上时间的增加，网络课程的普及，给少年儿童的消费活动带来了许多陷阱。

【思考与应用】请针对不同消费者群体制定“宅经济”营销策略。

知识点三　不同性别群体的消费心理与行为

［微课］
女性消费者群体的消费心理

一、女性消费者群体的消费心理特征与营销心理策略

女性消费者在购买活动中起着特殊的重要作用。女性不仅为自己所需要的消费品进行购买决策，而且在家庭中承担了母亲、女儿、妻子和主妇等多种角色，因此，也是绝大多数儿童用品、老年用品、男性用品和家庭用品的购买者。

（一）女性消费者群体的消费心理特征

（1）悦己为先。过去有一句话叫“女为悦己者容”，但现在这句话已经过时了。今天的女性更偏向于“悦己”，越来越多的女性消费者愿意为“愉悦自己”增加消费投入，即便是很多单身女性，“享受一个人”也成为新的趋势，并催生出了“一人食”“自订鲜花”“一人KTV”“一人看电影”等新消费现象，在这些现象的背后，更多反映的是新女性“无惧评议，挚爱真我”的“悦己”理念。

（2）精专主义。女性对待生活比较细腻，因此，产品和服务的精致和品质是品牌的必修课，女性在细节的考究和关注中，达成自我从外在到内在的内涵提升和消费满足感，这也让围绕女性生活方式的垂直化消费领域成为新的热点。例如，卷发棒、洗脸仪等都成了女性消费新宠，而对女性而言，就“美容仪”这个品类，都可以细分出很多“精专化”场景，如洗脸功能、去黑头功能、美白功能、抗氧化功能、瘦脸功能等，让女性的美容更加精细化，追寻更具匠心、更专业、更纯粹的产品和服务。

从满足基本功能到满足装备提升需求，从追求大而全的品牌到专注小而美的品牌，从广泛的兴趣爱好到自我的深度卷入，女性消费的“精专主义”精神已经贯穿了她们对产品选择的各个角度。

（3）内容“她经济”。女性有很多话要说，并且不吐不快，这也让女性成为社交媒体的主力。无论图文、音频、网络视频还是直播、短视频，都缺不了大量女性用户的支撑。

女性不仅要表达，还需要不断丰富和完善自我，因此，探索女性的内心世界，提升自我认知，解决现实生活的焦虑，造就了女性内容消费的规模级市场，而女性既是内容生产者，也是内容消费者。

（4）“种草”经济。此“种草”非彼“种草”，不是要去栽花栽草，而是泛指“把一样事物推荐给另一个人，让其他人喜欢这样事物的过程”。例如，“口红一哥”李佳琦通过短视频和直播的方式进行口红试色，其推荐的口红色号经常断货，一支难求。

（5）“美萌当道”。女性在社会上扮演着多重的社会角色，也会让女性群体既有刚强的一面，也有缺乏安全感的一面，工作压力、情感问题等也让女性需要心灵的治愈，因此，无论是美、萌，还是可爱，都是可以“疗愈”的载体。例如，星巴克的猫爪杯不仅在线下掀起一股抢购热潮，还将“萌消费”推上舆论热点，相同产品质量情况下，更加美萌的小物更容易获取“女神”的心，而这种“可爱”的原动力，则来自于女性需要更多“精神的寄托”，产品只是一个寄托或者释放的介质。

（6）潮妈经济。随着中国的“85后”和“90后”新生代女性陆续进入生育高峰，她们的育儿模式也发生巨大变化，过去，很多女性成为妈妈后都将消费的关注重点从自身转向孩子，而现在的女性消费者不仅关注孩子也关注自身，在“宝贝自身两手抓”的认知状态下，“潮妈经济”已经成为一个很重要的消费趋势，“为母亦潮”不仅是一句口号，更带来了新的消费景象。

（二）女性消费者群体的营销心理策略

（1）与女性建立强关联的信任关系。对女性来说，现在是“以个性定义产品，让产品迎合自己的需求”的时代，新女性对爆款不盲从，对名牌不崇拜，对品质很看重，对意义超关注。因此，商品在追求增长的过程中，不能只注重功能层面的参数和工艺，要将产品调性与消费趋势进行结合，要让女性感觉到“懂她”、真心诚意地“爱她”，商品要成为女性生活场景中的有力“陪伴者”，才能与女性建立强关联的信任关系。

（2）把握当代女性消费关键词。不论是企业还是品牌，由“走近”她们到“走进”她们，把握好女性的消费需求，结合“独立、美感、力量、悦己、种草和精致”等营销关键词，制定营销策略，将可以引领女性消费风尚。

二、男性消费者群体的消费心理特征与营销心理策略

男性消费者去商店一般都有明确的购买目标。与女性相比，男性消费者购买产品的范围要窄一些。

［微课］

男性消费者群体的消费心理

（一）男性消费者群体的消费心理特征

（1）消费动机形成迅速、果断，具有较强的自信性。男性消费者购物时往往都有明确的目标，他们进入商场后就直奔目标而去。与女性相比，男性消费者购买产品时的理智和自信要多一些。他们一般在购买前就选择好要购买对象，往往不愿意在柜台前花更多的时间挑选产品，询问究竟。

（2）新奇和嗜好心理。男性相对于女性而言具有更强的攻击性和支配性。这种心理在

消费上表现为求新、求异和开拓精神。他们对新产品的奇特性往往有较高的要求。此外，男性大多数有特殊嗜好，例如，有人爱好钓鱼、养花、养鸟，有人酷爱摄影、集邮、收集古董、珍藏古画等，而这些在女性中表现得不太普遍。

（3）注重产品的整体质量和使用效果。男性对产品，特别是价格昂贵、结构复杂的高档产品的性能与知识了解较多，购物时很注重产品的整体质量。只要整体质量可靠，他们就能做出购买决策。同时，男性消费者购物时善于独立思考，很注意产品的使用效果，不会轻易受外界环境的影响。

（4）购买产品时力求方便、快捷。一般男性消费者很少逛商场，遇到自己所需要的产品，他们一般会迅速购买，尽快离店。他们对商家出售产品时的种种烦琐的手续、拖延时间的作风十分反感。在购买日常生活用品时，这种心理表现得尤为突出。

（二）男性群体消费市场的营销方法

男性消费者在购买商品前一般注意对有关资料进行收集，经过自我分析和判断后才会做出购买决策，一般不轻信口头信息传播，有主见、有魄力，一旦做出购买决定会毫不迟疑地实施。

（1）注意商品内在价值与外在价值的统一，以完善的商品吸引这类消费者。

（2）注意品牌形象的塑造，争创名牌，巩固名牌地位。

（3）注意商品信息传播的科学性与完整性，尊重消费者的自我判断。

项目七

基于消费者心理与行为的商品开发策略

项目任务导图

- 基于消费者心理与行为的商品开发策略
  - 商品名称策略
    - 商品名称认知
    - 商品命名的心理策略
  - 商品品牌策略
    - 品牌与商标认知
    - 品牌的心理功能
    - 品牌设计的心理策略
    - 品牌运用的心理策略
  - 商品包装策略
    - 商品包装认知
    - 商品包装设计的心理要求
    - 商品包装设计的心理策略
  - 新产品开发策略
    - 商品认知
    - 新产品认知
    - 新产品设计的心理策略

项目目标

知识目标

掌握商品命名的心理功能和心理策略

掌握品牌的心理功能和品牌设计的心理策略

掌握商品包装的心理功能、商品包装设计的心理要求和心理策略

掌握新产品设计的心理策略

能力目标

能够根据消费者的心理需求进行商品开发和命名

能够根据消费者的心理需求进行商品品牌设计和包装设计

能够根据影响消费者购买行为的商品因素采取合适的营销策略

素质目标

培养爱岗敬业的职业道德，以顾客为本，设计出符合消费者的心理需求的产品

任务一

商品名称策略

任务导入案例

“小茗同学”为什么这么火？

中国市场上的茶饮料在2011年以后一直不温不火，对于“95后”来说，气泡饮料和VC水等功能饮料已基本满足了他们的需求。喝茶，听上去既不时髦也不实惠，然而，2015年3月横空出世的小茗同学冷泡茶饮料（图7-1），短短数月，一举成为统一甚至饮料市场的销售冠军，瞬间横扫“95后”市场。此时人们才大跌眼镜，原来“95后”不是不喝茶，只是没有被“把准脉”。

图 7-1　小茗同学冷泡茶饮料

大家不禁要问，为何小茗同学冷泡茶饮料有如此魔力？

小茗同学冷泡茶饮料的成功来源于定位、包装、口感等多个方面，其中独特的命名方式也是使其走向成功的一个重要方面。“小茗”源于“小明”，在学生时代，小明似乎已经成为一个名称的代名词。小明帮妈妈打扫卫生；小明上学迟到；小明手里有五颗糖，吃掉一颗还有几颗？不论是在语文读本上，还是在数学题目中，小明无处不在，离学生更为亲近。所以统一集团采取了“明”的谐音“茗”，使产品更加贴近年轻人的生活，名字读起来又朗朗上口，便于记忆。这样的名字承载着学生时代的回忆，能够更好地吸引顾客，给消费者留下深刻的印象，也体现了和其他茶饮料的差异化。

（资料来源：根据网上相关资料整理。）

问题思考：

1. “小茗同学”的成功对你有何启示？
2. 企业在给商品命名时有哪些方法和策略？

知识讲解

知识点一　商品名称认知

一、商品名称的含义

商品名称就是企业给商品所取的名字。现实生活中，消费者在未接触到商品之前常常通过商品名称来判断商品的性质、用途和品质，所以一个好的名称可以提前赢得消费者的注意。另外，一个简洁明了、引人注目、富于感染力的名称，不仅可以帮助消费者了解商品，还会带来美的享受，从而刺激消费者的购买欲望，帮助企业实现盈利的目标。因此，根据消费者的心理特点进行商品命名是极其必要的。

二、商品名称的心理功能

商品的命名方法虽然多种多样，但基本的心理功能主要有以下四个方面。

[微课]
商品名称的心理功能

（一）认识商品

商品名称通常是用简洁凝练的文字，向消费者传达商品的称谓、用途和特点等信息。消费者即使没有看到商品实体，也能顾名思义，初步感知商品。例如，“常润茶”一听就是有助于肠道消化的，“脚气灵”一听就是治脚气的，“黑芝麻糊”一听商品里面就有黑芝麻的成分等。可见，认知商品是商品名称的一个基本心理功能。

（二）便于记忆

商品命名时可通过音、形、意的有机结合，创造言简意赅、易读易懂的商品名称，让消费者听过、看过后在头脑中留下深刻的印象。企业在为商品命名时，字数不要太长，一般控制在5个字以内。例如，“饿了么”“全民K歌”等，即使只见过一次，消费者也能很容易地把它们记住。尤其是在移动互联网时代，商品之间的竞争激烈，一个好听、简单、易记的名字对商品的传播起到非常重要的作用。

（三）启发美好联想

一个新鲜脱俗、寓意深远、风趣幽默、富于美感的商品名称，能够启发消费者对美好事物的回忆和想象，加深对商品性能的理解。例如，“佳洁士牙膏”“颜如玉美白霜”等，这样的商品名称读起来能够让人产生恰当、美好的联想，从而激发消费者的购买欲望。

（四）避免禁忌

人们在长期生活中由于受民族传统、宗教信仰、历史文化和生活习惯的影响，会形成不同的风俗习惯和偏好禁忌，商品名称只有符合消费者的心理偏好，才会得到消费者的信任和偏爱。商品命名稍有不慎，将会引起消费者的消极情感。

知识点二　商品命名的心理策略

一、商品命名的原则

[微课]
商品命名的心理策略

（一）易认、易读、易懂、易记

商品的名称要简洁明了、易读易记，文字不能过长。用词要通俗易懂，不要用生僻晦涩的词。用字要力求笔画简单，易于书写印刷，不要用笔画繁杂，难于辨认或已被淘汰了的古字、废字。读音要响亮顺口，有音乐美感，避免平仄不分。例如，“八宝粥”就是个易读、易懂、易记的好例子，不仅能让消费者记住，还有心理的附加价值（粥里含有八种营养原料）。

（二）名副其实、暗示属性

商品名称要从某一个侧面反映出商品的某种特征，这种特征应该与商品有一定联系，能够让消费者一秒钟内知道这是什么商品，而不应出现商品的名与实不相称或有损商品形象的现象。例如，名菜“酸菜鱼”，仅从名称上就可以让消费者知道该道菜的主要原料就是酸菜和鱼，瞬间能够让人联想到这种菜可口的味道。

（三）与众不同

给商品命名的目的在于区别。名字雷同或过于相似，就会失去其意义，有时甚至会带来麻烦。在我国不同的商品使用相同的名字的现象非常普遍，例如“红烧牛肉面”，仅看名称，有的消费者会认为是“康师傅红烧牛肉面”，也有的消费者会认为是“统一红烧牛肉面”，这种过于类似的商品名称在宣传时，不太容易引起消费者的注意，即使消费者注意到了，也会引起消费者内心的混乱，搞不清它所代表的是什么，导致企业达不到预期的营销目标。

（四）启发美好联想

商品名称要有美感和好的寓意，能使人产生美好联想。例如：“老来福”既有中文意思老来得福，又与英文Longlife（长寿）谐音；深圳三九药业集团公司，其“三九”之名，在中国古代汉语中有数多不可胜记之意，寓有不懈追求之意。

二、商品命名的主要方法

（一）以商品的主要效用命名

这种命名方法的特点是名称直接反映商品的主要性能和用途，使消费者能迅速了解商品的功效，加快对商品的认知过程，多用于日用工业品、化妆品和医药品。例如：“气滞胃痛冲剂”，一看便知是治疗胃病的药物；“金鱼洗涤灵”，是洗涤餐具或水果的洗涤剂；还有“防晒霜”“沐浴露”等均可直接从名称上了解商品的用途和功效。这种开门见山的命名方法迎合了消费者追求商品实用价值的心理。

（二）以商品的主要成分命名

这种命名方法突出了商品的主要原料和主要成分，可使消费者从名称上直接了解商品的原料构成，以便根据自己的实际情况选择商品，多用于食品、药品和化妆品。例如，“鲜橙多”主要原料是橙汁，“复方甘草片”主要成分是止咳的甘草，“蛇油护手霜”原料里的成分包含蛇油等。这些商品名称或强调货真价实，或突出原料名贵，都起到了吸引消费者的作用。

（三）以商品的外形命名

这种命名方法具有形象化的特点，能突出商品造型新奇、优美的特点，引起消费者的注意和兴趣，多用于食品、工艺品类的商品命名。例如，有的首饰用“繁星满天”命名，有的食品命名如“佛手酥”“猫耳朵”等。不过采用这种方法，应注意名称和形象的统一，否则会弄巧成拙，达不到让消费者从名称联想到商品实体的目的。

（四）以制作工艺或制造过程命名

这种方法多用于具有独特制作工艺或有纪念意义的研制过程的商品，这是一种经常被采用的方法。如“二锅头酒”“老坛酸菜牛肉面”，以此命名方式能使消费者了解该商品不同寻常的制作工艺，从而提高商品声望。

（五）以商品的产地命名

以产地命名主要是由于产品具有悠久的历史，尤以产地的商品最具特色，享誉盛名，冠以产地名称可以突出该商品的地方风情、特点，使其独具魅力，如“北京烤鸭”“云南白药”“青岛啤酒”等。这种命名方法符合消费者求名、求特、求新的心理，可以增加商品的名贵感和知名度，使消费者感到买了货真价实的特色商品。

（六）以人名命名

即以发明者、制造者和历史人物等名字给商品命名为方法。这种方法将特定的商品和特定的人联系起来，使消费者睹物思人，引起丰富的联想、追忆和敬慕之情，从而使商品在消费者心目中留下深刻的印象，多用于服饰、化妆品、汽车等，如“中山装”“陈氏麻婆肉”“李宁服饰”。以人名命名还可以体现商品悠久的历史和文化，表明商品系出名门、正宗独特，以此诱发消费者的购买欲望。

（七）以外来词命名

这种方法多用于进口商品的命名，既可以克服翻译上的困难，又能满足消费者求新、求奇、求异等心理需求。例如，“Coca-Cola”音译成“可口可乐”，“Sandwich”音译成“三明治”等，这些名称非常适合中国消费者的语言偏好。使用这种命名方法时要注意，名字一定要读起来朗朗上口、寓意良好。

（八）以吉祥物或美好事物命名

这种命名方法要求迎合消费者图吉利、盼发财、期盼美好事物的心理。例如：“吉利”汽车，顺应了人们事事追求“大吉大利”的心理；“六福珠宝”，寓意可以给人们带来幸福、祝福、福气的珠宝；“凤凰电动车”，凤凰在中国是吉祥、和谐、幸福、太平的象征。此外，我国的一些中药，由于其成分原来的名字会使消费者感到畏惧，所以改用能使人产生美好联想的名称来代替原有名称，如“地龙”原指蚯蚓，“天龙”原指壁虎。

（九）以色彩命名

这种方法适用于食品类商品。例如：“黑巧克力”原料中巧克力的成分比较高，黑色突出了纯度；“白玉豆腐”突出豆腐形态白嫩细腻；“白加黑感冒片”则突出了白片与黑片的不同效果。以色彩命名突出了消费者的视觉感受，使之对商品留下深刻印象。

任务二　商品品牌策略

任务导入案例

“三只松鼠”的品牌战略设计

三只松鼠股份有限公司成立于2012年，是中国第一家定位于纯互联网食品品牌的企业，也是中国销售规模较大的食品电商企业（图7-2）。自2014年起，公司先后被新华社和《人民日报》誉为新时代的“改革名片”“下一个国货领头羊”。2019年“双十一”，“三只松鼠”以10.49亿元销售额刷新中国食品行业交易记录，被《华尔街日报》《路透社》《彭博社》等外媒称为“美国公司遭遇的强劲对手”“中国品牌崛起的典范”。

图 7-2　三只松鼠

“三只松鼠”的成功，一直离不开品牌建设，其品牌识别系统的设计如下：①品牌标识以三只松鼠扁平化萌版设定为主体，突出企业动漫化。②品牌标识整体呈现三角趋势，图形下边缘有圆润的弧度，象征稳固而和谐的发展。③“小美”张开双手，寓意拥抱和爱戴每一位主人；“小酷”紧握拳头，象征拥有强大的团队和力量；“小贱”手势向上的style，象征着青春活力和永不止步，勇往直前的态度。这一品牌形象深受年轻消费者喜爱，其卡通形象也成为品牌的超级符号。

（资料来源：根据网上相关资料整理。）

问题思考：

1. 品牌对于一个企业而言重要吗？
2. 企业应该如何设计商品的品牌？

| 知识讲解 |

知识点一　品牌与商标认知

一、品牌的含义

品牌，即产品的牌子，是用以识别不同企业的产品或服务，并使之同竞争对手的产品或服务相区别的名称、术语、标记、符号或设计及其组合。品牌有着十分丰厚的内涵，品牌不仅是一个标志和名称，更蕴含着生动的精神文化层面的内容，体现着人的价值观、象征着人的身份、抒发着人的情怀。

在品牌的构成要素中，通常可以把可读的称谓部分（包括单词、字母和数字）称为品牌名称；把不可读的非称谓部分称为品牌标识。其中，品牌名称是语言符号，是品牌在人们之间进行传播的基础，所以是品牌的核心要素。

在当今市场环境下，想要发展成一个品牌，首先要做的就是先把这个品牌注册为商标，避免为他人作嫁衣。当把一个商标发展成为品牌之后，这个商标的价值也就随之提升了。

二、商标的含义

目前世界上对商标有7种“权威性”的定义，最具代表性的有：国际保护工业产权协会（AIPPI）在柏林大会上曾对商标做出的定义：“商标是用以区别个人或集体所提供的商品及服务的标记”。世界知识产权组织在其《商标示范法》中将商标定义为：“商标是将一个企业的产品或服务与另一企业的产品或服务区别开的标记。”法国政府在其《商标法》中则表述为：“一切用以识别任何企业的产品、物品或服务的有形标记均可视为商标”。

从上述定义可以看出，商标是将一个企业的商品或服务与另一企业的产品或服务区别开的标记。商标的主要功能在于“区别”产品或服务的来源，具有“可识性”特征。商标是一个品牌或品牌的一部分，它无法完整表达品牌拥有的丰富内涵。商标是一种知识产权的代表，是企业的一种无形资产。品牌和商标可以是相同的，也可以是不同的。

三、品牌与商标的联系和区别

综合品牌与商标的含义，笔者发现：品牌与商标是两个不同的概念，品牌是产品的牌子，商标是产品的标志。但品牌与商标也不是毫无关系的，商标是品牌的一个组成部分，它是品牌的标志和名称，便于消费者记忆和识别。如果把品牌比作一个巨大的冰山，商标只是冰山露出水面的一小部分。二者既有联系又有区别。

品牌与商标的联系表现在以下三个方面：①品牌与商标都是企业的无形资产；②他们都具有一定的专有性；③品牌和商标的目的都是为了区别于竞争者，帮助消费者识别企业的产品和服务。

品牌与商标的区别表现在以下几个方面。

（一）概念不同

品牌是一个市场概念，商标是一个法律概念。品牌最大的特点是它的差异化的个性，这种个性是通过市场来验证的。例如同仁堂、全聚德等，它们都经过了时间和市场的长期检验，所以深入人心，始终屹立不倒。即使在那个不太关注品牌的年代，这些老店也培养了一大批老顾客、回头客。无论路途多远，都愿意找到这家店，因为信任、因为放心。可见，真正的品牌一定是在消费者心中的，地位是不可撼动的。而商标最大的特点是具有独占性，这种独占性是通过法律来保证的。

（二）注册审批的必要性不同

品牌不需要注册，商标需要注册，只有注册后的商标，才受法律保护。注册过的商标，可以根据自己的实际情况，标记在商品上、包装上，或其他附着物上。标记方式可以直接写出“注册商标”字样，也可以标明注册商标的记号“®”。圆圈里的R表示的是英文“register”的起始字母。例如：星巴克的“R”外加圈记号模式（图7-3）和可口可乐的汉字“注”加圈记号模式（图7-4）。

图 7-3　星巴克商标

图 7-4　可口可乐商标

而品牌则不同，公司随便取个名称、画个图案就可以是品牌，用不用、怎么用都不需要谁来审批。但一旦选定一个品牌，建议尽量去注册，因为品牌不受法律保护，要避免品牌做大之后被别人抢注成商标。

（三）构件不同

品牌的构件比商标的构件丰富。商标的构件仅仅是静态东西，如图案、文字、符号，或是三者的组合体。而品牌的构件则是由静态和动态两大部分组成。静态部分包括名称、图案、色彩、文字、个性、文化及象征物等；动态部分包括品牌的传播、促销、维护、管理、公关活动等。例如，人们去医院看病会提前预约某个专家，而这个专家就是一个个人品牌，虽然没有注册商标，但他的医术、服务质量或者口碑在患者心中已经形成品牌。

（四）使用区域范围不同

商标有国界，品牌无国界。世界上每个国家都有自己的商标法律，在一国注册的商标仅在该国范围内使用受法律的保护。而品牌则与商标不同，同一个品牌在哪个国家都能使用。

（五）使用时效不同

品牌实效取决于市场，而商标的实效则取决于法律。世界各国对商标的使用都有一定的年限，如一些国家规定商标的使用年限为20年，我国商标法规定为10年。但到了期限还可以续注，实际上商标具有永久性权利。而品牌则不同，即使法律允许，但市场不一定接受，品牌的生命力的长短取决市场和经营者的能力。

（六）延伸形式不同

在延伸形式上，品牌发展到一定的程度可以从某一品类延伸到另一品类，但商标不可以。例如，“娃哈哈”这一品牌可以从营养液延伸到果奶，再到纯净水等。品牌的延伸没有改变品牌，因为品牌的名称、标志和图案等没有改变。但按照我国商标法规定，当品牌延伸到一种新品类时，就必须作为一种新商标重新办理商标登记注册。

总之，品牌与商标是两个不同的概念，它们既有联系又有区别。所有的商标都是品牌，但品牌不一定是商标，只有注册了的品牌才是商标。

知识链接

商品名称与商品品牌的区别

商品名称是对某一类具有共同性质的商品的总的称谓，比如“洗衣粉”就是商品的名字。大多数的商品是根据其自身性能或功用命名的，例如，止疼片是根据它所起到的功效命名的，玻璃杯是根据其制成材料命名的。

一般比较常见的是商品品牌和商品名称一起出现在产品的外包装上，而在商品进行销售时，一般消费者对于商品的直观印象是品牌加商品名称的结合，例如“英雄”牌钢笔。有时候商品在设计名称时做得很显眼，以至于消费者在见到这个产品时，会误认为商品名称是商品品牌，商品名称也就变相地起到了品牌的作用。那么，商品品牌和商品名称容易混淆的情况下，该如何来区分这两者呢？

1．产生方式不同

商品名称是使用过程中自然形成的，而商品品牌则是多由使用者自行设计的。

2．作用不同

商品名称是对具有某类共同性质的物品以语言形式做的抽象和概括，主要作用在于把具有同类性质的产品和不具有此类性质的产品区别开来，便于识别、认知产品。它不具备把不同企业的相同产品相区别的功能。

由于市场上提供同类商品的企业很多，这些企业的商品在名称上是相同的，只有借助于品牌才能够相互区分。

3．使用限制不同

品牌经过注册后就成为商标，商标受法律保护，只能由注册人专用，而商品名称不具有专有性，生产同种商品的企业，无须经任何机构或个人的允许，可以自由地使用该商品的公认名称。

知识点二　品牌的心理功能

现实生活中经常会听到人们说自己喜欢某个品牌的衣服、要买某个品牌的化妆品，但几乎没有人会说自己喜欢某个商标的衣服、要买某个商标的化妆品。由此可见，优秀的品牌会在消费者心目中占据独特的位置，其地位是不可撼动的。品牌通过对消费者的心理施加影响，具有促进消费者产生购买行为的作用。通常来说，品牌具备以下心理功能。

一、识别功能

品牌是商品的牌子，随着品牌与商品的一体化，消费者可以建立品牌与商品的直接对应关系。在实际购买过程中，透过品牌就可以识别不同种类、质量、性能、规格、花色的商品。因此，消费者在选购商品时不必比较各种商品实体，可以仅凭商品品牌就能分辨出商品的不同生产者或经营者，确认自己所需的商品并尽快完成购买行为。比如，如果消费者觉得自己的头皮屑比较多，他们就会想到去购买“海飞丝”洗发水；如果觉得自己的头发不够柔顺，就会想到去购买“飘柔”洗发水；如果觉得自己的发质不够健康，就会想到去购买“潘婷”洗发水。这就是品牌识别功能的力量。

二、增值功能

由全球知名的品牌咨询公司Interbrand公布的2019年全球最具价值品牌排行榜可知，全球一些知名品牌的价值已经达到了上千亿美元。品牌是企业的无形资产，它象征着商品的品质、信誉、评价和名声，它能让商品获得如明星一般的辨识度。同样都是卖火锅，一说到“海底捞”这个品牌，火锅就能卖出高价位。再如一杯没有品牌的碳酸饮料，人们就叫它汽水。但是，当人们被告知这是一杯“可口可乐”时，便会立即将它与普通的汽水区分开，头脑中联想到的是可口可乐独特的口感、味道、包装、广告等。仅仅四个字就能传达产品如此之多的信息，这就是品牌的增值功能。

三、促销功能

品牌是商品的形象标志，它也代表了商品生产者的形象。消费者在购买商品及对品牌形成初步认识的同时，也形成了对生产经营企业的情感态度。当消费者成为该品牌商品的忠实顾客后，能够有效地吸引消费者进行反复购买，消费者还会通过人际传播，扩大该商品及企业的知名度、美誉度，从而促进商品的销售，就如人们在网上买东西前一定会去看用户评论一样。因此，人们也把品牌称为“微型广告”，知名品牌通过形成忠实的购买者群体，使该品牌的商品成为市场上经久不衰的畅销品。

四、保护功能

品牌的保护功能主要是通过将品牌注册成商标实现的。随着人们法律意识的增强，很多企业不但意识到要将自己的商品品牌及时注册成商标，还主动进行商标保护性注册。例如：“剑南春”还注册了“金剑南”“银剑南”等众多文字商标；“五粮液”注册后，又注册了“五粮春”“五粮醇”等商标。品牌的保护功能主要体现在两个方面：一是可以维护企业的信誉与利益，任何假冒、伪造商标的行为都将受到法律制裁；另一方面也可以保护消费者的利益。企业为了维护其品牌的声誉，会努力提高商品质量，往往不敢以次充好、降低质量，品牌还能提示消费者“认牌购买”，免受假冒伪劣商品之害，一旦发现有不符合质量标准的商品，可以及时向相关部门举报，保护自身的合法权益。

知识点三　品牌设计的心理策略

如前文所述，品牌具有多重心理功能，因此在设计品牌时应全面了解消费者的心理需求，使品牌形象能较好地适应消费者的各种心理需要，并能有效地诱发消费者对品牌的注意、兴趣、偏爱和记忆。为此，企业在设计品牌时可以采用以下心理策略。

一、造型优美，文字简洁

心理学研究表明，人在一定时间内注意的广度是有限的，也就是说，越是简单、越有特色的品牌越容易辨认。品牌作为商品的代表，想要在短时间内被消费者注意并记住，就应该生动优美、简洁明快、富有艺术魅力，使顾客流连忘返、百看不厌，满足其求美心理。品牌设计的基本要求应当是：易认、易读、易写、易懂、易记，能够给人以简明而有效的刺激。

二、个性鲜明，独具特色

品牌代表商品的形象、企业的“脸面”，必须与众不同、突出特色，使之明显区别于其他同类商品的品牌。可以说，品牌的个性特色就是品牌的生命。设计平庸的品牌是无法吸引消费者注意的，品牌的各种心理功能当然也无从发挥。为此，在设计品牌时特别强调创意的发挥，注意运用新颖的创作方法和表现形式，将商标设计成“人人心中有，但人人口中无”的令众人拍手称奇的作品。以农夫山泉为例（图7-5），在品牌的上方，是连绵的绿色山脉，山脉的上空还有鸟在空中飞翔。既体现了其产品环保的特点，又令人注目。提高了关注度，简单易懂，个性鲜明，独具特色。

图 7-5　农夫山泉品牌形象

三、要具有时代气息，反映社会发展的潮流趋向

品牌如果能结合特定的历史时期，反映时代气息甚至赋予一定的社会政治意义，就更容易顺应民心，激起消费者的购买热情、赢得消费者的青睐。例如，解放汽车的品牌设计（图7-6），随着时代的发展，为了符合时代潮流，对此品牌进行了更改。一汽解放统一采用著名的鹰标图形（图7-7），车标以“1”字为视觉中心，由“汽”字经过变形之后构成展翅的鹰形。鹰标设计既能凸显“一汽”，又寓意中国一汽鹰击长空，展翅翱翔。解放汽车品牌的演变，由于顺应了特定历史时期消费者的民心民意，因而成为名牌，且历经几十载而不衰。

四、耐人寻味，启发联想

品牌是商品的代名词，具有提示和强化的作用，因此品牌设计务必要准确地体现所代表的商品的性质，突出商品的特色，与商品的本身性质、用途相协调，使消费者产生与商品使用有关的种种联想，从而达到促销的目的。在此基础上应使品牌的语言、文字、造

图 7-6　旧解放汽车品牌形象　　图 7-7　新解放汽车品牌形象　　图 7-8　立白品牌形象

型、图案等具有丰富的内涵或巧妙的构思或某种发人深省的暗示，从而吸引消费者的注意。例如，立白的品牌设计（图7-8），简单并且主题突出，“立白”两个大字引人注目，使人立刻想到“立刻光亮、洁白”，把所有物品都能洗得干干净净。英文名称“liby”，即“live by”，寓意常伴身边，与企业“健康幸福每一家”的口号相呼应，“i”中一点红，即为标志增添活力，也是品牌标志的独特记忆点，寓意生机勃勃，幸福相传。

实例链接

力士（lux）产品如今之所以在全球风行，除了它大量利用影星做广告树立国际形象外，该产品名称典雅高贵的优美含义也为它的发展起了很大的推动作用，可以这么说，初期的力士能成功完全依赖其杰出的取名创意。

利华公司19世纪末向市场推出了一种新型香皂，一年中先后采用过猴牌（monkey）与阳光牌（sunlight）作为产品名称。前者与香皂没有任何联系，显得不伦不类；后者虽有所改进，但仍落俗套。第一年里，香皂的市场销路一直不好。1900年，公司在利物浦的一位专利代理人建议了一个令人耳目一新的产品名称：lux，立即得到公司董事会的同意。名称更换之后，产品销量大增，并很快风靡世界，时间不长就成为驰名世界的产品。虽然香皂本身并无多大的改进，但lux给商品带来的利益是巨大的，可以说这种商品的成功很大程度上归功于它的产品取名创意。

首先，它只有三个字母，易读易记，简洁明了，在所有国家语言中发音一致，易于在全世界传播。其次，它来自古典语言luxe，具有典雅高贵的含义，它在拉丁语中是“阳光”之意，用作香皂产品，令人联想到明媚的阳光和健康的皮肤，甚至可以使人联想到夏日海滨度假的浪漫情调。另外，它的读音和拼写令人潜意识地联想到另外两个英文单词lucky（幸运）和luxury（精美华贵）。无论作何种解释，这个产品名称对产品的优良品质起到了很好的宣传作用。

五、尊重习俗，避免禁忌

由于不同的国家、地区、民族具有不同的宗教信仰、价值观念、生活方式、风俗习惯，因此对同种图案、色彩、文字、数字等都会有不同的理解，因而会有不同的心理反应。在设计商标时务必详细了解产品销售市场的社会文化背景，尊重和顺应不同文化的要求，使商标真正为消费者所喜爱。

六、遵守法律政策规定

现实中，由于很多企业都会将商品品牌注册成商标，因此，企业在设计商品品牌时必须遵从法律法规，并顺应不同国家、民族、宗教和地域消费者的心理习惯。各国的商标法都明文规定了不允许注册为商标的事物，如不得将国旗、国徽、军旗、勋章等图案或相似图案用于商标设计；不得将其他国家的、国际组织的或某些著名的非营利组织的标志性图案用于商标设计；不得将他人的姓名、肖像用于商标设计。因此，在设计品牌时，必须严格遵守有关规定。此外，由于不同国家、民族、宗教、地域的消费者有不同的心理习惯，存在不同的偏好和禁忌，在设计品牌时也应予以充分考虑。

知识点四　品牌运用的心理策略

企业设计出品牌后还需要巧妙应用才能充分发挥其功能。从心理学角度看品牌运用的策略主要有以下几种。

一、统一品牌策略

这种策略是指企业生产的全部商品都使用同一品牌，实现同牌产品系列化的做法。例如美国通用电气公司的所有产品都用GE作为品牌名称。

对于那些享有高声誉的著名企业，全部商品采用统一品牌名称策略。这种策略主要的好处是：一是可以大大降低品牌设计、宣传、使用、保护等各方面的费用支出，相应提高经济效益；二是企业可以集中力量进行单一品牌的设计与宣传，提高设计质量，扩大宣传效果；三是可以充分利用其名牌效应，使企业所有产品畅销。但是，如果企业多种产品在质量、档次上有较大差别。采用这种策略会使优质高档的产品形象受损。另外，如果企业产品差异较大，也会使品牌的个性特征的表现受到影响。

二、个别品牌策略

个别品牌策略是指企业生产的各种商品都使用各自不同品牌的做法。例如宝洁公司洗发用品的品牌有海飞丝、潘婷、飘柔、沙宣等，在清洁剂领域有汰渍、碧浪等品牌。

采用这种策略的最大优点是品牌设计能够充分显示各产品的特色，因此可以对不同的消费者群体都产生较好的吸引作用，扩大企业产品的总销售量。尤其是在目前消费者存在较强的求新心理的情况下，采用这种策略可以在不断满足消费者求新心理的基础上还能较好地吸引老顾客，稳定企业产品的销售。而且，采用这种策略可以扩大企业产品在各个市场的影响，有助于提高企业知名度，巩固企业的市场地位。采用这种策略的缺点是品牌设计、宣传、使用方面花费较大，使成本过高，从而制约产品在价格方面的竞争力。

三、同类商品单一品牌策略

针对统一品牌策略与商品类别多样化的矛盾，企业也可以为不同类别的商品设计和使用不同的品牌，实现企业多种品牌并存的局面。这种策略介于统一品牌策略与个别品牌策略之间，既克服了统一品牌策略中的困难性与使用中的风险性，又克服了个别品策略的工作量过大、费用过高的缺点，具有适应性更强的优点。从心理学角度看，采用这种策略既不会使消费者的注意力过于分散，又能够使商标保持与商品特色的适宜性，从而启发联想。这种策略的优点就在于统一与分散的有效结合，有利于品牌效用的发挥。

四、企业名称加个别品牌策略

企业在考虑到商品之间既有相对统一性又有各自独立性的情况下，典型的做法是在企业的名称后再加上个别品牌的名称。以公司名称表明产品出处，以品牌表明产品的特点。这种策略主要的好处是：在各种不同新产品的品牌名称前冠以企业名称，可以使新产品享受企业的信誉，而各种不同产品分别使用不同的品牌名称，又可以使各种不同的产品保持自己的特色，具有相对独立性。

这种做法在一些大型企业的经营方针中屡见不鲜，这是企业一笔巨大的无形财富，可以为个别品牌带来支撑。例如，海尔集团的冰箱依据其目标市场定位不同而分别命名为"海尔双王子""海尔小王子""海尔帅王子"等，洗衣机也有"海尔小小神童"洗衣机，这种多品牌策略给海尔集团带来了巨大效益。

任务三 商品包装策略

任务导入案例

农夫山泉：一家被卖水耽误的设计公司

农夫山泉一直被网友们评为"一家被水耽误的设计公司"，尤其是在产品的包装设计上。

2015年2月1日，农夫山泉在长白山下举行新品发布会，高调宣布进入高端水市场，并一口气推出3款瓶装水产品：玻璃瓶装高端矿泉水、婴幼儿饮用水和学生天然矿泉水。三款产品单从包装设计上就让人眼前一亮。

首先，婴儿饮用水这一概念是在国内水企中首次提及。在包装设计上，农夫山泉运用了"互联网思维"，强调用户体验，瓶身的设计人性化地适用于爸爸和妈妈的不同手型，矮胖的瓶身也在众多长形瓶装水中独树一帜。

其次，学生天然矿泉水也针对学生群体做了一些特别的设计：升级了农夫山泉独有的"运动盖"设计，单手就能开关，瓶盖只有在受压情况下才会开启；开盖状态下，普通的侧翻、倒置都不会使水流出，非常适合孩子使用；针对学生的性格特点，农夫山泉的瓶身包装采用了色彩鲜艳的"插画风"设计，以长白山春、夏、秋、冬四季为主题，对于强调"彰显个性"的年轻人来说极具吸引力。

最后，在高端水市场，采用了传统玻璃瓶装，并设计成了线条圆润的水滴状，简洁清透，很有美感。瓶身选择了4种长白山典型的动物、3种典型植物和1种典型的气候特征为图案，并配以相关的数字和文字说明，每一个数字都代表了一个故事。瓶身的独特包装设计，传达出了让产品回归自然，向自然生态致敬的人文理念。

有数据显示，2016年农夫山泉的销售额已经回升，相比2015年增长19%，独特的瓶身设计是农夫山泉取得成功的非常重要的一个要素。

（资料来源：根据网上相关资料整理。）

问题思考：

1. 包装对于一个企业而言重要吗？
2. 企业应该如何设计商品的包装？

知识讲解

知识点一　商品包装认知

一、商品包装的含义

狭义的包装是指为在流通过程中保护产品、方便储运、促进销售，按一定技术方法而采用的容器、材料及辅助物等的总体名称。也指为了达到上述目的而采用容器、材料和辅助物的过程中施加一定技术方法等的操作活动。

广义的包装还包括营销型包装，侧重策划策略，将某人、某种事物或某种活动打扮好或尽力帮助它在某方面做到完美。

商品包装已从过去只是用来承载和保护商品，发展为集实用艺术、新型材料、新加工技术于一身。有研究表明，包装对消费者心理有巨大的影响，甚至可以左右他们对商品的认识和感受，因而商品包装被冠以“无声推销员”的美称，对企业销售和消费者行为发挥着越来越大的影响作用。

二、商品包装的功能

［微课］
商品包装的心理功能

（一）保护功能

保护功能，也是包装最基本的功能，即使商品不受各种外力的损坏。一件商品，要经过多次流通，才能走进商场或其他场所，最终到消费者手中，这期间，需要经过装卸、运输、库存、陈列、销售等环节。在储运过程中，很多外因如撞击、潮湿、光线、气体、细菌等因素，都会威胁到商品的安全。因此，作为一个包装设计师，在开始设计之前，首先要想到包装的结构与材料，保证商品在流通过程中的安全。例如，消费者通过网购收到的商品，一般都会有各种保护性包装（图7–9）。

图 7–9　鸡蛋防撞击包装

（二）便利功能

所谓便利功能，也就是商品的包装是否便于使用、携带、存放等。这个功能既要考虑到企业运输、储存等的便利，也要考虑到消费者在购买和使用商品时的方便。一个好的包装作品，应该以“人”为本，站在消费者的角度考虑，这样会拉近商品与消费者之间的关系，增加消费者的购买欲，对商品的信任度，也促进消费者与企业之间沟通。例如，易拉罐都设有便于消费者开启的拉手；快递公司在寄送文件时为了便于人们省时、省力地撕开文件袋，都设计有专门的撕开处。

（三）传递信息

包装是产品的信息载体之一，一项好的包装设计应使消费者很容易明了其产品性能、使用方法以及从何处开启包装。此外，在产品包装上还有标签，标签上一般印有包装内容和产品所包含的主要成分、商标、产品质量等级、生产厂家、生产日期和有效期等。一件产品的包装应如实地向顾客传递一切基本的使用信息。

（四）促销功能

以前，人们常说“酒香不怕巷子深”“一等产品、二等包装、三等价格”，只要产品质量好，就不愁卖不出去。在市场竞争日益激烈的今天，包装的作用与重要性也为厂商深谙。被冠以“无声推销员”的美誉的商品包装能够传达有关商品的质量、性能等方面的信息，激发消费者的购买兴趣。特别是在实行消费者自我服务的情况下，消费者的购买决策很大程度上取决于商品包装上的图片、颜色、文字等信息。据研究，美国一家普通超级市场要经营15000种商品，一般购物者大约每分钟浏览300件商品，假设53%的购买活动属于冲动购买，此时的包装效果就相当于5秒电视广告的促销。如今，很多企业都把包装列为企业的4P策略之一，把包装融入企业形象（Corporate Identity，CI）之中，在推销产品的同时，也提升了自身的企业形象。

（五）识别功能

商品包装及装潢已成为产品差异化的基础之一。一个设计精良、富于美感且独具特色的商品包装，会在众多商品中脱颖而出，以其独特的魅力吸引消费者的注意，并留下深刻的印象，帮助消费者对同类商品的不同品牌加以辨认。同时，包装上准确、详尽的文字说明，有利于消费者正确使用商品。例如，一说到弧线瓶的饮料，大家会立马想到可口可乐。当年正是为了应对仿冒品的问题，可口可乐公司才想要设计“一种能和市场上其他饮料瓶相区分，在黑暗中仅凭触觉即能辨认，甚至摔碎在地也能一眼识别的瓶子”。这正是很好地运用了包装的识别功能。

（六）联想功能

联想是指感知或回忆某一事物时，连带想起其他有关事物的心理过程。好的商品包装不仅能使消费者从直观上区别商品的性质和用途，而且能使消费者产生丰富的想象和美好的联想。例如，娃哈哈的营养快线，所有的产品都是乳白色造型，这样的包装最直接的效果就是就可以让消费者把产品跟牛奶产生认知关联。此外，商品包装高雅华贵，可以大大提高商品档次，使消费者获得受尊重、达到自我表现等心理需要。2016年8月，“好想你”收购了“百草味”，随后推出了一款混合坚果“坚并坚”，还起了一句广告语“挺你每一天”。为了配合商品名称，公司将包装造型设计为哑铃形状，代表力量和能量。这种形状设计让消费者立马联想到吃这种混合坚果能够给人时刻补充体力。

（七）增值功能

随着经济发展和消费者购买力的增强，人们对商品包装的要求也越来越高。在商品经济全球化的今天，包装与商品已经融为一体。包装作为实现商品价值和使用价值的手段，在生产、流通、销售和消费领域里正发挥着极其重要的作用。商品包装的好坏，不仅反映一个国家的经济、文化、艺术、科学水平，还直接影响价格。同样质量的商品，在国际市场上，由于包装的不同，对消费者产生的吸引力也不同，售价往往可相差好几倍，商品包装已成为产品增值的重要条件。

知识点二　商品包装设计的心理要求

［微课］
商品包装的设计原则

商品包装设计是只指对包装的形状、大小、构造和包装材料等方面的创造和选择。优秀的包装设计不但体现商品的一般功能，而且能突现商品的心理功能，刺激消费者的购买欲望。

【头脑风暴】你平时买东西时会关注商品的包装吗？都关注包装的哪些方面？

一、安全性

所谓安全性是指商品包装必须能保证产品本身、包装材料和使用者的安全。它包括包装容器本身的安全性和产品的安全性两个方面。首先，包装容器必须是安全的，这是消费者对商品包装最基本的安全需要。例如，国家要求合格的矿泉水瓶、饮料瓶、水杯等都要用食品级的塑料做成，不能对人体产生毒害。其次，处于包装物之中的商品也必须是完好无损的。保护商品是包装的基本功能，因此商品包装必须具有封闭性、抗压性、防腐性等保护功能。最后，使用者在开启、食用食品时也应该是安全的，商品包装不应对消费者产生任何危险，包括划伤、腐蚀、有毒物质损害等。例如，很多商品在包装上都会注明使用方法、禁忌等注意事项，就是为了保护消费者的使用和食用安全。

二、便利性

消费者购物都求便利，要求商品包装要便于商品携带、开启、使用和保存。例如，透明或开窗式包装的食物可以便利遴选、软包装饮料便利携带等，包装的便利易用增加了商品的吸引力。例如，在罐装食物中设置“盖中部凹陷状证实未过保质期”的主动辨认标记等，它们本来是为逢迎高龄白叟和残疾人而开辟的，成果深得消费者的普遍爱好，可见求便利是所有人的消费心理。

【头脑风暴】人们平时喝水的杯子为什么都有杯柄或提手呢？你还能举出哪些商品包装给人们带来便利性的例子？

三、艺术性

包装的艺术性是消费者追求潜在艺术美的反映。具有艺术魅力的包装可以带给消费者美的享受，同时提升商品的收藏价值，有效激发消费者的购买欲望。美国最大的化学工业公司杜邦公司的一项调查表明：63%的消费者是根据商品的包装来选购商品的。这一发现就是著名的“杜邦定律”。另外，据英国市场调查公司报告，在超级市场购物的妇女，由于受精美包装的吸引，所购物品通常超出她进门时打算购物数的45%。纵观全球知名产品，无一不是具有精美包装的产品。

四、直观性

包装的直观性是指包装要能够反映出商品的形象并能与商品形象和谐地结合在一起。例如，很多商品的包装是透明的，就是为了让消费者可以在不开启包装的情况下能清晰地观察到商品的外观形象。例如，开窗式包装往往能满足那些急于了解商品“真面目”的消费者的求知和好奇心理；用鲜明而真实的实物彩色照片做包装，可以形象逼真、引人入胜。对一些构造独特的商品，其包装必须反映出商品的独特之处，从而诱发消费者的积极情感和购买动机。

【头脑风暴】你知道儿童食品的包装有什么特点吗？为什么要这样设计呢？

五、适应性

包装的适应性是指商品包装的材质、颜色、大小、形状等必须跟商品本身相适宜，恰当地配合商品的用途。例如，男性洗护用品的包装多用黑灰蓝色调、儿童食品的分量普遍不大等。

六、趣味性

随着生活节奏的加快，消费者面临的压力也日益增加，特别青睐能够给人带来轻松和诙谐的商品。例如，美国的一家公司在所生产的饼干的罐盖上印上各类有趣的谜语，只有吃完饼干才能在罐底找到答案，产品很受欢迎。我国儿童食物“奇多”粟米脆，每包都附有一个小圈，一定数目的小圈可以拼成玩具，小圈越多，拼的玩具就越标致，这样的包装迷住了一大批小顾客。商品的趣味性常常可以促使消费者进行反复购买。

七、诱发美好联想性

包装的诱发联想性要求商品包装的式样、构图、文字、符号、色彩等能引发消费者的美好联想，给消费者以心理暗示，激发消费者的购买需求。例如，娃哈哈集团的营养快线系列产品全部采用乳白色包装，给消费者以厚重、价值高、有营养的感觉。包装设计必须高度注意这种心理现象，全面考虑消费市场的各种因素，充分掌握消费者的兴趣爱好与忌讳，力求包装的各项内容含义积极、健康、美好，符合消费者的心理愿望。

知识点三　商品包装设计的心理策略

［微课］
商品包装设计的心理策略

消费者的心理是营销的最终市场。消费者心理的多维性和差别性决定了商品包装必须有多维的感情诉求才能吸引特定的消费群体发生预期的购买行为。根据消费者不同的心理要求，包装设计的心理策略类型一般有以下几种。

一、按照消费习惯和实用需求心理设计包装

对包装的消费习惯是消费者在长期的消费实践中逐步形成的，或者是由于传统风俗的沿袭、生理特点的适应等原因而形成的。这种习惯一旦形成，则有相对稳定性，甚至根深蒂固。

（一）惯用包装

所谓惯用包装，就是沿用长期以来所形成的并为消费者所熟悉的商品包装形式。其好处是能适应消费者的消费习惯和传统观念，让消费者联想到老字号企业良好的声誉和突出的品质，加深对商品或企业的印象，便于识别和记忆商品。

【头脑风暴】你知道为什么同仁堂等很多百年知名品牌都刻意沿用古代的包装形式吗?

（二）分量包装

所谓分量包装，是企业根据消费者对商品的消费习惯和购买力，把商品按照不同的数量或重量，分别设计大小不同的包装，以满足消费者的各种需要。其好处是给消费者的购买和使用带来方便，也能适应消费者尝试性购买新产品的心理，有助于新产品的推广。当前很多企业都生产各种不同规格大小的商品以满足不同消费者的需求，如企业把矿泉水采用容量不同的塑料瓶包装，超市提供不同规格大小的洗衣液等。

（三）配套包装

所谓配套包装是针对消费者的使用习惯，把多种有关联的产品配套包装在一起或成套供应，便于消费者购买、使用和携带。配套包装策略为消费者购买、携带、使用和保管提供了方便，有利于企业扩大销路、推广新产品。如一盒一套的化妆品、家用药箱、工具箱、餐具、玩具等。

（四）类似包装

类似包装是将同一企业的若干用途相似、品质相近的商品，设计成图案、形状、色彩相同或相近的包装。使用类似包装策略可以节省包装设计成本，容易识别和记忆，增加企业声势，增强广告宣传的效果，形成品牌效应，非常利于新产品的上市。如洋河经典系列、海飞丝洗发水等。需要注意的是，类似包装策略只适用于质量水平相同的商品，不适合质量相差悬殊的商品，否则会对高档次、优质商品产生不利影响，严重的可能还会危及企业声誉。

二、按照消费者水平设计包装

由于经济收入、社会地位和生活方式的不同，消费者的消费水平存在很大差距，这种差距在市场经济条件下会越来越大。因此，不同消费水平的消费者，对商品包装的要求也不同。

（一）等级包装

等级包装是指按照商品的档次专门设计与商品身份相匹配的包装，并在包装材质、装潢风格上力求与商品档次相适宜，以适用于高、中、低档消费水平的需要，满足消费者购物的心理需求。等级包装策略可以迎合不同层次消费者的需求，满足消费者的不同消费心理。如高等级礼品茶叶和一般自用茶叶的包装差别。

（二）特殊包装

这是一种专门为那些市场稀缺、用途特殊、价格昂贵的商品设计的具有较高欣赏价值和专门用途的包装形式。如名贵药材、文物古董、珠宝首饰、艺术珍品等贵重物品，配以构思独特、材料上乘、制作精细的包装，往往会受到某些消费者的青睐。

特殊包装构思奇妙独特、用料考究名贵、制作工艺精湛，既能充分显示商品价值，以无声的语言暗示消费者的经济实力与地位，又能激发消费者的珍爱情感。

（三）简便包装

简便包装是一种成本低廉、构造简单的包装，如利用塑料袋、纸袋包装。其目的是降低销售价格，以迎合普通大众的消费心理。一般用于日用品和低值消费品的包装。

（四）多用途包装

多用途包装也称再利用包装，是指消费者在包装容器内的商品使用完毕后，这一包装容器还能继续利用。这种包装策略迎合了消费者一物多用的心理，有助于引起消费者的购买兴趣，刺激其重复购买，起到促销作用。如月饼盒、茶叶筒等。

三、按照消费者性别、年龄设计包装

由于消费者性别和年龄的不同，生理和心理上存在差异，对包装的要求也不尽相同。为适应不同性别和年龄消费者的心理，对商品分别设计适合的包装具有一定的促销作用。

（一）男性化包装

对于男性用品采用男性化包装，重点表现男性粗犷、豪放、刚劲、稳重的形象特征，突出实用性和科学性，可采用黑色为主的色调进行包装的设计。很多男士用品，如洗面奶、剃须刀等的包装均采用的是黑灰、深蓝等为主的色调。

（二）女性化包装

对于女性用品采用女性化包装，重点体现女性温柔、雅洁的形象特征，突出艺术性和流行性，可采用优美的线条、艳丽的色彩、高雅的形象，以增强商品的女性魅力。如东阿桃花姬产品的包装，以白色为底色，配上粉色桃花，寓意让女性肌肤达到完美状态，面如桃花。

（三）儿童用品包装

针对儿童活泼好动、求知欲强的心理特点，利用生动的形象、鲜艳的色彩、趣味性、知识性的画面设计包装，可以引起少年儿童的兴趣，激发购买欲望。如百吉福棒棒奶酪的产品包装设计，好吃、好玩又营养。包装颜色鲜艳、能够吸引儿童的注意，独特的包装既方便又卫生，每个奶酪的内包装上还印有科普小问题，极具趣味性，这样的包装让孩子爱不释手。

（四）青年用品包装

针对青年人精力充沛、喜欢追求时髦、标新立异的特点，设计新颖、美观和具有流行性的包装，能引起他们的好感，从而促进消费者购买。

（五）老年用品包装

根据老年人求朴实、庄重、便于携带的心理要求，设计具有实用性和传统性的商品包装，可以满足他们的需要，引起购买和重复购买的欲望。

总之，成功的商品包装设计，既要能满足消费者的生理需要，又要能满足其心理需要。这是一项复杂的艺术性和创造性的劳动，需结合商品特点和主要销售对象的特征来设计，否则便不能发挥包装的心理功能，不利于提高商品的市场竞争力。包装很重要，但也需要注意，“绿水青山就是金山银山”，一定要树立绿色包装意识，不要为了包装而包装，更不能追求过度包装。

任务四
新产品开发策略

任务导入案例

拼多多为什么会成功？

过去国内电商平台的淘宝天猫和京东曾占据电商B2C超过七成的市场份额，但是近年来出现了一个叫拼多多的电商平台，该平台的发展速度令人咂舌。

该公司于2015年成立，2018年就在美国上市，2019年就已成功超越百度成为国内的第五大互联网公司，仅花费3年时间就成为了国内第三的电商平台。很多人都感到奇怪，为什么该公司能够在短短3年里就上市？

拼多多的脱颖而出主要得益于其独创的社交电商模式。拼多多有意识地将平台打造成"虚拟集市"，里面的商品通过微信可以直接分享链接，汇集需求，大大提高了拼单效率。买家既能在平台上浏览商品，也能在平台上与社交好友互动，"社交+电商"模式造就了较高的用户参与度。此外，营销投入也是拼多多能够快速占领市场的一个重要推动力。尤其是2017年以来，拼多多的广告占据了各大综艺节目，如《极限挑战》《中国新歌声》等。除广告投入外，还包括各种线上的促销活动，比如红包、优惠券等。

（资料来源：根据网上相关资料整理。）

问题思考：

1．拼多多作为一个新兴的电商平台，其成功的原因有哪些？

2．企业在设计开发一款新产品时，可以采取哪些方法和策略获得消费者的青睐？

知识讲解

知识点一　商品认知

一、商品的含义

人们通常理解的商品是指具有某种特定物质形状和用途的物品，是看得见、摸得着的东西。而市场营销学认为，商品是指企业提供的能满足顾客某种需要的一切物品和劳务，包括实物、服务、场所、策略等。可见商品的范围非常广泛，可以是电视机、空调等实物，也可以是律师、注册会计师等人工提供的服务，甚至可以是一种观念或主意，如咨询公司的创意。

二、商品的层次

一个完整的商品概念是立体的，以往学术界用三个层次（核心商品、形式商品、延伸商品）来表述商品的整体概念。近年来，运用更多的是菲利普·科特勒等学者的五层次理论，商品的整体概念包含核心商品、形式商品、期望商品、附加商品和潜在商品五个层次（图7-10）。

核心商品也称实质商品，是指商品向顾客提供的基本效用或利益。这是商品最基本的层次，是满足顾客需要的核心内容，位于商品整体概念中的最里层。顾客购买某种商品不是为了获得它的所有权，而是由于它能满足自己某一方面的欲望或需求。例如，人们购买化妆品并不是为了获得它的某些化学成分，而是要获得"美"。

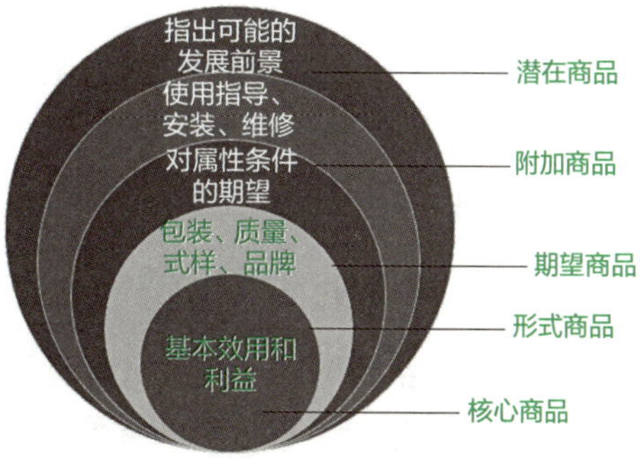

图 7-10　商品的层次

形式商品是核心商品借以实现的形式，是商品在市场上出现时的具体物质形态，包含品牌、质量、包装、体积、式样等要素。这些要素实体商品都具备，而服务也具有部分或全部相似的要素。形式商品是呈现在市场上可以为顾客所识别的，因此它是顾客选购商品的直观依据。

期望商品是指顾客在购买商品前对所购商品的质量、使用方便程度、特点等方面的期望值。例如，消费者在餐厅就餐时，期望有一个优雅的环境；在酒店住宿时，期望有干净的床、洗漱用品等。

附加商品是指顾客购买商品时所获得的全部附加利益与服务，包括免费安装、免费送货、免费清洗等。如今商品之间的竞争主要发生在附加商品的层次上。正如美国学者西奥多·莱维特指出的，现代市场竞争的关键，并不在于各家公司在其工厂中生产什么，而在于他们能为其商品增加些什么附加价值。

潜在商品是指商品最终可能产生的所有增加和改变的利益，位于商品整体概念中的最高层。潜在商品指出了现有商品的可能的演变趋势和前景，例如，功能单一的彩色电视机发展成为基于Internet应用技术，具备开放式操作系统，用户在欣赏普通电视内容的同时，可自行安装和卸载各类应用软件从而对功能进行扩充和升级的智能电视。

知识点二　新产品认知

一、新产品的含义及分类

新产品的概念正是从“整体产品”的角度来理解的。在“整体产品”中，只要对一个产品层次进行创新和变革，使产品有了新的结构、新的功能、新的品种，增加了新的服务，从而给消费者带来新的效用和利益，与原产品发生了差异，即视为新产品。

新产品按其改进程度，可以分为四种类型：

（1）全新产品，即那些采用新原理、新材料及新技术制造出来的前所未有的产品。如第一次出现的手机、电视机等。

（2）换代产品，即在原有产品的基础上采用新技术、新材料、新工艺，使产品性能有了重大突破，或将原单一性能发展成为多种性能及用途的产品。例如，洗衣机由半自动过渡到全自动；不同时期出现的大哥大手机、直板手机、翻盖手机、智能手机等。

（3）改进产品，即在原有产品基础上进行某些改进，仅发生次要或微小的变化，以提高质量或实现多样化，满足不同消费者需求的产品。改进产品是企业产品开发经常采用的形式。例如，手机增加无线蓝牙、无线充电等都属于改进产品。

（4）仿制新产品，即对市场上已有的新产品在局部进行改进和创新，但保持基本原理和结构不变而仿制出来的产品。但在生产仿制新产品时，一定要注意知识产权的保护问题。

二、新产品的购买者类型

某种新产品上市以后，并非所有的消费者都会立即购买。不同消费者由于经济状况、文化程度、个性心理等方面的差异，对新产品的认知和接受的程度并不相同。美国学者E. M. 罗杰斯于20世纪60年代初在《改革与扩散》一书中对新产品购买者进行了较为详细的分析。他详细分析了不同购买者所表现出的个性差异，按时间顺序把接受新产品的购买者分为五类：创新者、早期接受者、早期大众、后期大众、落伍者。

（一）创新者

创新者就是那些率先使用新产品的消费者，他们自信心强，极富创新精神和冒险精神，对产品信息敏感，收入水平、社会地位和受教育程度较高，多为年轻人。他们人数虽少，约占全部购买者的2.5%，但有示范、表率作用，是新产品推广的首要对象。

（二）早期接受者

早期接受者是在创新者购买之后，马上购买的消费者。他们追求时髦，对新产品的态度积极，经济条件较好，有较多的社交活动，常常是某个圈子的公众意见领袖。他们人数虽少，但有一定的权威性，对带动其他消费者购买有重要作用。

（三）早期大众

早期大众一般是经过前两种购买者对新产品的特点、性能、用途等认可之后才实施购买行为的消费者。他们购买的行为基本发生在产品成长阶段，具有较强的从众、仿效心理，乐于接受新事物，但一般比较谨慎。由于这类消费者数量较多，因而是促成新产品在市场上趋向成熟的主要力量，是新产品的基本消费群。

（四）后期大众

后期大众是当大部分消费者接受并使用新产品后才开始购买新产品的消费者。这部分消费者态度谨慎，对新事物反应迟钝，经济条件一般，从不主动接受新产品，直到多数人采用新产品且反应良好时，他们才会购买。

（五）落伍者

落伍者是当新产品处于饱和状态或趋于衰退状态时，才实施购买的消费者。这部分消费者思想保守，遵从传统观念，文化水平和收入水平都很低，与外界缺乏沟通，信息闭塞，拘泥于传统的消费行为模式。他们是最后的新产品购买者，随着经济发展和文化水平的提高，这部分消费者的人数会越来越少。

罗杰斯认为，顾客购买新产品的过程服从以时间为基准的正态分布。如果新产品的所有购买者为100%，那么其分布状况如图7-11所示。

由图7-11可知，在中间时段，购买者较为集中，而创新者与早期购买者人数比例之和为16%，等于守旧者人数比例。为什么对于同一产品，顾客在购买的时间顺序上会出现上述情况呢？

罗杰斯认为，主要原因是同类购买者的个性特点有相似性，不同类型购买者的个性特征均有差异。但同一顾客在购买不同新产品时，有时属于革新者，有时可能是后期购买者。随着时代的变迁、消费观念的进步，顾客归属的类型也会发生变化。因此在分析研究时要结合新产品特点、社会经济环境等诸多因素，具体问题具体分析，才能真正解决问题。

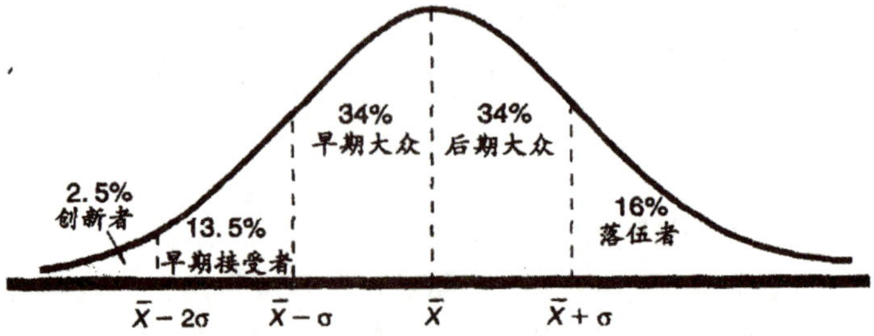

图 7-11 顾客购买新产品的过程

【头脑风暴】假如某手机生产商刚刚上市了一款新型的手机，并且你有足够的金钱，你会何时购买这款手机？你知道自己属于哪种新产品购买者类型吗？

知识点三 新产品设计的心理策略

一、影响新产品购买行为的心理因素

影响消费者购买新产品的因素是多方面的，包括产品本身的原因，消费者的个性心理特征以及年龄、职业、文化程度和收入水平等。

（一）消费者对新产品的需要

在消费者的完整购买行为中，动机起到了非常重要的作用。马斯洛认为未满足的需要是人们动机与行为的源泉。可见，只有符合并能满足消费者特定需要的新产品，才能激发消费者的购买行为。由于消费者的性别、年龄、职业、收入、生活习惯、个性特征等各不相同，对需要的内容和程度也千差万别，因而导致对新产品的购买行为也各不相同。

实例链接

“狗不理”受挫杭州

杭州“狗不理”包子店是天津狗不理集团在杭州开设的分店，地处商业黄金地段。“狗不理”包子以其鲜明的特色（薄皮、水馅、滋味鲜美、咬一口汁水横流）而享誉神州。但杭州的“狗不理”包子店却将楼下三分之一的营业面积租让出去后，依然“门前冷落车马稀”。为此，“狗不理”包子店在进行了一番市场调查后，找到了原因所在。

首先，“狗不理”包子馅偏油腻，不合喜爱清淡食物的杭州市民的口味。其次，“狗不理”包子不符合杭州人的生活习惯。杭州市民将包子作为便捷快餐对待，往往边走边吃。而“狗不理”包子由于薄皮、水馅、容易流汁，不能拿在手里吃，只能坐下用筷子慢慢享用。

【思考与应用】“狗不理”包子应该如何做才能顺利进入一个新市场？

（二）消费者对新产品的感知程度

当消费者有了购买动机后，才有可能产生购买行为。但采取怎样的行为，则视其对客观情境的感觉如何。消费者对不同的刺激物或情境不仅会产生不同的感觉，就是对于相同的刺激物或情境，在不同的条件下，也会使消费者产生不同的感觉。消费者感知能力的强弱直接影响其接受新产品信息的准确度和敏锐度，从而导致消费者在实施新产品购买行为中的时间差异。当消费者认为购买新产品能够为自己带来新的利益时，就会由此激发购买欲望，进而产生购买行为。

（三）消费者对新产品的态度

消费者对新产品所持的态度是影响其是否购买新产品的决定性因素。消费者在对新产品感知的基础上，通过对新、旧产品的比较、分析，形成对新产品的不同态度，假如消费者感到满意，那么以后需要该类产品时，就倾向于做出重复的购买决策，而不再费心去对不同产品进行比较、分析。因此，企业最好改变自己的产品以迎合消费者已有的态度，而不是试图改变消费者的态度。当然，如果改变态度所花费的高昂的成本能得到补偿的话，则另当别论。

实例链接

本田摩托车进入美国市场时，曾面临一项重大的决策，即只把摩托车卖给已对摩托车感兴趣的少数人，还是想方设法增加对摩托车感兴趣的人数。后者的成本很高，因为很多人对摩托车没有兴趣。但是，本田公司采取了第二种方案，发动了一场大规模的“骑上本田迎亲人”的宣传活动。结果很成功，许多人从此改变了对摩托车的态度。

（四）消费者的个性特征

消费者的兴趣、爱好、气质、性格、价值观等个性心理特征差别很大，这会直接或间接地影响其购买行为。由于每个人都有一定的自我认知，在购买新产品时总是希望购买那些符合自身形象、能够很好地展现自我形象的产品。这就要求企业在产品设计时，一定要仔细分析目标市场消费者“自我形象”的特征，并提供符合其“自我形象”的产品。

二、新产品设计的心理策略

新产品设计与消费心理，不仅反映在市场销售过程中，也反映在设计生产过程中。为了使新产品能够适销对路，满足消费需求，在进行产品设计时，要求技术先进、经济合理，符合用户使用要求。

（一）新产品的功能设计要符合消费者的生理要求

商品的基本功能，是消费者购买商品时最基本的出发点。根据马斯洛的需要层次理论，生理性需要是最基本的需要，新产品功能的设计首先要考虑消费者的生理要求。例如，夏天的衣服几乎不用皮革、毛呢、羊毛等材质来做，因为夏天天气很热，夏衣的材质必须要便于散热才行。皮革、毛呢等材质比较保暖，经常用于做冬装使用。

（二）新产品造型的设计要符合消费者的审美要求

随着人们生活水平的提高，消费者在满足基本生理需要的基础上，越来越重视产品的造型美、艺术美、色彩美等外部形象。拥有优美造型的新产品往往更受消费者欢迎。从产品本身说，除了要具备使用功能外，还要具备观赏功能，通过感官刺激消费者，作用于消费者心理。

（三）新产品结构设计要符合人体工程学的要求

任何商品都必须符合人体工程学的要求，只有与人的机体构造相适应，才能给人以安全、方便、舒适的感觉，才能减轻人体疲劳，加速人体机能的恢复。例如，公交车上车顶扶手的设计考虑到了人的身高、手的尺寸和抓握力；家用轿车的设计考虑到了人的安全性、舒适性、承受震动和噪音的能力等。

（四）新产品的个性设计要符合消费者的个性特征

消费者在兴趣、爱好、气质、价值取向、行为准则等许多方面都有所不同，很多人都希望自己的个性特征能够得到社会的认可。因此，企业在设计新产品时，既要考虑产品的功能、结构等共性要求，还要考虑产品的独特个性，使新产品与同类产品有显著的区别，满足不同消费者个性化的需求。例如，同一款手机有不同的颜色、不同价位、不同配置等供消费者选择。随着时代的发展，“80后”“90后”逐渐成为社会的主力消费群体，他们的购买欲望和消费观念跟以往有着根本性的不同，他们有着追求个性化产品，定制化产品的趋势。

实例链接

联合利华为消费者提供多达100万种个性化护肤解决方案

2019年1月，Unilever（联合利华）正式推出最新孵化的护肤品牌Skinsei，在其官网上，客户需要先填一份问卷，问卷内容主要是有关客户生活习惯的问题，包括饮食、接触污染和日照的时间，睡眠时间，锻炼频率和压力水平等。在填完问卷后，网站会根据回答为客户定制一份个性化护肤解决方案，该解决方案由Skinsei几十种细分类目中的不同产品组合而成，可能的组合多达100万种。

（五）新产品的时代设计还要适应社会消费潮流

根据中国人民大学国家发展与战略研究院调查发现，随着经济的快速发展和城乡居民收入的不断增加，我国居民消费结构和消费心理都在发生变化。2013—2018年，食品烟酒和衣着类消费，在城乡居民消费结构中占比下降最为明显，与之相对应的是，居民消费中居住、交通通信、教育文化娱乐和医疗保健等享受类消费支出占比的上升。主动型消费、理智型消费、讲究格调情趣的消费、追求目标实现的消费均有较大发展。针对这些变化，企业在开发新产品时必须要适应社会消费的这些新潮流。

项目八

基于消费者心理与行为的商品价格策略

项目任务导图

- 基于消费者心理与行为的商品价格策略
  - 商品价格的心理功能
    - 商品价格的含义
    - 商品价格的心理功能
    - 商品价格制定的方法
  - 商品定价策略
    - 新产品定价的心理策略
    - 一般商品定价的心理策略
  - 商品调价策略
    - 商品涨价的心理策略
    - 商品降价的心理策略

项目目标

知识目标

了解商品价格的心理功能

理解消费者的价格心理特征

掌握商品定价的心理策略和影响消费心理的因素

掌握商品调价的心理策略

能力目标

能够根据消费者的消费心理要求进行正确的商品定价

能够根据市场的变化和消费心理进行科学调价

素质目标

培养正确的消费价格观，避免攀比性消费、盲目性消费

培养良好的职业道德，诚信经营，不利用消费者的价格心理，高价欺骗消费者

任务一

商品价格的心理功能

任务导入案例

为什么有些商品价格越贵卖得越好?

传统商业模式认为，薄利多销可以扩大市场，增强企业竞争力，是一个不错的销售策略。但在现代经济活动中，很多商品并不符合这个规律。例如，小米手机比苹果便宜很多，但是小米的销量没有苹果的高；格力空调的价格较高，但其销量却很高。为什么很多消费者都愿意选择贵的商品呢?

美国心理学家罗伯特·西奥迪尼在《影响力》一书中，讲述了一个真实的故事：他的朋友经营了一家珠宝店，生意不太好。当时正值旅游高峰期，商店里挤满了客人，珠宝石首饰的质量绝对对得住他卖的价钱，可就是卖不出去。为此，他的朋友尝试了很多销售技巧。比如，把它们放到更显眼的区域，唤起人们的注意；让销售人员尽力推销等。但这些方法都未成功。一天，他要出城采购新的商品，出发前一晚，他给店里的销售员潦草地写了一张纸条："本柜所有物品，价格乘以1/2。"其本意是哪怕亏了，也得把这批货给卖出去。结果销售员误看成将价格提高一倍，结果顾客却一拥而上，将商品抢购一空。

人们不禁要问：为什么市场上很多东西虽然价格非常贵，但依旧深受消费者的青睐呢?

（资料来源：作者根据网络相关信息整理。）

问题思考：

1. 价格对消费者的心理有何影响?
2. 商品到底该薄利多销还是赚取暴利呢?
3. 企业可以采用哪些方法来为自己的商品定价?

知识讲解

知识点一　商品价格的含义

商品价格是商品价值的货币表现，是使用价值和价值的统一体。商品的价值是凝结在商品中的一般人类劳动，这种劳动是以量的形式表现出来的。商品的价值量由生产这种商品所耗费的社会必要劳动时间所决定。商品的价值不能自我表现，一个商品的价值必须由另一种商品来表现，并且只能在同另外一个商品相交换时才能实现。

最初的商品交换表现为一种商品同另一种不同商品的交换，商品的价值通过另一种商品的使用价值量得到表现。我们把一种商品同另一种商品相交换的量的关系或比例，称作商品的交换价值。商品的交换价值，随着商品生产的发展，经历了漫长的历史发展过程，从简单价值形式到扩大价值形式，再到一般价值形式，最后发展到货币价值形式。此时，货币便从商品世界分离出来，作为一种特殊的商品稳固地独占了交换价值的形式地位。从此，物物交换形式被商品与货币相交换形式所取代。商品通过货币表现出来的价值，就是商品的价格。因此，价格体现了商品和货币的交换关系，是商品和货币交换比例的指数。

由此可见，商品价格的产生是以生产力水平的提高，商品交换的扩大，货币的出现为条件的，它是商品交换发展的必然结果。

知识点二　商品价格的心理功能

在市场经济条件下，价格是商品交换的产物，是商品价值的货币表现。商品价格与商品品牌和包装有所不同，商品价格的高低对消费者利益的影响更为直接，对消费者购买心理的影响也更为深刻，这种影响作用即价格的心理功能。

【头脑风暴】商品价格曾对你的消费心理和消费行为产生哪些影响？

一、价格是消费者衡量商品价值和品质的直接标准

当消费者对商品品质、性能知之甚少时，主要通过价格判断商品品质。消费者通常认为，价格昂贵的商品，其内在价值和商品质量也相对较高；反之，价格低廉的商品，其内在价值和商品质量也就相对较低。这种心理认知与成本定价方法以及价格构成理论相一致。消费者为什么常以价格来衡量商品呢？一是由于信息不对称。销售者与消费者之间存在着明显的不对称信息。二是由于非专业购买。所以，便宜的商品不一定能吸引消费者购买，相反可能会使人们产生对商品品质、性能、功效等方面的怀疑。基于以上原因，企业应当制定合理的、适应消费者心理和行为的价格，使消费者对商品品质、性能有“放心感”。

二、价格是消费者社会地位和经济收入的象征

随着消费者收入水平的提高，不少消费者都把某些高档商品同一定的社会地位、经济收入、文化修养等联系在一起，认为购买高价格的商品，可以彰显自己优越的社会地位、丰厚的经济收入和高雅的文化修养，从而博得他人的尊敬，并以此为满足；相反，使用价格便宜的商品，则感到与自己的身份地位不符。例如，当前很多明星的衣食住行用的都是奢侈的大品牌。

【头脑风暴】一套漂亮的时装标价150元，问津者寥寥无几，但如果标价450元或更高，便有人争相购买，这是为什么呢？

三、价格直接影响消费者的需求

一般来说，价格上升会引起需求的下降，抑制消费；价格下降会增加商品的需求，刺激消费。但也有时情况会截然相反，当商品价格上涨时，消费者预期未来价格将继续

上升，反而增加即期需要量；反之，则预期未来价格将继续下降，减少即期需要量，产生“买涨不买跌”的心理。造成这种情况的原因是消费者的生活经验、经济条件、知觉程度、心理特征等有着不同程度的差异，他们对价格的认识及心理反应千差万别。

知识点三　商品价格制定的方法

一、成本导向定价法

成本导向定价法是以产品成本作为定价基础，再加上预期利润来确定价格的定价方法。企业常用的成本导向定价法有以下三种。

（一）成本加成定价法

成本加成定价法又称标高定价法，是以单位产品全部成本加上按加成比率计算的利润额。其公式如下：

$$P=C\times(1+r)$$

式中：P——商品的单价；C——商品的单位总成本；r——商品的加成率。

企业单位商品的总成本包括固定成本和变动成本两种，这可以根据企业的实际情况核算出来。通过公式可以看出，使用这种方法的关键是确定加成率。不同产品应该根据其不同的性质、特点、市场营销、行业情况等制定不同的加成率。一般来说，高档消费品和生产批量较小的产品，加成率应适当高一些；而生活必需品和生产批量较大的产品，加成率应该低一些。

（二）变动成本定价法

变动成本定价法又称“增量分析定价法”，其思路是，只要产品价格高于单位变动成本，产品的边际收入就大于0，销量增加就能导致总收入的增加，该价格就可以接受。

变动成本定价法的公式为：

单位产品价格=单位变动成本+单位产品边际贡献

实例链接

假如某企业从批发商那里进购了一批袜子，每双单价8元，而该企业一年的租金、人工分摊到每双袜子是2元，那么单位产品总成本就是10元（8元为变动成本，2元是固定成本）。此时，企业只有定价超过10元，才有利可图。如果企业经营状况不佳，需要降价，那么袜子的价格最低不能低于变动成本，否则，袜子卖一双亏一双，卖多少，亏多少。

（三）盈亏平衡点定价法

盈亏平衡点定价法也称“保本定价法”或“收支平衡定价法”，是以企业总成本与总收入保持平衡为依据来确定价格的一种定价方法。此时，既定的销量就称为盈亏平衡点，对应的价格就是保本价。科学地预测销量和已知固定成本、变动成本是盈亏平衡定价的前提。计算盈亏平衡点就是利润为零的时候。

其计算公式为：

保本价=（固定成本+变动成本）/ 既定的销量

成本导向定价法的优点是只要所制定的价格能被消费者接受，就能保证企业全部成本得到补偿，企业的成本材料自己掌握，计算方便，并给消费者一种依靠成本定价，“将本求利”的印象。缺点是不能很好地反应市场需求状况和竞争状况。

二、竞争导向定价法

企业常用的竞争导向定价法有以下三种。

（一）随行就市定价法

随行就市定价法是指在一个竞争比较激烈的行业或部门中，某个企业根据市场竞争格局，跟随行业或部门中主要竞争者的价格，或各企业的平均价格，或市场上一般采用的价格，来确定自己商品价格的定价方法。

（二）限制进入定价法

限制进入定价法是指企业的定价低于利润最大化的价格，以达到限制其他企业进入的目的，是垄断企业经常采用的一种定价方法。

（三）投标竞争定价法

投标竞争定价法是指由投标竞争的方式确定商品价格的方法。一般由招标方（买主）公开招标，投标方（卖主）竞争投标，密封递价，买方择优选定价格。通常用于建筑包工、大型设备制造、政府大宗采购等。

竞争导向定价法的优点是考虑到了商品价格在市场上的竞争力。缺点有：①过分关注商品在价格上的竞争，容易忽略其他营销组合可能造成产品差异化的竞争优势；②容易引起竞争者报复，导致恶性降价竞争，使公司毫无利润可言；③实际上竞争者的价格变化并不能被精确估算。

三、需求导向定价法

需求导向定价法是指企业在定价时不再以成本为基础，而是以消费者对产品价值的理解和需求强度为依据，来制定产品价格的定价方法。主要包括理解价值定价法、零售价格定价法、差别定价法。

（一）理解价值定价法

所谓理解价值定价法，是指某一产品的性能、质量、服务、品牌、包装和价格等，在消费者心目中都有一定的认识和评价，当商品价格水平与消费者对商品价值的理解水平大体一致时，消费者就会接受这种价格，反之，消费者就不会接受这个价格，商品就卖不出去。

理解价值定价法的特点是将定价的焦点放在购买者身上，把买方的价值判断与卖方的成本费用相比较，定价时更侧重考虑前者。因为消费者购买商品时总会在同类商品之间进行比较，选购那些既能满足其消费需要，又符合其支付标准的商品。

实例链接

在美国的匹兹堡市有一家“米利奥家庭餐馆”，在餐馆的菜单上，只有菜名，没有菜价。顾客根据自己对饭菜的满足程度付款，无论多少，餐馆都无异议，如顾客不满意，可以分文不付。但事实上，绝大多数顾客都能合理付款甚至多付款。

（二）零售价格定价法

零售价格定价法又称“可销价格定价法”“倒算价格定价法”“反向定价法”等，是指企业首先根据消费者的购买能力，确定市场零售价格，然后以此为基础，反向推算销售成本和生产成本，决定批发价和零售价。这种定价策划方法不是主要考虑成本，而是重点考虑需求状况。

（三）差别定价法

所谓差别定价，就是指根据销售的对象、时间、地点的不同而产生的需求差异，对相同的产品采用不同价格的定价方法。差别定价有以下四种形式。

1．顾客差别定价

即企业按照不同的价格把同一种产品或服务卖给不同的顾客。例如，某汽车经销商按照某一价格把某种型号汽车卖给顾客A，同时按照较低价格把同一种型号汽车卖给顾客B。再如，企业会把同样的产品以不同的价格卖给会员消费者和非会员消费者。

2．产品形式差别定价

即企业对不同型号或形式的产品分别制定不同的价格。但是，不同型号或形式产品的价格之间的差额和成本费用之间的差额并不成比例。例如：60英寸的彩电比50英寸的彩电价格高出很多，可其成本差额远没有这么大；一件衣服售价150元，成本80元，可是在衣服上绣一组花，追加成本10元，但价格却可定到200元。

3．产品部位差别定价

即企业对于处在不同位置的产品或服务分别制定不同的价格，即使这些产品或服务的成本费用没有任何差异。例如电影院，虽然不同座位的成本费用都一样，但是不同座位的票价有所不同，这是因为人们对剧院的不同座位的偏好有所不同。

4．销售时间差别定价

即企业对于不同季节、不同时期甚至不同钟点的产品或服务也分别制定不同的价格。例如，同样的衣服在旺季高价销售，在换季时以非常便宜的价格销售。再如，超市对于同一时间、同一批次进货的蔬菜，在上午、下午、傍晚和晚上可能制定不同的价格。

实行差异定价法必须具备以下条件：①符合国家的相关法律法规和地方政府的相关政策；②企业对价格有一定的控制能力；③商品有两个或两个以上被分割的市场，且各细分市场其有不同的需求弹性；④不同价格的执行不会导致本企业以外的企业在不同的市场间进行套利；⑤顾客在主观上或心理上确实认为产品存在差异。

需求导向定价法能够灵活有效地运用价格差异，使价格能够随市场需求的变化而变化，更好地适应市场经济。但是该方法要求企业能够确定消费者对于各种不同商品所感受的价值是多少，然而这很难衡量，而且费时费力。

总之，成本导向定价法、竞争导向定价法和需求导向定价法三者在简便性、风险性和前期投入上有很大差异。它们都有各自的优缺点，适用于不同商品的定价。在现实市场环境中，企业不能拘泥于一种定价方式，要结合实际情况，灵活运用，相互补充，才能更好地适应市场。

实例链接

哈尔滨市某洗衣机商场规定：商场的商品从早上9点开始，采用差别定价策略，每一小时降价10%，特别是在午休时间及晚上下班时间商品降价幅度较大。差别定价策略吸引了大量上班族消费者，差别定价策略在未延长商场营业时间的情况下，带来了销售额大幅度增加的良好效果。

任务二　商品定价策略

任务导入案例

星巴克是怎么玩转定价策略的？

人们去星巴克买咖啡时，可能发现过一些奇怪的现象：比如，星巴克居然还卖“水中贵族”依云水，但标价高达22元。询问了星巴克工作人员后，得知依云水其实并没有人买，只是公司让放上去的。再如，星巴克的杯子规格最小的不叫小杯，叫中杯；中杯不叫中杯，叫大杯；大杯不叫大杯，叫超大杯，如图8-1所示。

图 8-1　星巴克中杯、大杯和超大杯咖啡

人们不禁要问，为什么星巴克要卖明知没有人会买的依云水呢？为什么一定要把小杯、中杯、大杯叫成中杯、大杯、超大杯呢？

原来，这些操作都是“别有用心”的。星巴克咖啡的价格，中杯约30元，超大杯基本不超过40元。当用户发现一瓶矿泉水都要22元后，对比之下就会觉得咖啡没那么贵了。这种现象有一个理论，称作“价格锚点”，简单来说就是商品价格的对比标杆。一旦形成价格锚点，潜意识中消费者对咖啡价值的判断就会被影响。

星巴克以中杯咖啡作为销售起点，这也是价格锚点的一种运用。中杯和大杯咖啡价格相差无几，但大杯咖啡比中杯咖啡多了83毫升，以此能够让消费者感觉更划算、产生心理满足感，消费者以为自己占了便宜，其实是品牌自己占了便宜。因为对星巴克来说，中杯到大杯、超大杯，除了多用一些原料（成本忽略不计）和换了个大杯子外，制作工艺和时间成本基本一样。

（资料来源：作者根据网络相关信息整理。）

问题思考：

1. 星巴克在给咖啡定价时运用了哪些定价策略？
2. 企业该如何给自己的商品定价？有哪些策略和技巧？

| 知识讲解 |

知识点一　新产品定价的心理策略

［微课］新产品定价策略

新产品定价是市场营销中一个十分重要的问题。它关系到新产品能否顺利地进入市场，能否站稳脚跟，能否获得较大的经济效益。目前，国内外关于新产品的定价策略，主要有三种：取脂定价策略、渗透定价策略和满意定价策略。

一、取脂价策略

取脂定价策略，又称撇脂定价策略，是指企业在产品生命周期的投入期或成长期，利用消费者的求新、求奇心理，抓住竞争尚不激烈的有利时机，有目的地将价格定得很高，以便在短期内获取尽可能多的利润，尽快地收回投资的一种定价策略。其名称来自从鲜奶中撇取的乳脂，含有提取精华之意。

取脂定价策略的前提条件是：①产品科技、知识含量较高，属于技术创新型产品，能够吸引足够的消费者愿意在该高价位下购买产品。②市场有足够的消费者，他们的需求缺乏弹性。即使把价格定得很高，市场需求也不会大量减少。③竞争对手不能轻易进入市场，推出类似的竞争品。④生产小批量产品的成本不能超过高价位产生的利润，否则产品会就失去生产的可行性。

取脂定价策略的优点有：①高价格能够获得超额利润，迅速回收投资，减少经营风险；②有利于树立企业产品高端、优质的形象；③扩大了价格调整的余地，吸引潜在需求者；④有利于缓解因新产品初期供不应求的状况，并利用超额利润逐步扩大生产规模。

取脂定价策略的不足是：①过高的价格可能导致商品无人问津，不利于开拓市场；②高价高利会迅速导致竞争者大量涌入，仿制品、替代品的出现迫使价格急剧下降；③价格远远高于价值，在某种程度上损害了消费者的利益，容易招致消费者的抵制。

取脂定价策略是一种追求短期利润最大化的定价策略，采用这种策略必须十分谨慎，否则会影响企业的长期发展。

实例链接

苹果公司的取脂定价策略

在当前的电子产品销售中，苹果公司的产品以无与伦比的人气优势备受全球消费者的喜爱，大量的“苹果迷”出现在人们的日常生活之中。苹果公司的成功因素很多，例如其独特的创意、稳定的技术创新、饥饿式营销、苹果团队以及领导人乔布斯的重要作用等。其中，定价策略也是苹果成功的一项重要因素。

苹果公司对其旗下的产品一直运用取脂定价策略，取脂定价策略的实施是不以实现最大的销量为目标的。苹果公司每推出一款新产品，都要提前在广大消费者心中铺垫下无限的好奇与期待，并在将新产品正式投入市场时，对相关产品定以高价位，然而高价位的苹果产品虽然让很多的消费者望而却步，但却没有真正降低苹果产品的销售收益。高价位的苹果产品让更多的“苹果迷”更加坚定地认为苹果是高端大气上次的产品，在给苹果公司带来了更多忠实顾客的同时更为苹果公司创造了巨大的销售收益，极大地推动了苹果公司的发展，而且，苹果公司在一款产品销路甚好的时候，又积极开发出更多功能的新一代产品，并将之前的产品予以降价销售，快速地为消费者让利，这样的销售方式和销售策略，使得苹果公司在产品市场并未饱和的状态下，又掀起了另一轮的苹果产品热销浪潮，既为当前的产品拓宽了销售渠道，吸引了更多之前因价格望而却步的人，同时又促使“果粉”积极地更新换代，让苹果公司在其产品的销售中“撇到了更多的脂”，尽快地获得资金的回收与利润的回报。

二、渗透定价策略

渗透定价策略，又称薄利多销策略，是指企业在产品上市初期，利用消费者求廉的消费心理，有意将价格定得很低，使新产品树立物美价廉的形象，吸引顾客，占领市场，以谋取远期的稳定利润。待新产品打开销路、占领市场后，再初步提高价格的策略。

渗透定价策略的使用条件：①产品的需求价格弹性大，低价能够大量增加消费者的需求；②企业有成本优势，可以长期保持低价地位；③低价不会引起恶性“价格战”；④生产和分销的成本必须随着产品销量的增加而下降。

渗透定价策略的优点是：①能在短期内迅速打开产品销路，提高市场占有率；②低价薄利不易诱发竞争者的进入，便于企业长期占领市场；③有利于树立企业商品物美价廉的形象。

渗透定价策略的不足是：①投资回收期长，价格变动余地小，难以应付在短期内骤然出现的竞争；②后期提价时可能会引起消费者的反感和抵制；③长期使用低价策略易导致“价格战”，不利于企业进入高端市场获取高额利润。

三、满意定价策略

满意定价策略，又称平价销售策略，是介于取脂定价和渗透定价之间的一种定价策略。由于取脂定价过高，对消费者不利，既容易引起竞争，又容易引起消费者抵制，具有一定风险；渗透定价法定价过低，对消费者有利，对企业最初收入不利，资金回收期也较长，若企业实力不强，将很难承受。而满意价格策略采取适中价格，基本上能够做到供求双方都比较满意。

满意定价策略的优点是：其制定出的价格比较合理，既能让消费者愉快接受，又能保证经营者从中获取合理利润，使买卖双方都感到满意。缺点是：比较保守，四平八稳，不适于需求复杂多变或竞争激烈的市场环境。

知识点二　一般商品定价的心理策略

［微课］
一般商品定价策略

一、尾数定价策略

尾数定价又称零头定价，是指企业针对消费者的求廉心理，在商品定价时有意定一个与整数有一定差额的价格。该策略一方面可以使消费者产生便宜的心理错觉；另一方面可以使消费者感觉企业制定价格比较科学、合理、精确，连零头都算得清清楚楚，从而对企业产生信赖感。如某品牌的彩电标价998元，给人以便宜的感觉。认为只要几百元就能买一台彩电，其实它比1000元只少了2元。尾数定价法在欧美及我国常以奇数为尾数，如0.99，9.95等，这主要是因为消费者对奇数有好感，容易产生一种价格低廉、价格向下的概念。此外，由于8与发谐音，在定价中8的采用率也较高。

二、整数定价策略

整数定价与尾数定价相反，针对的是消费者的求名、求便心理，将商品价格有意定为整数。整数定价迎合了消费者将价格作为判别商品质量标准的“一分钱一分货”的心理。同时，在众多尾数定价的商品中，整数能给人一种方便、简洁的印象。该策略过去常适用于高档、名牌产品或者消费者不太了解的产品。随着电子支付手段的普及，采用整数定价策略更多的是为求方便，现在很多企业都使用整数定价。

三、习惯性定价策略

某些商品需要经常、重复地购买，因此这类商品的价格在消费者心理上已经定格，成为一种习惯性的价格。

许多商品尤其是日用品，在市场上已经形成了一个习惯价格。消费者已经习惯于消费这种商品时，只愿付出这么大的代价，如买一块肥皂、一袋卫生纸等。对这些商品的定价，一般应依照习惯确定，不要随便改变价格，以免引起顾客的反感。

四、声望定价策略

声望定价策略是整数定价策略的进一步发展，是指企业根据消费者追求名望的心理，将商品的价格制定得比市场同类商品价格高的策略。它能有效地消除购买心理障碍，使顾客对商品或零售商形成信任感和安全感，顾客也从中得到荣誉感。采用这种心理定价策略的商品通常是高档名牌、品质优良的一流产品。

需要注意的是，现在有些不良商家针对一些爱慕虚荣、追求时尚而又不易鉴别商品优劣的特殊消费群体，刻意把一些价值不大的商品价格定得很高，例如珠宝首饰、化妆品和古玩等，在购买时要谨慎，不要上当受骗。

实例链接

金利来领带，一上市就以优质、高价定位，对有质量问题的金利来领带他们不会上市销售，更不会降价处理。就是为了给消费者传递这样的信息：金利来领带绝不会有质量问题，低价销售的金利来绝非真正的金利来产品。从而极好地维护了金利来的形象和地位。

五、招徕定价策略

招徕定价又称特价商品定价，招徕定价就是利用消费者求廉、从众、冲动的心理，将少数几种商品的价格降到市价以下，甚至低于成本，以招徕顾客，增加对其他商品的连带性购买，最终达到扩大销售的目的。该策略广泛应用于综合性商场、超市、专卖店以及购物网站，在新开店中特别常见，目的就是集聚人气。

使用该策略需要注意:①用来招徕顾客的“特价品”必须是消费者常用的、熟悉的、质量得到公认的或容易鉴别的生活必需品；②实行招徕定价的商品品种不能太多，也不能太少，要使顾客有较多的选购机会；③降价幅度要大，接近甚至低于成本；④应实施限量销售；⑤应与残次品或临近保质期而削价的商品有明显区别。

【头脑风暴】招徕定价的商品与因残次或临近保质期而销价的商品有什么区别?

六、分级定价策略

分级定价策略，就是把同类产品分成几个等级，不同等级的产品，制定不同的价格。这种策略能使消费者产生一种按质论价、货真价实的感觉，容易被消费者接受。使用该策略时需要注意把握好不同等级间的价格差，价差过小，消费者会怀疑分级的可信度，价差过大，一部分期望中间价格的消费者会感到不满意。

实例链接

某服装店对某型号女装制定三种价格：260元、340元、410元，在消费者心目中形成低、中、高三个档次，人们在购买时就会根据自己的消费水平选择不同档次的服装。如果全部定成一个价格，销售效果就会不佳。一般情况下，如果相邻两种型号的商品价格相差大、消费者多半会买便宜的；如果价格相差较小，消费者就会倾向于购买价格高一点的。

七、组合定价策略

企业在生产经营两种或两种以上的相互关联、互相补充的商品时，根据消费者的心理而采取的相互补充的定价技巧。采用组合定价策略时，对于有补充关系的商品，那些价值大、购买次数少、消费者对价格变动较为敏感的商品，定价要低些，以吸引消费者，如便宜的整车与高价的配件等；对于补充使用的、价值小、购买次数多和消费者对价格变动感应迟钝的商品，价格可适当定得高些，如牙膏和牙刷；对于两者同时购买的成套商品，可实行成套购买优惠价，如西服套装中的上衣和裤子等。

八、最小单位定价策略

最小单位定价策略是指企业把同种商品按不同的数量包装，以最小包装单位量制定基数价格，销售时，参考最小包装单位的基数价格与所购数量收取款项。一般情况下，包装越小，实际的单位数量商品的价格越高，包装越大，实际的单位数量商品的价格越低。

采用最小单位定价策略的优点：①能满足消费者在不同场合下的不同需要，如便于携带的小包装食品、小包装饮料等；②能够利用消费者的心理错觉，因为小包装的价格容易使消费者误以为比较廉价，而实际生活中消费者很难也不愿意换算出实际单位重量或数量商品的价格。

实例链接

生活中，对于质量较高的茶叶，一般就采用最小单位定价策略。如果某种茶叶定价为每500克150元，消费者就会觉得价格太高而放弃购买。如果缩小定价单位，采用每50克为15元的定价方法，消费者就会觉得可以买来试一试。如果再将这种茶叶以125克来进行包装与定价，则消费者就会嫌麻烦而不愿意去换算出每500克应该是多少钱，从而也就无从比较这种茶叶的定价究竟是偏高还是偏低了。

九、折扣定价策略

折扣定价策略是指商家为了鼓励顾客及早付清货款、扩大销量、回笼资金等，在一定时期内直接或间接降低价格的策略。该策略迎合了消费者追求实惠、抓住机会的心理，刺激和鼓励消费者大量购买。折扣定价策略的形式有很多，包括数量折扣策略、现金折扣策略、交易折扣策略、季节性折扣策略、推广让价策略、运费让价策略等。

任务三 商品调价策略

任务导入案例

疫情期间价格飞涨的口罩

“今年过节不收礼，收礼只收棉口罩”，没想到2020年春节被消费者大量哄抢的年货竟然是口罩。2020年春节期间突发的新冠肺炎疫情，导致全国很多地方一“罩”难求，一个口罩价格高达三四十元。还有一些商家趁机制售假冒伪劣口罩，发起国难财，非法获利几十万元。

然而，与此截然相反的是，我国很多有责任和担当的企业面对口罩、防护服、消毒液等防控物资的紧缺的情况，开启了“跨界”生产之路，满足国民需求。在这些跨界生产口罩的企业里，比较有代表性的是格力电器。

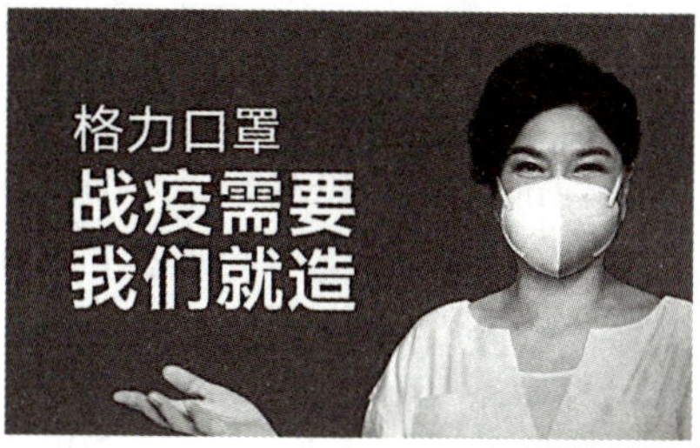

图 8-2　格力口罩宣传语

2020年2月25日，“董明珠自媒体”发布消息称，格力公司将调整生产线，侧重生产与防疫有关的产品，如图8-2所示。3月9日，格力口罩在小程序“董明珠的店”正式开售，KN95防护级别的一次性使用口罩一盒包邮售价为275元，相当于每只为5.5元；一次性使用医用口罩一盒包邮售价为150元，相当于每只为3元。开售首日，便引来了超过8万人的在线抢购。在接受采访时，董明珠说道：“我们现在生产的主要是国家急需的防护物资，这些都不赚钱。”

在疫情这一特殊时期，格力公司通过不赚钱的良心价格，不仅增加了消费者对格力产品的好感，而且大大提升了格力的品牌价值。

（资料来源：作者根据网络相关信息整理。）

问题思考：

1. 疫情期间口罩为什么会涨价？疫情期间口罩应该涨价吗？
2. 企业应该何时对商品涨价和降价？
3. 企业应该如何巧妙地涨价而不引起消费者的反感？
4. 格力公司的做法对你有什么启示？

知识讲解

知识点一　商品涨价的心理策略

消费者一般对价格比较敏感，企业在实际经营中必须针对不同时期、不同商品和不同的消费者心理，采用恰当的涨价技巧。

一、商品涨价的原因

一般来说，商品涨价的原因有以下几个方面：①由于通货膨胀、物价上涨，企业的成本费用提高，这是商品涨价的主要原因。或者由于原材料、劳动力成本上涨等原因，企业为了保证利润不会降低，就会对商品进行提价。②企业由于改进技术、提高质量、增加商品的功能和售后服务，需要对商品进行涨价。此种提价需要企业加大广告宣传的力度，以便消费者充分知晓。③企业的商品供不应求，遏制过度消费。有时某些商品会出现需求旺盛但生产规模又不能及时扩大的情况，可以通过涨价来遏制需求，同时又可以取得高额利润。④商品的需求价格弹性小且替代品少，企业的涨价不会引起销售的剧烈变化，还可以促进商品利润的提高。⑤利用消费者心理，创造质优效应。企业可以利用涨价营造名牌形象，使消费者产生价高质优的心理定式，以提高企业的知名度和商品声望。⑥国家出于对资源合理利用以及发展经济等方面的原因而有意识地提高某种商品的价格。

二、消费者对商品涨价的心理反应

消费者面对涨价常见的心理反应有：①商家想获取更多的利润；②商品升级换代，价值增加，质量提高，性能更优越；③商品已经在涨价，未来可能还会继续上涨，应尽快抢购，以防将来购买吃亏，如房价，越涨价越多人抢购；④此商品是热门商品，正在流行，应尽快购买。

【头脑风暴】假如你之前经常购买的一款洗衣液涨价了，此时你心里会有哪些想法？

【一点通】商品提价后一般来说对消费者是不利的，理论上会抑制消费者的购买欲望，减少实际购买需求。但在现实生活中，消费者有时也会做出与此相反的各种心理反应。

三、商品涨价的心理策略

［微课］商品涨价策略

一般来说，商品的涨价在一定条件下虽然能够增加企业的利润，但也会对消费者的利益造成损害，引起消费者的不满，从而减少实际购买需求。因此，企业应把握好提价的时机、速度、幅度、方式，特别要注意做好宣传解释工作，向顾客说明提价的原因，提供热情周到的增值服务，求得消费者的理解和支持。

（一）商品涨价的时机

涨价的时机非常重要，不能平白无故地涨价，最好在恰当的时机中进行，商品涨价的时机有：①商品处于销售旺季；②商品是优势品牌，在市场上处于绝对优势地位，可运用声望定价策略，提高商品的价格；③如果竞争对手的商品都在提价，企业也可以跟着涨价，消费者也不会有太大的意见；④商品进入成长期，销量大增，也可适当涨价。

（二）商品涨价的技巧

1．切忌所有商品同时涨价

为减少顾客对商品涨价的抵触心理，企业最好采用部分商品涨价的方法。如果全部商品同时涨价，会导致顾客流失，促使顾客转向竞争对手那里。

2．涨价的幅度和速度要适宜

商品价格究竟上涨多大幅度，要考虑消费者的反应。尽管商品的采购成本可能短时间内上涨过快，企业也已经将采购成本实情公之于众，但大多数顾客一般并不关心企业出于什么原因涨价，而只是关心自己能否接受这一新的价格，即涨价后的价格与心目中价格标准是否接近。国外一般认为5%为提价幅度的上限，这样符合消费者的心理承受能力。但在我国，一次涨价幅度不宜超过10%，尽管某些商品以30%甚至更高的提价幅度出现，也能引起消费者的购买行为，但企业还是要尽可能避免大幅提价情况的出现。

3．尽可能采用间接涨价的方式

间接涨价是指企业采取一定方法使产品价格表面保持不变，但实际隐形上升。例如，悄悄更换商品型号、种类；缩短商品保修期；缩小产品尺寸、分量等。企业涨价虽然可以采用直接涨价的方式，如一桶泡面原先卖5元/100克，现在卖6元/100克，但建议企业还是尽可能多采用间接涨价的方式，因为这样可以使涨价的不利因素降到最低，使消费者不能轻易觉察到商品价格的变化，从而减少对企业销量和利润的影响。

4．说明原因，提供附加馈赠

企业提价时还应采取各种渠道向消费者说明提价的原因，做好宣传解释工作。然后配之以产品策略和促销策略，帮助消费者寻找节约途径，提供热情周到的增值服务，搭配附属商品或赠送一些小礼物等附加优惠，求得消费者的谅解和支持。

知识点二　商品降价的心理策略

人们通常认为，商品降价有利于消费者，因为消费者可以花更少的钱买到同样的商品，从而激发他们的购买欲望，促进更多商品的销售。然而实际情况并非完全如此，有时却是商品降价了，购买的人反而少了。因而，企业在对商品降价时，必须要把握好消费者的心理，在恰当的时机采用恰当的方式，从而达到预期降价的目标。

一、商品降价的原因

商品降价的常见原因包括以下几个方面：①企业急需回笼大量现金。企业由于商品销售不畅，防止资金断裂或为了筹集资金开展某些活动等原因急需大量现金时，可通过降价促销的方式快速回笼资金；②当企业或整个行业生产能力过剩，商品供过于求，但是企业又无法通过商品改进和加强促销等工作来扩大销售，就需要降价；③企业采用了新技术，使自身产品成本远低于竞争对手的成本，也可以降价，提高市场占有率；④商品的需求价格弹性大，企业将价格略微降低，便可带来销量的大幅增加。为了促进销售、扩大市场占有率，企业也可对商品降价；⑤假如竞争对手采取降价措施，在强大的竞争压力下，为了避免市场份额受到侵蚀，或者企业决策者决定排斥现有市场上的竞争者，从而采取降价竞销；⑥特殊原因降价，如企业庆典、搬迁、改变经营方向等；⑦国家政治法律环境及经济形势的变化，迫使企业降价；⑧其他生产经营的原因造成的降价：某些商品升级换代造成了淘汰产品、残次品，商品保管不善造成的品质降低，市场行情不明造成的盲目进货等。

二、消费者对商品降价的心理反应

消费者对商品降价的心理反应是多样的，通常有以下几个方面：①消费者会产生“便宜没好货”的心理联想；②消费者自认为不同于一般低收入阶层，不能购买低档商品，有失身份和地位；③消费者认为新产品可能即将问世，现有商品马上会被淘汰；④降价的商品可能是即将过期商品、残次品、库存品或低档品，质量不好或功能受损，实用价值降低；⑤认为该商品出现了供过于求，已经开始降价，可能还会继续降价。

【头脑风暴】你知道现实生活中为什么房子越降价越没人买吗?

【一点通】面对房价下跌，消费者此时通常会有这样的心理：一是担忧，他们觉得房子突然降价是不是有什么问题？便宜没好货，还是不冒这个险。二是出于投资考虑，此时房价处于下跌状态，如果一直跌下去，现在买进，就意味着房子要贬值，所以先捂紧钱包，回岸观望。当房价下降时，需求量减少；房价上升时，需求量反而增加。这就是经济学中的吉芬商品理论。

| 知识拓展 |

吉芬商品理论

所谓吉芬商品，是指具有如下特征的一类商品：在其他条件不变的情况下，价格上升，人们的需求反而增加。也就是说，与传统上向右下倾斜的需求曲线相反，吉芬商品的需求曲线是向右上倾斜的，斜率为正。据说英国经济学家罗伯特·吉芬爵士（Sir Robert Giffen，1837—1910）最早发现具有这种特征的商品，因而得名。人们生活中也存在“吉芬商品”的例子，比如昂贵的珠宝文物字画，这类商品越贵需求量越大，因为这类商品的价格已经成为消费者身份和地位的象征。理论上，吉芬商品能够存在，前提是价格变化引致的收入效应必须是正向的，且大于替代效应的负向影响。

三、商品降价的心理策略

［微课］
商品降价策略

（一）商品降价的原则

1. 控制成本

市场营销的目的是要把商品销售出去，赚取尽可能多的利润。因此，在降价时，要基于商品成本进行降价促销，否则会导致企业亏损。

2. 确定品种

降价时，要把企业的商品进行分类，确定哪些可以降价，哪些不适合降价，该降价多少才能吸引客户，使企业获取最大利益。

3. 做好服务

企业一定要把商品降价与良好的服务结合起来。通过价格吸引消费者，通过服务让消费者满意，做到相互促进，相互支持。

4. 做好计划

在降价前，要确定好降价促销的方向、目的、服务的人群、要达到的效果等。每次降价不可能让所有消费者满意，因此一定要把握好降价促销的人群。例如，在中秋节、春节等，应以高档礼品类为降价促销重点。

5. 一步到位

降价必须坚持一步到位原则，不能过于频繁地不断降价，否则会造成消费者对继续降价产生预期或对商品的正常价格产生不信任感。

（二）商品降价的技巧

（1）降价幅度要适宜。不能太高，也不能太低。降价幅度在10%以下时，不能激发消费者的购买欲望，起不到促销效果，降价幅度至少要在15%～30%以上，才能产生明显促销效果。但降价幅度超过50%时，必须说明大幅降价的充分理由，否则消费者会怀疑这是假冒伪劣商品，反而不敢购买。

（2）一家商店少数几种商品大幅度降价，比很多种商品小幅度降价促销效果好。知名度越高、市场占有率越高的商品降价的促销效果越好。

（3）企业降价可以采用将产品标价直接下降的直接降价方式。降价时，最好在降价标签或降价广告上注明降价前后两种价格，把降价标签直接挂在商品上，最能吸引消费者的注意。但这种方式有时会给消费者带来不良的心理影响，还可能引发竞争者发起价格战。因此，企业最好采用暗中降价的间接降价方式，如提高质量、增加商品分量、附加赠品、免费送货、延长保修期、免费维修等。这些方式有很大的灵活性，在市场环境发生变化时，即使取消也不会引起消费者太大的反感，同时也可作为促销策略，在现代市场营销环境中被广泛应用。

（4）消费者的购物心理有时是“买涨不买跌”，企业也要好好把握消费者的这种心理来促销自己的商品。

（5）企业无论采取何种降价措施，都要做好宣传工作，尽可能让消费者了解降价的真正原因，打消对降价的疑虑，才能使降价策略行之有效。

项目九

基于消费者心理与行为的商品广告策略

项目任务导图

- 基于消费者心理与行为的商品广告策略
  - 商业广告概述
    - 商业广告的含义
    - 商业广告的分类
    - 商业广告的心理功能
    - 商业广告的基本原则
  - 广告设计策略
    - 广告定位与消费心理
    - 广告创意与消费心理
    - 广告诉求与消费心理
  - 广告媒体选择策略
    - 广告媒体的种类及特点
    - 广告媒体选择的因素
    - 广告心理效果的测定

项目目标

知识目标

理解商业广告的特点及心理功能

掌握商业广告的定位、创意、诉求等营销策略

掌握商品广告媒体的选择方法和广告心理效果的测评方法

能力目标

能够正确分析商业广告的定位、创意、诉求等广告心理策略

能够正确进行广告媒体的选择

素质目标

通过案例教学形式，激发学生学习兴趣，培养学生思维敏锐、勇于创新的职业精神

通过完成项目任务，培养学生科学观察、独立思考、自主探究的习惯，使学生达到自主学习、参与学习、合作学习的目的

任务一

商业广告概述

任务导入案例

2019年度广告——《啥是佩奇》

如果要问2019年开年的第一爆款是什么？《啥是佩奇》的刷屏应该可以排前几位。《啥是佩奇》是一部电影广告宣传片，片子讲述的是一位乡下老大爷盼着儿子一家回老家过年，爷爷打电话问孙子过年想要什么礼物，孙子说想要佩奇，爷爷却不知道佩奇是什么，于是开始了一场询问村里人啥是佩奇之旅。

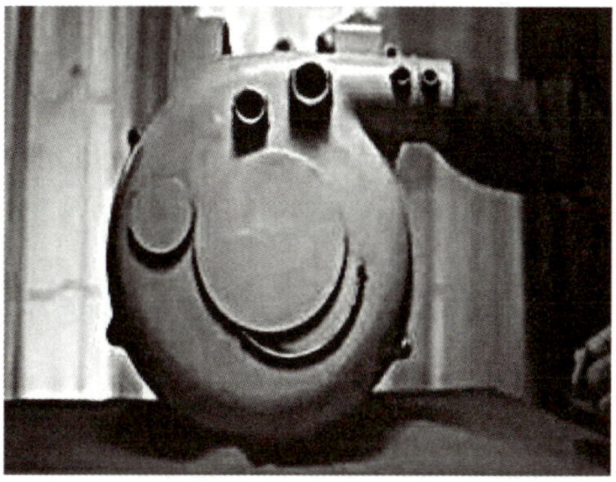

图 9-1　《啥是佩奇》之“硬核佩奇”

询问的过程令人啼笑皆非，最后爷爷终于弄明白了佩奇是什么，然后用鼓风机造出了一个“硬核佩奇”（图9-1）。

广告一经发布，就在社交网络走红，创造了2.3亿次播放量、16亿次微博转发量，成为一个现象级的爆款案例。

《啥是佩奇》为什么能火？这背后固然有反映城乡之间的差距，折射国人社会焦虑的原因所在。但更重要的是，它踩中了一个特殊的时间节点——春节，击中了不少人对故乡、亲人、阖家团圆的渴望之心。

每逢佳节倍思亲，感情牌在品牌广告中可以说永不过时，而春节对于中国人来说本就是一个容易产生诸多情愫的特殊日子。品牌主们推出与亲情相关的产品、文案和广告，直达受众的内心，拉近产品与消费者之间的距离，能够把成千上万的平庸广告排挤一边，攻占处于信息爆炸、淹没在广告信息大潮中的受众心中的一席之地。

（资料来源：根据馒头商学院相关信息整理。）

问题思考：

1. 你认为广告《啥是佩奇》成功的关键是什么？
2. 广告与消费者心理功能有哪些重要联系呢？
3.《啥是佩奇》的成功对我们制作广告有何启示？

知识讲解

知识点一　商业广告的含义

一、商业广告的概念

商业广告是指特定的广告主有计划地以付费的方式通过一定的媒介向其潜在顾客传递商品或劳务信息，以促进销售的公开宣传方式。

二、商业广告的要素

（一）广告主

广告主是广告系统的主体要素，也称广告客户。一般是指为推销商品或服务自行或委托他人设计、制作、代理发布广告的法人、其他组织或者个人。

（二）广告受众

广告受众是指广告信息的接受者，它是广告活动的终点所在，也是广告进行劝说的主要对象。

（三）广告信息

广告信息是广告的内涵要素，它包括两个基本方面：

（1）实体内涵，是指广告主所要传达的主要内容，包括商品信息、服务信息、观念信息等。实体内涵具有信息量大、准确性高的特点，是消费行为的指导性资料。

（2）形象内涵，是指经过广告主和广告商观念加工后的商业形象信息。

（四）广告媒介

广告媒介是指传播广告信息的媒介物，是广告传播的手段。广告的生命就在于传播和流动。媒介是广告主和消费者信息沟通的桥梁，具体形式包括报纸、杂志等文字媒体以及电视、互联网等电子媒体。

（五）广告费用

广告费用是指广告主从事广告活动要支付给广告代理和媒体的费用，如市场调查费用、广告策划费用、制作费用、发布费用、代理费用等。

（六）广告代理

广告代理是指在广告经营过程中，代理广告客户的广告业务的一种专业性广告组织。一般包括广告公司、制作公司、调查公司等组织，是专门从事广告代理、策划、设计的企业。

（七）广告效果

广告效果是指通过广告活动所要达到的目标，通过评估等手段来获得。

知识点二　商业广告的分类

合理的广告分类是广告策划的基础，是整个广告设计和制作过程的依据。广告的种类可以根据不同的标准进行划分，如根据广告的性质、内容、对象、范围、媒体、广告主、诉求方式、效果以及广告周期等来划分。

一、根据广告的目的划分

依据广告目的，可以将企业的营销广告分为产品广告和企业形象广告。产品广告着重向消费者传递商品信息，推销商品并加速商品的流通；企业形象广告着重树立企业形象，促使消费者形成对该企业的长期信赖感。

二、根据广告媒体形式划分

根据广告媒体形式分类是常见的划分方式之一。人们常讲的“电视广告”“电梯广告”“灯箱广告”就属于这一类。

（一）视听广告

视听广告包括广播广告、电视广告、国际互联网广告、电影广告、幻灯广告等。它具有生动、形象、突出等特点，但易消失，保持时间短，费用高，适用于日用品的广告宣传。

（二）印刷广告

印刷广告包括报纸、杂志、挂历、产品目录、公园门票等广告。它具有信息发布快、可经常修改、费用低、可反复阅读等优点；缺点是时效性差，注目率较低，读者常对此熟视无睹。它适用于色彩影响较小的机械、电子、交通工具等产品的广告宣传。

（三）户外广告

户外广告是指在街道、车站、码头、建筑物等公共场合按有关规定允许设置、张贴的招牌、海报、气球、路牌等宣传广告。这类广告的优点是成本低、持久性强；缺点是辐射范围小，不易更改，只有其色彩鲜艳、明快、和谐时，才能引起人们的注意。

（四）DM广告

D M（Direct Mail）也称邮寄广告，是针对广告主所选择的对象，以直接邮寄的方式，通过印刷及其他途径制成的广告作品，作为传达广告信息的手段。D M广告的优点是成本低，灵活性强；缺点是广告的关注率低，容易被人们忽视。

三、根据广告创意的特点划分

依据广告创意的特点，可以把广告分为理性广告和感性广告两大类。理性广告以事实说明方式传播商品信息，而感性广告以情感的要素表达商品信息。

四、根据广告表现形式划分

根据广告的表现形式，可以把广告分为硬广告和软广告两大类。

（一）硬广告

硬广告是指以直接的、直白的“广告”的形式，宣传品牌、商品、服务等信息。人们在报刊、公交车车身、高速公路牌看到的广告，在电视广播、电梯等看到和听到的广告，网络上打开页面时自动弹出的广告等，都属于硬广告。这类广告商业味道浓，有点强迫人们接受的感觉。

（二）软广告

软广告是指广告主并不直接介绍商品、服务，而是将显明的、凸现的广告形式，通过更巧妙的、更迂回的、更隐蔽的方式传达出去，使消费者在不知不觉中把广告所传达的内容接受下来的一类广告。常见的软广告包括软文与植入式广告。

1. 软文

软文指企业通过策划在报纸、杂志或网络等宣传载体上刊登的可以提升企业品牌形象和知名度，或可以促进企业销售的一些宣传性、阐释性文章，包括特定的新闻报道、深度文章、付费短文广告、案例分析等。之所以叫作软文，精妙之处就在于一个“软”字，让用户不受强制广告的宣传下，文章内容与广告的完美结合，从而达到广告宣传效果。

2. 植入式广告

植入式广告是指将产品或品牌信息放在各种娱乐项目及非商业沟通领域中进行的策略性展示。将被宣传的产品或服务作为背景、道具或情景，通过最形象、最生动的方式展示在电影、电视等娱乐项目或节目之中，给观众留下深刻印象。

知识点三　商业广告的心理功能

［微课］
广告的心理功能

商业广告的心理功能是指广告对消费者所产生的作用和影响。国际商界有这样一句名言：“推销商品如果不做广告，犹如在黑暗中送秋波。”这体现了广告在促销组合中的重要作用。广告作为促成企业与消费者之间联系的重要媒介，具有以下心理功能。

一、认知功能

认知功能是指广告向消费者公开传递有关商品的商标、品牌、性能质量、用途、使用和维护方法、价格、购买的时间、地点以及服务的内容等信息，使消费者对其有所认识，并在头脑中形成记忆，留下印象。

例如，白加黑感冒药的广告语"治疗感冒，黑白分明""白天服白片，不瞌睡；晚上服黑片，睡得香"，向公众传递了产品名称、品牌、用法和优点等信息。

对于经营者来说，由于广告媒体采用了多种传播渠道和传播形式，能够打破时间、空间的局限，及时、准确地将商品及服务的信息传输给不同地区和不同层次的消费者；对于消费者来说，商业广告是购买商品的最佳指南。广告所提供的信息应具备以下特性。

（一）信息的刺激性

据统计，生活在中心城市的当代中国人，每天会受到数百条广告信息的"轰炸"，只有约5%的信息会引起消费者的注意，而全彩色广告则比黑白广告高70%的效益，因此，广告可以在消费者的视觉、听觉、知觉等方面加强信息的刺激性，从而引起无意或有意的注意。

（二）信息的趣味性

消费者对有趣味的信息会表现出兴趣，有效地吸引注意力，进而激发其对新产品的兴趣和向往，形成新的消费需要，促进购买的实现。

（三）信息的有用性

信息的有用性是指信息能够帮助消费者做出满意购买决策的特性。特别是在新产品的推广过程中，有用信息的促销作用不容忽视。

二、诱导功能

广告的诱导功能有两层含义：一是良好的商业广告讲究人情味，注重艺术感染力，唤起消费者美好的联想，给消费者以某种美的享受，诱发人们积极的情感从而改变消费者的原有偏见或消极态度，激发潜在需求或购买动机；二是广告通过新奇、幽默或富有情趣的方式有效地吸引消费者的注意力，建立好感，从而激发其对新产品的兴趣和向往，形成新的消费需求，促进购买的实现。

三、促销功能

广告是促销组合中一个重要而不可或缺的因素，促销功能又是商业广告的基本功能。商品或服务通过商业广告的宣传，把有关信息传递给目标市场的消费者公众，改变人们的消费观念，达到诱导消费者注意和产生购买动机的目的，从而引发新的消费需求，进而实现促销目标，甚至造成社会消费热点，成为流行时尚。

例如：光棍节是非官方节日，盛行于网络及民间。从2009年开始，每年的11月11号，以天猫、京东为代表的大型电子商务网站会借助广告，进行一些大规模的打折促销活动，以提高销售额度。现在"双十一"狂欢节已经成为中国互联网最大规模的商业促销狂欢活动。

四、便利功能

广告的便利功能是指广告通过各种媒体，能及时、反复地传递商品或服务的信息，便于消费者用较少的时间收集有关资料，对各种商品进行较为充分和有效的比较，为购买决策提供充分依据，为消费者节约时间和精力，减少购买风险。

现代社会，新产品日新月异、层出不穷，完全替代和半替代产品荟萃云集，广告可以及时反复地传递某一商品的信息，使消费者在众多的商品中用较少的时间搜集或选择到自己需要的产品或信息，如果没有广告的介绍和指导，消费者面对众多商品会手足无措、无所适从。

五、教育功能

商业广告不仅指导消费，而且也影响人们的消费观念、文化艺术和社会道德。广告的教育功能也包括以下两个方面内容。

（一）增加消费者的产品知识

质量上乘的广告以其科学、文明、健康、真实的内容与表现形式，可使消费者增加相关商品知识，开阔眼界，掌握正确的选购和使用知识，引导消费者树立合理的消费观念。有调查显示，消费者知晓的商品知识有50.9%来源于商业广告。

（二）给消费者以美育教育

设计巧妙、制作精良的广告通过各式各样的艺术表现形式，能潜移默化地感染消费者，使消费者在获得信息的同时丰富精神文化生活，陶冶情操，得到美的享受。在现代生活中，广告已经成为人们经济文化生活的一部分，可以说是一种雅俗共赏、一举多得的美育方式。

实例链接

苹果手机新春短片

从2018年开始，连续三年，春节来临之际，苹果公司都要给中国用户送上一部用最新款苹果手机拍摄的新春短片。

2018年，苹果第一次发布中国春节短片《三分钟》，与著名导演陈可辛合作，使用iPhone X 拍摄，以春运的火车站为背景，讲述了一位列车员母亲过年期间在列车上值班，无法与孩子团聚，仅凭列车靠站的三分钟与儿子相聚的故事（图9-2）。

2019年，苹果与贾樟柯合作，使用iPhone XS 拍摄了《一个桶》（图9-3），讲的是春节即将结束，母亲为返程的儿子准备了一个涂料桶，用黄色胶布严严实实封好，让他带到城里，儿子带着桶经历了摩的、轮渡、汽车，终于到了城里，途中几次差点丢了桶。到家后儿子打开母亲封好的桶，发现里面全是沙子，而沙子里面埋着母亲准备好的土鸡蛋……

2020年的苹果短片《女儿》，用8分钟讲述的是三代女性在春节团圆的故事（图9-4）。周迅饰演的女主不顾母亲的反对，特立独行，带着自己刚满周岁的女儿靠开出租车生活。

图9-2　《三分钟》广告片

图9-3　《一个桶》广告片

图9-4　《女儿》广告片

这期间，受到过各种不同的质疑和异样的眼光，也感受到了来自乘客的理解和人与人之间的温情。而饺子作为中国传统文化饮食的重要标签，贯穿了全片。

这几个短片都有浓浓的中国元素，分别从不同角度切入，走心的故事，真挚的情感，每一次都精准地击中中国人对“家”的理解，特别是在春节这样一个最特殊的时间节点，苹果这一招频频获得巨大的社会情感共鸣。

【思考与应用】你认为苹果的广告效果如何？

知识点四　商业广告的基本原则

一、真实性原则

真实性是商业广告的基本原则。广告的真实性主要是指对广告所宣传的内容要以客观事实为依据，广告文稿要真实准确，不能虚夸、伪造虚构，更不能做欺骗性的或者令人误解的宣传。维护广告的真实性，对减少社会污染、保障广告业的健康发展、促进社会主义市场经济建设，具有十分重要的意义。

《广告法》规定：广告应当真实、合法，符合社会主义精神文明建设的要求，广告不得含有虚假的内容，不得欺骗和误导消费者。商业广告必须遵循诚实守信的原则，遵守国家的法律法规，不可弄虚作假，哗众取宠。

例如：“使用佳洁士双效炫白牙膏，只需一天，牙齿真的白了”，看到代言人在镜头前唇红齿白、巧笑嫣然，你动心了吗？然而，根据上海市工商局的调查，画面中突出显示的美白效果是后期通过电脑修图软件过度处理生成的，并非牙膏的实际使用效果。这一广告构成虚假广告，已被工商部门依法处罚款603万元，是国内虚假违法广告处罚案件中金额较大的一起。

二、思想性原则

商业广告要注意作品的思想性。广告必须严肃，即内容要健康，情趣要高尚，符合党和国家的各项政策。

三、主题鲜明原则

主题鲜明原则是指在进行产品宣传时，要突出产品的特性，而切忌一些与主题无关的词语和画面，避免不着边际的空谈。对于具体的广告产品，在进行市场定位之后，要旗帜鲜明地贯彻广告策略，有针对性地对广告对象进行诉求，做出符合事实的颇有吸引力的承诺。

四、计划性原则

计划性原则具体指两个方面的内容：一是广告宣传活动的计划性，二是广告制作的计划性。前者是指广告活动必须有计划地与广告主的商品生产和销售计划结合在一起，成为企业经营管理的一个有机整体，相互协调相互配合。后者是指广告制作必须有计划地进行，广告从设计、制作到播出都必须按计划工作。商业广告是市场经济活动的组成部分，为了创作好的广告，必须对市场进行广泛的调查、分析和预测；为了能引起消费者的兴趣和欲求，必须了解和掌握消费者的购买心理和购买习惯；为了配合市场营销活动，必须掌握市场营销规律。所有这一切，都要求有一个完整的广告计划。

五、艺术性原则

艺术性是指为了加强广告的感染力，激发人们的审美情趣，从而引发人们的兴趣和欲求，在广告创作中进行必要的艺术夸张，以增强消费者的印象。广告的真实性、思想性、主体鲜明性要通过艺术的形式表现出来。广告是传播经济信息的艺术作品。要运用美学原理，通过美术、摄影、歌曲、音乐、诗词、戏剧、舞蹈、文艺等丰富多彩的艺术形式表现广告主题，以其艺术性来增强广告的趣味性、欣赏性。这样既丰富了文化生活，以艺术手法表现出来，又将思想性寓于广告艺术性之中。

六、简明性原则

简洁明快既是时代对商业广告的要求，也是广告的特点。在有限的时间、空间内，要取得较好的传播效果，必须具有简明性，重点突出，否则就会使消费者厌倦或者反感。

七、效益性原则

商业广告通过宣传，向消费者推销自己的商品或介绍自己的服务，促进销售或服务，提高经济效益。因此，商业广告应有计划、有目的地安排广告投入，以取得最大的经济效益和社会效益。

八、科学性原则

广告是一门科学，从制作到发布、管理，每个流程都应该与现代科学技术手段相结合，坚持一定的创新性，最终达到最理想的广告效果。

任务二 广告设计策略

任务导入案例

农夫山泉广告

每当看到农夫山泉这四个字，大家的脑海中首先闪现的是那句“农夫山泉有点甜”，这句广告语曾被人民日报等新闻媒体评为最好的广告语，“有点甜”以口感承诺作为诉求差异化，借以暗示水源的优质，使农夫山泉形成了感性偏好、理性认同的整体策略，同样也使农夫山泉成功地建立了记忆点，因而说“农夫山泉有点甜”是卖点。

通过“有点甜”，农夫山泉向消费者透露这样的信息：农夫山泉才是天然的，健康的。同样消费者只愿意也只能够记住简单的信息。“甜”意味着甜蜜、幸福、欢乐，这是中国人终身的追求，这样的中国人必定会追求感觉甜美的产品。农夫山泉狠狠地抓住这一点，它对中国人说：我，有点甜。这等于说：我，是你的追求。农夫山泉就是以简单取胜，简单，使自己能够轻松地表述；简单，也使消费者能够轻松地记忆。

农夫山泉还不忘与社会公益活动联系起来，开展“一分钱公益活动”，更加占据了消费者的心理。

“我们不生产水，我们只是大自然的搬运工”这一观点，出乎于消费者常规思维，简洁有力且富有内涵。该广告迎合了消费者对健康、安全的需求，与之前农夫山泉一直在传播的“水源地建厂，水源地灌装”完美的结合，差异化策略让农夫山泉和竞争对手拉开了距离。

“每一滴水都有它的源头”“什么样的水源孕育什么样的生命”“农夫山泉矿泉水，长白山的春夏秋冬”等广告语更是创意新颖，既描述优质的水源，体现产品特质，又传递天然水的健康理念，拉近与消费者的距离，获其青睐。

农夫山泉一环扣一环的广告策略，让人领略了东方智慧的魅力。

农夫山泉通过一系列富有创意的广告语，不仅吸引了自己的目标用户，还获得人们对于品牌的美誉，最终实现销量的转化，巩固了其国内瓶装水市场的地位。

（资料来源：根据易播网等相关资料整理。）

问题思考：

1. 你认为农夫山泉广告成功的主要原因是什么？
2. 农夫山泉的广告定位是什么？
3. 农夫山泉广告表达了怎样的广告诉求？
4. 农夫山泉广告的创意之处是什么？

| 知识讲解 |

知识点一　广告定位与消费心理

1972年，艾·里斯和杰克·特劳特在《广告时代》杂志上发表了《定位新纪元》一文，指出"'定位'是一种观念，它改变了广告的'本质'""定位是你对未来的潜在顾客心智所下的功夫，也就是把产品定位在你未来潜在顾客的心中"，从此"定位"一词开始进入人们的视野。

广告定位是现代广告理论和实践中极为重要的观念，是广告主与广告公司根据社会既定群体对某种产品属性的重视程度；把自己的广告产品确定于某一市场位置，使其在特定的时间、地点，对某一阶层的目标消费者出售，以利于与其他厂家产品竞争。它的目的，就是要在广告宣传中，为企业和产品创造、培养一定的特色，树立独特的市场形象，从而满足目标消费者的某种需要和偏爱，以促进企业产品销售服务。

因此，广告要取得好的效果，离不开对广告受众心理的理解和把握。广告设计必须在受众心理满足的基础上进行广告定位。

（一）广告定位概述

［微课］
广告定位与消费心理（一）

广告定位是在营销环节中使消费者通过广告认识到本广告产品与众多同类产品的不同，使产品对目标顾客形成吸引力。

广告定位实质上是一个产品形象的问题，针对消费者的不同要求、不同心理，突出宣传商品某些方面的特点，向消费者传递所需要的不同于其他产品的商品信息。

成功的广告定位必须综合考虑各种因素，慎重做出定位决策，最终形成鲜明生动的品牌形象。广告定位的心理要素要注意以下几个方面。

1．消费者的真正需求

广告定位，没有定就没有位。广告定位首先必须明确消费者的真正需求是什么，怎样通过商品广告加以满足。

例如，小天才电话手表的广告产品定位：能打电话的手表。小天才电话手表针对拥有2～14岁儿童的年轻的上班族父母。既想给自己的孩子更多的空间去发现精彩的世界，又担心孩子的安全，想知道孩子的位置、交友和玩耍情况，并且希望能够及时与孩子取得联系。真正地解决孩子通信、定位和安全的需求。

2．目标顾客的心理特点

产品广告必须针对目标顾客的心理特点，进行针对性的广告设计，并利用广告向消费者传递，最终满足目标顾客的购买需求，占有目标市场。

例如，脑白金广告定位是：今年过节不收礼，收礼只收脑白金。主要针对老年消费群体进行推广，满足了老年人重健康重亲情的心理需求。

3．广告产品不同于其他产品的相对优势

在如今品牌林立，沟通无阻的社会，要想创造名牌，将自己的品牌深入人心，必须具

备一定的产品相对优势，提高定位效应的等级，广告并没有必要强调产品在各个功能上都占有优势，只需要强调在某一核心功能上具有决定性的优势即可。企业可以强调与竞争对手的不同，以自身特点对抗竞争者的优势地位，广告定位必须实事求是，切忌言过其实，哗众取宠。例如，大众甲壳虫汽车的广告语“想想还是小的好”，就是强调自己的经济实惠。

（二）广告定位的心理策略

不同的企业根据自己不同产品的产品特色，可采取不同的广告定位心理策略。

［微课］
广告定位与消费心理（二）

1. 市场定位策略

市场定位策略即把产品宣传的对象定在最有利的目标市场上。通过整合市场，寻找到市场的空隙，找出符合产品特性的基本顾客类型，确定目标受众。可根据消费者的地域特点、文化背景、经济状况、心理特点等不同特点，进行市场的细致划分，策划和创作相应的广告，才能有效地影响目标公众。

2. 产品定位策略

产品定位策略即最大限度地挖掘产品自身特点，把最能代表该产品的特性、性格、品质、内涵等个性作为宣传的形象定位。可以从以下方面入手，如产品的特色定位、文化定位、质量定位、价格定位、服务定位等方面。通过突出自身优势，树立品牌独特鲜明的形象，来赢得市场和企业发展。

例如，猴菇饼干从上市开始就宣称由猴头菇制成，具有养胃功能，又比如黑黑乳，主打轻脂轻体，它们充分挖掘消费者追求健康的心态，从而抢先占领了市场，赢得了良好的市场效益。

3. 观念定位策略

观念定位策略指在广告策划过程中，通过分析公众的心理，赋予产品一种全新的观念。这种观念要既符合产品特性，同时又迎合消费者的心理，这样才能突出自身优势，从一种更高层次上打败对手，其融入更多的是一种思想、道德、情感和观念等。

例如，现在轻奢主义正流行，就是过一种“没负担，有品质”的生活，轻奢式的生活方式已然渗透到了衣、食、住、行的方方面面。敏锐的商家意识到公众的心理后，开始引导这样的生活方式。无印良品就很典型，简单、朴素、节制又不乏精致的产品正试图包揽人们生活的全部，还推出了无印良品的咖啡店、酒店、餐厅和菜市场，无印良品正试图“为信奉轻奢主义的一部分人提供所有服务”。无印良品增加轻奢主义的观念，是其他竞争者所不具备的。

4. 企业形象定位策略

企业形象定位策略即把定位的重点放在如何凸显企业的形象和树立一个什么样的企业形象上。通过注入某种文化、某种感情、某种内涵于企业形象之中，形成独特的品牌差异。真正成功的企业形象，是恰到好处地把握住时代脉搏，击中人类共同的感动与追求。定位可以从企业文化的角度、企业情感的角度、企业信誉的角度、企业特色的角度来树立企业的形象。

例如，“四川全兴大曲”，其广告定位中融入了四川源远流长的酒文化，通过“品全兴，万事兴”的广告语，树立其在众多中国酒品牌中的独特文化定位；“孔府家酒”一句“孔府家酒叫人想家”，注入了浓浓的思乡情感；号称中国第一酒的“茅台酒”，融入的是企业的信誉和品质。这些都成功地树立了企业独特鲜明的形象。

5．品牌定位策略

品牌定位策略即把定位的着眼点落在扩大和宣传品牌上。目前的市场竞争已进入了同质化时代，很多同类商品使消费者无法从简单的识别中辨别出优劣。正如人们很难说出可口可乐和百事可乐哪个更好喝些。企业之间的竞争就在于品牌的竞争。谁抢先树立了自己的品牌，就抢先赢得了商机。有时消费者购买商品就是选择自己所喜爱的品牌。企业可以通过求先定位、求新定位、空隙定位、竞争定位等手段来在第一时间树立起自己的品牌，建立起自己的消费群。

例如，华为推崇“狼性文化”的企业管理理念、坚持以客户为中心的战略，让品牌赢得消费者的信赖，特别是5G领域，作为领导者，是全球首个提供端到端产品和解决方案的公司，抢占了绝对的先机，让华为成为品牌先行者。

成功的广告定位策略能帮助企业在激烈的竞争中处于不败之地，能够赋予竞争者所不具备的优势，赢得特定而且稳定的消费者，树立产品在消费者心目中的与众不同的位置。在广告策划中，应准确把握广告定位。

知识点二　广告创意与消费心理

［微课］
广告创意与消费心理

广告目前已日益成为企业市场竞争的有力武器。广告定位是广告创意的前提，而广告创意是广告定位的表现。即广告定位是解决“做什么”的问题，广告创意则是解决“怎么做”的问题。据统计，在被收看的众多广告中，只有1/3的广告能给观众留下一些印象，而这1/3中只有1/2的能被正确理解，仅仅5%能在24小时内被记住。因此，创意是广告的灵魂与生命，只有那些富有心理感染力和震撼力的优秀创意广告作品，才可以吸引消费者注意，并被理解和牢记。

（一）广告创意概述

广告创意是指在广告定位的基础上，在一定的广告主题范围内进行广告整体构思的活动。

1．广告创意提升产品与消费者的沟通质量

作为以大众传播媒介为载体的广告，所有的广告创意都是通过引人注目的广告来唤起情感和激发兴趣，以赢得和保持消费者对产品的注意，争取产品或品牌被消费者选择的最大可能。因此，对于厂商来说，广告不是单向传播，而是与消费者的对话、交流；广告不是对消费者的想象，而是深入的消费者洞察；努力挖掘消费者注意力背后的真正需求、意向，发掘消费者情感、潜意识等领域的深层欲望，赋予品牌以满足消费者欲望的象征性意义，是广告创意成功的关键。

2．广告创意降低资讯传播成本

越来越多的客户正意识到有创意的广告效果更好，更令人难忘，且在市场上能有效地传达意图。一个有创意的广告，人们只需看三遍而不是看三十遍就能记住。富于创意的广告表现形式，可在少量的媒体投放中，实现消费者感知与回忆度的最大化，也可放大品牌知名度与“指牌购买”效果。同时，在广告运动中，制定具有针对性的广告媒介策略，对广告媒介做创意开发和选择，也是广告降低传播成本的重要途径。因此，对广告主来说，广告创意也是广告投资的一部分，它作为广告传播的知识成本，尽管目前还没有完善的效果计量标准，但其对广告传播的增量是不可低估的。

3．广告创意有助于品牌增值

广告创意最重要的责任之一就是建立品牌价值，努力实现品牌增值。现代品牌的全运会建构并不是单纯地吸引目标消费者注意，它同时也界定和传递产品或服务的质量，创造消费者的心理预期，补偿消费者的某种心理失落。品牌为消费者提供质量好、信誉高的产品，这种产品或服务的质量，甚至超过了消费者期待，因而能够建立消费者信任，创造消费对品牌的忠诚，成功的品牌需要消费者的共鸣，而广告创意是品牌对消费者的价值召唤。

4．广告创意提升消费者的生活审美

在现代社会里，广告不仅是一种商业行为，而且已成为一种文化现象。作为一种价值象征，广告创意力图挖掘新理念，在引导消费者对生活本质的重新认识，构建社会生活的时尚内涵。从这一意义上讲，广告挖掘被推销产品的生活再创新意义，以精致、休戚与共、与众不同、超凡脱俗等品质，调动消费者潜意识层面的品行追求，并通过对广告的消费模仿，创建自己与产品或品牌融为一体的完美。

实例链接

盖Kindle，面更香

泡面怎么泡才香？也许你可以试试Kindle。

对于读者来说，Kindle刚买来，还能兴致勃勃地看下去，但是时间一长，用Kindle看书的习惯可能就会慢慢荒废掉，然后拿Kindle做泡面的盖子，成了一部分Kindle的主要用途，“泡面梗”这一段子也在网络流行开来。

Kindle似乎也看到自己的“悲惨”命运，于是“一不做二不休”，在2019年3月，主动打出“盖Kindle，面更香”的广告，为这一段子进行官方盖章认证，承认自己就是个泡面的辅助工具。

此广告一出，迅速成为网友们议论的热点。有的网友甚至还延伸出，什么样的口味搭配什么样的电子书更佳。和网友一起自黑玩“梗”，这一方式戳中了网友们的笑点，获得了许多人的称赞。

不仅是广告文案，在其他方面，Kindle也将“泡面梗”充分发挥。在2019年的世界读书日，Kindle和“不方便面馆”开了一家“方便图书馆”快闪店，并发布了“书面搭配”系列海报，誓将“盖Kindle，面更香”的宣传口号进行到底。

【思考与应用】你如何看待Kindle产品的广告创意？

（二）广告创意的心理策略

一个完美的广告策划一定是基于广告沟通与说服过程的认识。广告心理学认为，广告沟通与四个要素即信息源、信息、媒体和接受者紧密关联。广告要达到影响公众心理以及导致最终购买的目的，其创意必须要捕捉公众的心理，满足公众的心理需求，形成真正具有心理感染力和震撼力的广告作品，从而达到广告的促销目的。广告创意可以选择以下心理策略。

1．追求新奇刺激的心理创意

对于公众来说，摆脱生活平淡、追求新奇刺激是人们从事活动的一种内在动力和共性心理。因为非凡创意会让人眼前一亮、过目难忘，不由地多去瞄上两眼，甚至很久之后都还记得它，如果广告创意中能够充分利用公众的这种心理而创造广告，必将对公众产生巨大的吸引力。

例如，“打得满地找牙”的创意广告，是卫生机构和保龄球馆合作制作的广告宣传牌，目的是让人们更关注牙齿健康。

2．追求健康安全的心理创意

当代，随着物质生活水平的提升，人们开始追求健康安全的生活，在广告创意中，如果能够结合公众追求健康安全的心理，就会触动公众，达到广告宣传的目的。

例如，空气净化器在广告中对产品的空气净化、去除雾霾等功效进行了恰如其分的客观宣传，开展知识营销，符合消费者追求健康安全的生活理念，使得空气净化器在家庭中普及。

3．从众心理创意

从众心理是一种带有普遍性的心理现象，既包括思想意识上的从众，也包括行为上的从众。如果在广告中能够巧妙地借助人们的从众心理进行广告创意，便会收到良好的效果。

例如，“我是江小白，生活很简单”，江小白地铁广告文案简单又真实，却提倡了一种价值观，做人做事追求简单纯粹，标榜“我就是我”，表达了当代新青年群体向往简单生活，自信自谦的生活态度，引起消费者的情感共鸣。

4．情感心理创意

广告大师大卫·奥格威曾说过：“人们因为情感而购买商品，并用逻辑证明其正当性。”中国人讲究血缘亲情、重情重义，“亲情”“友情”“爱情”“爱国情”都是人们追求的美好情感，因此以“情”动人自然是比较有效的诉求方式。

例如，绿箭牌口香糖广告以绿箭牌口香糖为“媒”，使火车上两个陌生的男女从相遇、相识到相爱，通过爱情故事的演绎，赋予了商品浓浓的情意。

5．民族文化心理创意

民族文化心理制约着人们的行为，影响着人们对事物的评价与认识，同样也影响着公众对广告的注意。因此，在广告创意中，将“勤俭节约”“孝敬父母”“尊老爱幼”等民族文化心理充分表现出来，可以唤起公众对国家的热爱之情或民族美德，诱发其产生购买动机。

例如，央视公益广告“Family”，表达家庭关系中的责任和爱的温暖，引发了为人子女者的情感共鸣，广告中创意地诠释了“家，有爱乃成；爱，因责任而生”的普世理念，宣扬中华民族尊老爱幼的传统美德。

知识点三　广告诉求与消费心理

广告诉求是商品广告宣传中所要强调的内容，俗称“卖点”，它体现了整个广告的宣传策略，往往是广告成败关键之所在。倘若广告诉求选定得当，会对消费者产生强烈的吸引力，激发起消费欲望，从而促使其实施购买商品的行为。

广告诉求是广告内容中很重要的部分，是创意性的企图，也是企业为了改变消费者的观念，在广告传播中所应用的某些心理动力，以引发消费者对于某项活动的动机，或影响其对于某种产品或服务的态度。

在激烈的市场竞争中，与其让消费者记住一大堆广告信息，倒不如让其记住产品的一个卖点。例如，在车市上随便找个人问他对车的看法，他会说“沃尔沃安全”“保时捷快捷”“吉普车粗犷”。广告诉求就是让消费者记住一个有特点的卖点。目前在广告的实际运作中诉求方式有很多，但最主要的有两种：一是理性诉求；二是情感诉求。

（一）理性诉求广告

［微课］
理性诉求与消费心理

1. 理性诉求广告的定义

理性诉求广告是指广告诉求定位于受众的理智动机，通过真实、准确、公正地传达企业、产品、服务的客观情况，使消费者经过概念、判断、推理等思维过程，理智地做出购买决定。

理性诉求的总体特点就是“晓之以理、以理服人”。这种诉求方式的对象是理智型受众，他们在选择商品或服务时看重的是其功能和价值。

2. 理性诉求广告的诉求策略

理性型广告文案主要包括陈述体、说明体、论说体和证明体。

（1）陈诉体。以陈述、诉说为主要表达方式的广告文体。它又包含布告体、新闻体、对话体等，主要用于开业启示、招聘招生、通知声明等。例如，神奇牌蒸汽电熨斗的广告词：一气呵成，无需反复。增加强力蒸汽，喷气量大小可供选择，便于携带，易于存放，大面积熨烫，速度快、成形效果极佳。它的出现改写了熨烫工具的历史。此广告词以事实本身为重点，使消费者准确了解产品的特性和功效。

（2）说明体。以说明为主要表达方式的广告文体。广告内容主要是对商品和劳务等实物的性质、特点、内容、成因、功用等进行详细说明，以使消费者形成明确的产品概念和学会正确的使用方法。

（3）论说体。以议论、说理为主要表达方式的广告体。它是以概念、判断、推理的逻辑思维形式，直接阐述事理，传播信息。论说文体广告要求论点突出、论据充分、论证合乎逻辑。论证方法可采用例证法、喻证法、引证法、对比法。表达方式可以论证为主，穿插说明、叙述、描写等以增强广告的吸引力。此类广告多适用于报纸、杂志、广播等媒体。

（4）证明体。证明体是以证明为主要表达方式的广告体，主要是借助于有关权威的鉴定评语、荣誉称号、获奖情况，或各界知名人士、典型用户的见证和赞颂之辞，以及一些典型事例来证实广告内容的真实性。例如，当舒肤佳进入中国市场时，当时力士已经牢牢占据了中国香皂市场，而舒肤佳却在短短几年时间里，硬生生把力士从香皂霸主的宝座上拉了下来。舒肤佳成功的关键点在于它找到了一个恐惧概念——“除菌”，并用实验向消费者摆事实、讲道理。舒肤佳开始了长达十几年的“教育工作”，要中国人把手真正洗干净——看得见的污渍洗掉了，看不见的细菌你洗掉了吗？在舒肤佳的广告传播中，以“除菌”为轴心概念，诉求“有效除菌护全家”，并在广告中通过踢球、挤车、扛煤气罐等场景告诉大家，生活中会感染很多细菌，在放大镜下的细菌会吓你一跳，然后，舒肤佳通过“内含抗菌成分”的理性诉求和实验来证明舒肤佳可以让你把手洗干净，另外，还通过“中华医学会验证”增强了品牌信任度。

3．理性诉求广告的创作原则

（1）阐述最重要的事实。理性诉求广告就是要集中传达产品的特性、功能和购买利益，阐述最重要的事实并做出利益承诺是最有效的方法。理性诉求的特点便是以理服人，而使人信服，必须以事实为依据，阐述事实要以精确、清楚的语言做简练的表达，抓住产品的新功能、新特点。阐述事实的方法主要有两种：一是直接陈述。这是最直接的方法，说明产品的功能和优点，通过叙述向消费者诉说产品的种种特性。二是引用数据和图表。引用数据和图表可以令消费者对产品或服务产生更具体的认识，具体的数据远比空洞的文辞更加具有说服力，让消费者更加放心。

（2）解释或直接示范产品的功效。解释就是向消费者诉说使用本产品为什么能够带来好的效果，是采用了什么新配方、新技术，还是添加了什么新的成分，向消费者交代清楚，增加消费者对产品的信任，同时也展现出产品独一无二的特性。功能的示范就是通过广告画面和文案说明相结合，向消费者展示产品的用法与效果，使消费者一目了燃。例如，中华健齿白牙膏广告就用了这种方法，广告通过对牙齿从黄变白的过程的表现来展示其功效。

（二）感性诉求广告

［微课］

感性诉求与消费心理

1．感性诉求广告的定义

感性诉求广告，又称为情感诉求广告，是指广告依托于目标顾客的感性思维，以情动人，广告信息直接针对消费者的情感、情绪，如喜悦、恐惧、爱、悲哀等，以此形成或者改变消费者的品牌态度。

情感诉求广告的特点就是“动之以情、以情感人”，打情感牌，这种广告富有人情味，充分利用消费者的情感需要，把产品或服务与人们的情感紧密联系在一起，让消费者在情感上产生共鸣，引起消费者的注意，从而影响消费者的购买行为，以达到广告预期效果。

2．情感诉求广告的诉求策略

（1）以情感人。情感是人类永恒的话题。情感诉求的目的就是为消费者营造一个欢乐舒适的氛围，使消费者在感情获得满足的同时接受广告信息，激发消费者情绪，满足其自尊、自信的需要，使消费者产生购买欲望，促进购买行为。

例如，某年父亲节，味千拉面审时度势地推出了一则温馨的广告。以拉面馆为原型，讲述了拉面馆馆长与女儿之间动人的故事，把味千拉面“幸福味道”的品牌理念生动地展现在观众面前。此后“爸爸做的一碗拉面”，就像“妈妈做的菜一样”，被消费者所熟知和认同。

（2）以人为本，人性至上。感性广告诉求的重点不在商品本身，而是人与人之间的关系，更多的是对人性的关爱，这便最大程度地缩短了商品与顾客之间的距离，增强了顾客对商品的亲切感和亲近感。

例如，中国平安的广告《请留一盏灯给别人》，讲述了晚归的女孩骑车在黑暗中独行，一位衣着朴素、面容慈祥的卖夜宵的老人，在一盏幽黄的灯光下收拾摊位。女孩打过招呼继续走进黑暗，老人却在她身后为她手持一盏光亮微弱的灯，照她前行。其实一盏灯的光亮照不了多远，但是人与人的关怀却可以永存心间。中国平安就是用这样一种方式牢牢地抓住了用户情感上的需求。因为只有无私的互助，大家才都会“平安”。

（3）润物细无声。感性广告要求实现劝服效果，不是教条式的说教，而是选择人们熟悉的题材，平中见奇，以平等的姿态动之以情，晓之以理，耳濡目染，潜移默化；以暗示的手法，让人们在共同的情感中不知不觉地接受观念。

例如，某公益广告：小男孩的妈妈工作了一天，带着一身的疲倦回家后给婆婆洗脚，小男孩看到后也打了一盆水给妈妈洗脚。窄窄的楼道里那不太稳健的脚步，还有那激荡起来的水花，表现出祖孙三代浓浓的亲情。这则广告在社会上引起了很大的反响，许多城市的中小学都为此发起了“为妈妈洗脚”的活动。

（4）增加产品或服务的心理附加值。产品或服务作为一种商品其价值是固定的，理性诉求广告通过作用于消费者的情感需求，使消费者在获得物质享受的同时也能获得情感上的满足和心情上的愉悦，无形间就增加了产品或服务的心理附加值，对消费者来说这是一种超值的享受。

例如，五粮液集团的黄金酒广告，其中有一句是“这是我女儿买给我的，想喝让你儿子给你买去”，字里行间流露出这位老人愉快的心情，而这个高兴并非全是喝酒带来的，而最主要的是因为女儿的孝顺，让老人心理上感到满足，这就让人感到喝的不是酒，是一种情，是儿女对父母的关怀，这种心理上的满足远远大于物质上的享受。

（5）弱化商业意图。感性广告要充分考虑大众的接受心理，以温馨、幽默、夸张的形式或戏剧的手法进行广告意图的表达，以弱化商业味道来达到营销效果的相对强化。

例如，华为在2019年六一儿童节临近之时发布名为《悟空》的手机竖屏短片，讲述了小男主因为想近距离地看孙悟空而换掉了自己的钢笔，被自己的老爸一顿痛打后，带着金箍棒、手电筒、刀等“法宝”，踏上了去城里看孙悟空的道路。当小男孩不怕困难，翻山越岭进城时，却发现早已不是旧时模样，他已经穿越到了29年后，原本的《大闹天宫》变成了3D剧目修复版《大闹天宫》，放映电影的东局子礼堂变成了东橘子影院。霓虹灯变幻，父母已老，而他们为了寻找儿子，容颜憔悴，白发丛生。广告中没有太多的商业意图，却通过受众共同的童年记忆，与用户实现情感上的沟通，拉近华为与用户之间的心理距离，进而提升用户对品牌的好感度与忠诚度。

3. 情感诉求的表现形式

（1）幽默诉求。大多数人较其他形式的广告更喜欢幽默诉求广告，它能使人开怀大笑、愉悦身心，使消费者在较好的精神状态下接收广告信息，消费者对此往往记忆犹新，并成为生活聊天中的谈资，让商品得到最大化的宣传，从而提高广告效果。幽默广告往往通过比喻、象征、寓意、夸张、谐音、双关等手法，运用风趣、机智、凝练的语言对社会生活中不合理、自相矛盾的事物或现象做轻微的批判和嘲讽，使人轻松一笑。

例如，范伟代言的康恩贝牌肠炎宁广告：范伟匆匆忙忙地走进一家商店并喊着“打劫”（大姐），有一个顾客听到后立即趴在地上，之后范伟被高大魁梧的女售货员一把拿下并说：你也敢打劫？然后范伟解释说：我是叫大姐，我大哥拉肚子，请问厕所在哪儿？这时那位大姐拿出了康恩贝牌肠炎宁。这则广告用了谐音，造成了一场误会，同时也表现出了大姐的高大勇猛和范伟的弱小，让观众哈哈大笑的同时也记住了康恩贝牌肠炎宁，取得了较好的广告效果。

（2）情爱诉求。亲情、友情、爱情是人们永恒不变的话题，是人们一生的追求。情感诉求广告就是把这些情运用到广告宣传中，用真情去打动人感染人。

例如，益达酸甜苦辣系列广告，表现的是关于年轻人从相识到相熟的感情历程，这种情感通过益达口香糖得到很好的传递，带给人一个被关怀的温暖，并巧妙地传达三个观念：①嚼益达，对牙齿好；②吃完喝完嚼益达；③餐后嚼两粒，还是两粒在一起最好。

（3）悬念诉求。悬念诉求就是在广告的开始以一种非理智或不符合逻辑的方式吸引住人们的眼球、揪住人们的心，而正当人们想知道其真相时，诉求点便展现在大家的眼前，让人们记忆深刻。

例如，亲亲果冻广告：一群女孩子在宿舍里叫嚷着“亲亲”，这时老师走来听到了，顿时大怒，但打开门之后发现是亲亲果冻，这时才缓了一口气，最后并喊出“我也要亲亲”的口号。悬念广告的关键就是设置悬念，找到一个敏感的话题，吸引着人们不得不去关注，从而加深对广告的印象。

（4）恐惧诉求。恐惧诉求方式大多用在公益和药品等广告上，这类广告向人们传达的是吸烟、酗酒、环境污染、资源浪费、蛀牙及一些疾病等给人们的生命健康、生活、学习和工作带来的巨大危害，从而引起人们的注意和关注。

例如，宣传吸烟有害健康，倡导烟民戒烟的公益广告。

4. 情感诉求广告的创作原则

（1）现实原则。消费者有自己的价值标准和辨别是非的能力，情感诉求广告必须以现实为基础，以现实为对照，说实话。诉真情是广告的生命之本，是赢得消费者的本质力量，也是对社会、对消费者、对企业自身负责的表现。

（2）浪漫原则。如今人们在快节奏的工作和生活中都感到一定的精神压力，大脑神经常常处于高速运转的状态，追求浪漫已成为一种时尚，一种放松自我、缓解压力的方式。因此在进行情感诉求广告创作时，要鼓励宣泄激情，展现个性，创造一个浪漫的意境，满足消费者内心的情感需要，吸引打动消费者。

（3）艺术原则。现在的消费者不仅要求广告能告知他们信息，而且还要求广告必须要有艺术性和娱乐性，满足其心理上的审美需要，所以没有较强的艺术感染力的广告很难使消费者产生情感上的共鸣。具有艺术表现力的广告能够创造出一种生气勃勃、富有情趣的意境，能够极大地增强广告作品的吸引力和感染力。

任务三　广告媒体选择策略

任务导入案例

阿迪达斯的新春广告

2020年春节进入倒计时，Adidas携手各路明星和运动员拍摄的一支广告彻底引爆了社交媒体的讨论，在年底之际，狠狠地刷了一波存在感。

广告短片一经推出后，彻底引爆了社交媒体，迅速发酵成为微博上极受关注的新年话题，“新年造万象”微博话题阅读量高达2.5亿次，讨论量177万条，该广告在“腾讯视频”上的播放量达到53.8万次，网友纷纷在微博上发布及浏览品牌相关内容。在抖音平台上，相关话题“新年造万象”的播放量达到49.4亿次。

同时，“引爆话题”+“病毒式传播”让品牌借势明星流量，让品牌话题的关注度急速飙升。借助明星影响力和粉丝传播力，为品牌不断地刷新和制造流量峰值。

“新年造万象”也传达了阿迪达斯意在鼓励年轻消费者群体，在2020的新年伊始，用创新的方式，迎接传统中国年，2020年，你想好怎么“造”了吗？

这与其说是广告，不如说是一场狂欢盛宴，该广告由不同的中国文化元素串联而成，形成强烈的视觉冲击，诠释了“迎新年，造万象”的主题，率先开启了新一年的品牌营销热潮。

（资料来源：根据广告参考信息整理。）

问题思考：

1. 阿迪达斯的新春广告选择了哪些广告媒体？
2. 其为何选择该广告媒介？
3. 其广告效果如何？
4. 从哪些项目可以测定其广告的心理效果？

知识讲解

知识点一　广告媒体的种类及特点

广告媒体通常是指那些能够被用来向消费者传递传达广告信息的物质形式，是人借助用来传递广告信息与获取广告信息的工具、渠道、载体、中介物或技术手段。也可以理解为从事广告信息的采集、加工制作和传播的社会组织，即广告传播机构。由于科学技术的进步，传播媒体不断发展变化，种类越来越多。根据受众规模的不同，把传统广告媒体分为大众传播媒体（报纸、杂志、广播、电视、电影等）和小众传播媒体（户外广告、直邮广告、交通广告等）两大类。近年来，随着计算机技术的进步，网络媒体崛起，并且成为传播广告信息的又一支生力军。常见广告媒体的特点见表9-1。

表9-1　常见广告媒体的特点

媒体类别	媒体优点	媒体缺点
报纸	信息量大；准确性强；读者稳定，宣传覆盖率高；传播迅速，反应及时；可自由选择刊登日期；制作简单，费用较低	保存性差；时效性短；内容繁杂，易分散注意力；画面清晰度较差，不易引人注目
杂志	促销对象明确、稳定，收效率高；阅读率和保存率比较高；广告画面鲜明，易引人注目；读者稳定；时效较长	读者群比较窄，广告宣传面有限；制作周期固定而且较长，信息传递延迟性较大；制作和印刷费用较高，成本较高
广播	传播迅速快，表现方式灵活多样；传播对象较为广泛；针对性强；价格比较低廉	速度快，不便记忆；有音无文，无法查存；听众过于分散，效果难以估计
电视	能够综合地运用语言、文字、声音、图像等多种方式，具有优质的视听效果，感染力强，且信息传播速度快、范围广	受到时间、地点设置等条件的限制，成本高；保存性差；过多地重复播放容易引起消费者的逆反心理
电影	银幕面积大、声音效果好、真实感强，不受时间限制，诉诸观众的信息密集，诉求重点明确	受地点等条件的限制，成本较高
户外广告	地理选择性好；持续时间长，过往行人可以反复观看；成本费用低	针对性差，表现内容少
交通广告	价格比较低廉，传播效果较好	广告宣传面有限，针对性差
网络	传播范围广，速度快；具有即时互动性；表现手法生动；具备持久性和可检索性；目标顾客针对性强；能够展示产品；统计性强；信息量大，广告费用较低	目标对象具有较大的局限性；广告效果难以把握；会受到电子设备、网络通信设施的限制

【头脑风暴】你认为针对青年人应采用哪种广告媒体？请说明理由。

知识点二　广告媒体选择的因素

广告与媒体是密切相关的，广告以媒体传播信息，媒体是广告的物质形式。广告对媒体是有要求的，如传达性、吸引性、适应性。广告对媒体要求的核心是引起受众注意。所以，广告应该从哪些方面来考虑选择媒体，也是至关重要的环节。

只有充分考虑到各种因素的影响及其相互之间的关系，才能扬长避短，节省人力、物力、财力，达到广告宣传的最佳效果。影响选择广告媒体的因素主要有以下几个。

（一）商品自身的特点

这里所讲的商品自身的特点，既包括商品的性能、效用，又包括商品的使用对象。例如，广告所要宣传的商品是耐用消费品还是日常小用品，是专用商品还是普通商品，是新商品还是老商品。同时还应了解原先该种商品是否刊登过广告，采取何种形式，效果如何等。就拿工艺美术品来说，其主要特点在于它的观赏价值。所以人们对商品的外观、造型、色彩十分挑剔。因此，采取何种广告媒体就必须要考虑到这一点，要尽量采用展示商品图像清晰、色彩效果好、感染力强的广告媒体，如电视、杂志。有些商品时令性、流行性强，如时装、鞋帽、食品、小家电等商品，应选择广播、电视、报纸，还可配以POP广告，吸引消费者注意力，诱发他们的购买欲望，达到促进销售的目的。

（二）市场调查

在充分考虑商品特性的基础上，为使广告成功的把握更大，更有针对性，还必须进行市场调查。即了解和掌握不同地区、职业、性别、年龄的消费者需要什么样的商品，需要多少，是短期需要还是长期需要，从而确定出可能的商品购买对象。因为不同的消费者有着不同的消费习惯和爱好，其消费心理、购买行为更是千差万别，广告宣传必须针对消费者的特点进行诉求。

（三）广告媒体的特点

广告媒体多种多样，特点各不相同，因此传播信息的作用、对消费心理影响的方式也有很大的区别。不仅如此，就同一媒体来讲，效果也不同。杂志更是种类繁多，不仅发行量不同，级别不同，出版时间也各异。例如，期刊有周刊、旬刊、半月刊、双月刊、季刊等多种形式，因此，它们的广告效果就有很大的差别。另外，不同的消费者，由于多方面的原因，对各种电视、广播节目有着不同的爱好，因此形成了不同的视听者群体，对报纸杂志则形成了众多的读者群体。例如，经济日报的读者大多为经济贸易界的人士；体育报的记者大多为青年人。只有把不同传播媒体的传播特点和优缺点了解清楚，才能有的放矢地选择合适媒体，刊登广告进行大规模的宣传。

（四）企业的支付能力

企业的支付能力也是选择广告媒体应考虑的因素。因为不同的广告媒体，所需要的费用不同。也就是说，同一广告媒体，所占版面不同，制作程序不同，播出时间不同，费用也不同。一般文字广告媒体，如报纸、杂志等是根据广告所占版面大小、字数多少来收取费用。语言广告媒体，如广播、电视，是根据播放时间长短和不同时段来收费。因此，要根据企业的财力状况和支付能力，选择适当的广告媒体，以做到花最少的费用取得最佳的广告效果。

（五）媒体与市场的结合

在选择广告媒体前，首先要确立其目标市场，那么选择媒体就应根据目标市场而定。例如，商品的目标市场是以购买日常家庭用品的主妇，那么就应选择与妇女有关的或家庭主妇阅读最多的报纸或杂志来做广告，电台、电视媒体广告也应该选择在一些妇女喜欢观看的节目中播出。

（六）广告目标

影响广告媒体选择的一个重要因素，就是广告活动的目标。如果本广告活动的主要目标是要为本公司树立形象，就可以在许多不同的媒体上做广告，这样可以使更多的人认识本企业所生产的商品，有利于建立起良好的企业形象。如果广告目标是针对某一目标市场，某一特定商品销售活动，那么选择媒体的方法则不尽相同，这时应选择最能接触目标市场的媒体来做广告。

（七）媒体弹性

媒体弹性是广告制作到广告播出之间的时间差距。最有弹性的媒体是电台和报纸，只要在广告播出前一天把录音带或广告稿交给媒体负责人就可以。这类广告比较适合零售业或其他需要经常修改信息的广告客户。印刷性的媒体如杂志则弹性太小，因为彩色稿需要进行分色、印刷、装订、邮寄等复杂过程，所以广告稿通常杂志出版前三四个星期交到杂志社，而且在这段时间内不能再做任何更改。最缺乏弹性的媒体是电视，因为电视广告片的制作时间较长，费用巨大，需要更改的费用也很高。因此，在选择广告媒体时，必须充分考虑到本商品广告信息的时间性和媒体弹性，然后才能确定最佳的广告媒体。

（八）媒体的辅助性和接受性

当媒体内容与广告中的商品性质相同时，就可以增加广告的可接受程度。因此，选择媒体，要考虑到媒体的整体内容是否与本商品相接近。例如，千万不要在以少年儿童为主要对象的媒体上做成人商品的广告。另外，也要考虑到媒体的接受性，因为大多数消费者对某些商品都有一个固定的商品形象，如果某商品的广告一旦出现在他们认为适当的广告媒体上，那么这种广告接受性就会很高。例如，高档商品广告在高级杂志中出现，就能产生较好的媒体接受性。

此外媒体选择还与品牌形象和个性、创意策略、竞争品牌的媒体策略等有关，在真正选择媒体时，这些都是必须要考虑的因素。做媒体策略就像是制作一台精密的仪器，是一项很复杂的脑力和体力相结合的劳动。

知识点三　广告心理效果的测定

广告心理效果是指广告信息经过特定的媒介传播后，对消费者心理活动的影响程度。广告心理效果测评主要是测评广告对消费者的影响程度，这种影响程度除了体现在销售额上，更主要地体现在消费者的认识、情感、意志等心理因素的影响程度上。

广告作用于消费者而引起的一系列心理效果，主要表现在对广告内容的感知反应、记忆程度、思维活动、情感体验和态度倾向等方面。企业广告宣传要达到预期的广告效果，必须定期进行广告心理效果的测定，并根据测定结果对产品广告进行调整。

（一）广告心理效果的测定内容

广告心理效果测评主要就是对消费者因广告作用而引起的一系列心理反应的测定和评价，包括对商品信息的注意、兴趣、情趣、记忆、理解、动机、行动等心理活动反应。广告的心理测定是隐含的、潜在的，不能通过市场上商品的销售量直接测定。实践中，通常测定的具体内容包括：

（1）注意度。主要是了解广告作品的吸引力。

（2）知名度。主要了解消费者中有多少人知道商品的品牌和品质。

（3）理解度。主要了解消费者对广告内容的理解程度，广告主题是否明确。

（4）记忆度。主要了解消费者对广告内容的记忆程度、能否追忆广告内容，多用回忆法和询问法测定。

（5）购买动机。主要了解消费者购买商品是随意购买还是受广告影响而购买。

（6）视听率。主要了解广告接触到多少消费者。

（二）广告心理效果测定的方法

根据心理效果测定时间在广告播出前后的不同安排，广告心理效果测定分为事前测定和事后测定两种。

1. 事前测定

事前测定，是在广告作品尚未正式刊播前，邀请有关广告专家、消费者团体进行现场观摩，审查广告作品存在的问题，或进行各种测验对广告作品可能获得的成效进行评价，根据测定的结果，技术调整广告促销策略，修正广告作品，提高成功率。广告作品发布前心理效果的测定方法主要有以下几种。

（1）广告评分法。广告评分法的具体做法是抽查或邀请一定范围、一定人数的视听者或有关专家来评价广告内容，评分时设置吸引力、可读性、亲热度、引起行动等项目，每项的最高分是20分，如表9-2所示。

表9-2　广告评分表

评价项目	评价依据	评分百分比（%）
吸引力	吸引注意力的程度	15
对潜在消费者的推动力		5
可读性	是否了解广告的全部内容	10
认知性	对广告信息焦点的认可程度	10
亲热度	对广告的兴趣	10
由广告引起的实现需求意愿的迫切感		10
引起行动	由广告引起的立即购买行为	20
由广告唤起的潜在购买准备		20

优劣	最佳	优等	中等	下等	最差
分数线	80 ~ 100	60 ~ 80	40 ~ 60	20 ~ 40	0 ~ 20

（2）组织测试法。组织测试法是在广告播出以前，预先加以测试，被测试者必须从广告商品的目标消费者群体中选出。这种测试方法，可以测试出哪一幅广告更具有吸引力，广告的意图是否正确等。也可以将一组广告样本交给被试者看多次，然后让其回忆所见过广告的印象，并对每一则广告的特点加以说明。这种方法对于比较表现方式不同的广告的传播能力有一定作用。

（3）实验室法。实验室法是利用先进的科学仪器在实验室中测定消费者广告效果心理反应的方法。目前正在研究和试用的大体有两种：一是根据人的脑电波变化，来判断测试者是否对广告上宣传的商品感兴趣；二是根据被测试者注视广告时瞳孔的放大或缩小来判断广告的吸引力。

2．事后测定

事后测定，是指广告作品正式向大众传播后，进行总结性的收集广告心理效果，以便为下一阶段的广告活动决策提供决策依据而进行的测定，又称复审法。事后测定是以广告播出的实地消费者为对象所收集的心理效应，有以下两种方法：

（1）认知测验法。给测试对象看一份广告，询问是否看过或听过。这种测试方法最好在受众看过广告后最短的时间内进行。

（2）回忆测验法。利用询问法或问卷法，测定广告心理效果的理解记忆程度。这种测试最好定期且有计划地进行，一般在3个月后进行测试效果最佳。

总之，企业对产品广告心理效果的测定，需要消费者切实合作，调研者需采用真实的方法，具备高度的责任感，同时要注意依据商品的使用对象选择具有代表性的消费者进行测试。

项目十

基于消费者心理与行为的营销沟通策略

项目任务导图

- 基于消费者心理与行为的营销沟通策略
  - 营销沟通概述
    - 营销沟通的含义
    - 营销沟通的渠道
  - 销售服务策略
    - 售前服务与消费心理
    - 售中服务与消费心理
    - 售后服务与消费心理

项目目标

知识目标

理解营销沟通的含义、途径与心理策略

企业销售服务策略

能力目标

能够正确使用营销沟通的渠道，与消费者顺利进行沟通

能够协助企业进行更好的销售服务，满足消费者需求

素质目标

培养学生良好的人际沟通、协调能力，以及发展人际和谐关系的能力

培养学生对客户负责、对企业负责的态度

培养学生过硬的心理素质、业务素质，为培养高素质从业者奠定基础

任务一

营销沟通概述

任务导入案例

抬头行动

“世界上最远的距离，莫过于我们坐在一起，你却在玩手机。”各种移动终端、社交平台，正悄然改变着人们的生活习惯。BBDO广告公司助力星巴克，在腾讯微博和新浪微博发起社会化营销活动——“抬头行动”，提出“让我们抬起头，一起面对面用心交流吧”。

“抬头行动”一经推出，就引起了强大的社会反响。数据显示，“抬头行动”在腾讯微博上已有200多万人支持，腾讯微博线上活动平台话题页广播超过200万条，相关广播667万条，4496万次阅读滚动直播。

真实沟通分享的重要性让该活动得到了越来越多人的认可和关注。星巴克发起的“抬头行动”，倡导用心交流，享受身边美好的事物，打造“面对面”的沟通环境与机会。之所以迅速受到追捧，是因为该倡议触及到了大家对真实人际交往的需求——沟通。

（资料来源：http://iwebad.com/case/2629.html）

问题思考：

1. 沟通为何如此重要？

2. 星巴克与腾讯微博和新浪微博合作开展“抬头行动”，其营销沟通主要采取了哪种渠道？

3. 星巴克的“抬头行动”效果如何？

4. 除此之外，还有哪些营销沟通渠道可以利用？

知识讲解

知识点一　营销沟通的含义

营销沟通是指在营销组合中通过与顾客进行双向的信息交流，建立共识而达成价值交换的过程。

就本质而言，营销与沟通是不可分割的：营销就是沟通，沟通就是营销。营销沟通目的有两个：创建品牌和销售产品。营销沟通的定义包含了以下三个方面的要素。

（一）营销沟通传递信息、思想和情感

营销沟通传递的不仅是企业、产品、服务的信息，还传递人与人之间的情感因素，以

及现代的消费方式、消费理念、新时代生活观念等。通过营销沟通的有效传递，拉近与消费者的距离。

（二）营销沟通是双向的、互动的反馈和理解过程

双向互动的沟通才是良好的有效的沟通。市场营销人员以消费者为中心，与其开展良好的沟通，对所关注问题及时反馈，才能赢得消费者的信赖和理解。

（三）营销沟通是为了一个明确的目标而达成共同的协议

营销沟通的最终目标就是通过一定的销售技巧与消费者进行良好的沟通，满足消费者的心理需求，促成消费者购买行为，并为后期的重复购买或介绍新的消费者奠定基础。

知识点二　营销沟通的渠道

营销活动中，买卖双方的营销沟通必须通过一定的媒介或渠道来传递信息、思想和情感。在营销过程中，企业或营销人员常用的营销沟通渠道有以下几种。

[微课]
营销沟通的渠道

一、广告媒体

广告是为了某种特定的需要，通过一定形式的媒体，公开而广泛地向公众传递信息的宣传手段。所有营销手段的目的都是为产品服务，推广、销售产品，作为营销手段之一的广告自然不能摆脱这一属性。

实例链接

王老吉“让爱吉时回家”再出发

人在旅途，家是方向。过年，是一种对团圆的期盼；回家是一场关于爱的抵达。帮助更多有实际困难的同胞回家团圆，是王老吉多年来始终坚持春节公益活动的目标与方向。2019年12月12日，王老吉“让爱吉时回家”春运关爱行动第八季暖心启动，年度代言人周冬雨助阵“打call”。

“让爱吉时回家”再启航　跨界合作助力春运

“让爱吉时回家”在公益形式上，除了打造爱心高铁之外，王老吉及合作伙伴还提供了出行组合券，形成了“爱心高铁+出行组合券”的创新模式，打通春运陆路交通链条。此外，王老吉还将与合作单位陆续推出更多举措，帮助更多有需要的人员安全、快速地返乡团圆。

王老吉牵头“公益＋”　模式创新加出正能量

王老吉积极践行公益理念，传承“授人玫瑰，手留余香”的精神。王老吉用实际行动回馈民族、反哺社会，传递出了“满格”正能量。

“让爱吉时回家”公益活动打破了传统思维，进行跨界联合。王老吉牵头“公益+”，充分调动、整合王老吉的品牌及渠道优势、广铁集团的列车优势、湖北商会的社会资源优

势、北京猎豹移动和美拍的线上线下资源，并在此基础上打造出一个能够承载大家共有公益理念的大平台，成功帮助更多人踏上回家之路。

（资料来源：根据今日头条相关资料整理，有删减。）

【思考与应用】王老吉的“让爱吉时回家”活动如何达到了良好的营销沟通作用？

二、人员推销

人员推销是企业通过销售人员与消费者的口头交谈来传递信息、说服消费者购买的一种营销活动。人员推销是一种具有较强人性因素的、独特的促销手段。它具备许多区别于其他促销手段的特点，可完成许多其他促销手段所无法实现的目标，其效果是极其显著的。相对而言，人员推销适合推销性能复杂的产品。当销售活动需要更多地解决问题和说服工作时，人员推销是最佳选择。说服和解释能力在人员推销活动中尤为重要，它会直接影响推销效果。

三、互联网媒体

互联网媒体又称为“网络媒体”，就是借助互联网这个信息传播平台，以计算机、电视以及移动电话等为终端，以文字、声音、图像等形式来传播新闻信息的一种数字化、多媒体的传播媒介。

通过互联网媒体与消费者进行营销沟通已普遍被企业采用，各种网络调研、网络广告、网络服务等网络营销活动正异常活跃地介入企业经营销售中，主要方式有以下几种。

（一）网上调研

网上调研可以利用互联网技术中多种搜索方法主动地、积极地获取有用的信息和商机，能主动地进行价格比较，搜索获取消费者的需求和竞争对手的信息等商业情报。网上调研具有调查周期短、成本低的特点。

（二）信息发布

互联网营销主要是通过各种互联网媒体手段，将企业营销信息高效地向目标用户、合作伙伴、公众等群体传递，因此信息发布就成为网络营销的基本内容之一。互联网为企业发布信息创造了优越的条件，不仅可以将信息发布在企业网站上，还可以利用各种互联网营销工具和网络服务商的信息发布渠道向更大的范围传播信息。

（三）网站推广

网站推广是以互联网为基础，利用数字化的信息和网络媒体的交互性来辅助营销目标实现的一种新型的市场营销方法。

（四）网上销售

网上销售即通过互联网销售产品。网上销售是企业销售渠道在互联网上的延伸，一个具备网上交易功能的企业网站本身就是一个网上交易场所，网上销售渠道建设并不限于企业网站本身，还包括建立在专业电子商务平台（如淘宝、京东等）上的网上店铺，以及与其他电子商务网站不同形式的合作等。

（五）销售促进

市场营销的基本目的是为最终增加销售提供支持，网络营销也不例外，各种互联网营销方法大都直接或间接具有促进销售的效果，同时还有许多针对性的网上促销手段，如邮件广告、搜索引擎注册等。

（六）顾客关系管理

顾客关系管理是一个不断加强与顾客交流，了解顾客需求，并对产品及服务进行改进和提高以满足顾客需求的连续的过程；是企业利用信息技术和互联网技术实现顾客的整合营销；是企业为了赢取新顾客，巩固保有既有顾客，增进顾客利润贡献度的方法。

互联网媒体传播速度快，信息来源广泛，制作发布信息简便，为建立良好的顾客关系、提高顾客满意度和顾客忠诚度奠定了基础。缺点是互联网媒体的客户群以年轻人和中年人为主，老年消费者较少。

四、公共关系

公关促销并不是推销某个具体的产品，而是利用公共关系，把企业的经营目标、经营理念、政策措施等传递给社会公众，使公众对企业有充分了解；对内协调各部门的关系，对外密切企业与公众的关系，扩大企业的知名度、信誉度、美誉度。为企业营造一个和谐、亲善、友好的营销环境，从而间接地促进产品销售。

公共关系常见的形式主要有以下四种。

（一）制造新闻

新闻具有权威性、准确性的特点，有利于营造产品和企业的知名度，树立企业形象。例如，深圳航空公司的“女孩大赛”活动、南航的“海选空姐”活动等，实际上都是公司策划的新闻事件，能够最大限度地吸引媒体和广大公众的眼球，提高公司的知名度和美誉度。

（二）举办赞助活动、公益捐赠等

通过赞助活动、公益捐赠等来提高企业在公众中的声誉。例如，阿里巴巴赞助奥运会，成立公益基金，开展“95公益周”，充分体现了企业的社会责任感。

（三）开展庆典活动

庆典等特别活动能吸引消费者的注意，关注企业及产品。例如，阿里巴巴每年举办声势浩大的年会，以提高企业知名度，扩大社会影响力。

（四）组织参观活动

组织生产线观摩，企业参观活动可以使消费者深入了解企业，提高忠诚度。例如，青岛啤酒就经常组织人们参观啤酒灌装流水线车间、青啤集团文化展厅、博物馆，现场品尝新鲜啤酒，感受百年老厂精髓文化。

五、营业推广

营业推广又称销售促进，是指那些不同于人员推销、广告和公共关系的销售活动，它旨在激发消费者购买和促进经销商的效率，诸如陈列、展出与展览表演和许多非常规的、非经常性的销售尝试。营业推广是一种适宜于短期推销的促销方法，是企业为鼓励购买、销售商品和劳务而采取的除广告、公关和人员推销之外的所有企业营销活动的总称。营业推广的主要优势如下。

（一）可以吸引消费者购买

这是营业推广的首要目的，尤其是在推出新产品或吸引新顾客方面，由于营业推广的刺激性比较强，较易吸引顾客的注意力，使顾客在了解产品的基础上采取购买行为，也可能使顾客追求某些方面的优惠而使用产品。

（二）可以奖励品牌忠实者

因为营业推广的很多手段，譬如销售奖励、赠券等通常都附带价格上的让步，其直接受惠者大多是经常使用本品牌产品的顾客，从而使他们更乐于购买和使用本企业产品，以巩固企业的市场占有率。

（三）可以实现企业营销目标

营业推广实际上是企业让利于购买者，它可以使广告宣传的效果得到有力的增强，破坏消费者对其他企业产品的品牌忠实度，从而达到本企业产品销售的目的。

同时营业推广也存在一些不足：它只是广告和人员销售的一种辅助的促销方式；刺激强烈，但时效较短，是企业为创造声势获取快速反应的短暂促销方式；顾客容易产生疑虑，过分渲染或长期频繁使用，反而对产品或价格的真实性产生怀疑。

任务二 销售服务策略

任务导入案例

海底捞的超级服务

海底捞虽然是一家火锅店，它的核心业务却不是餐饮，而是服务。在海底捞，顾客能真正找到"上帝的感觉"，甚至会觉得"不好意思"。海底捞的服务已经征服了绝大多数的火锅爱好者，顾客会乐此不疲地将在海底捞的就餐经历和心情发布在网上，越来越多的人被吸引到海底捞，一种类似于"病毒传播"的营销效应就此显现。

几乎每家海底捞都是一样的情景：等待区里人声鼎沸，等待的人数几乎与就餐的人数相同，免费的美甲、擦鞋、按摩服务，可口的水果、零食、饮料一应俱全，跳棋、扑克牌的小游戏打发时间，海底捞把痛苦的等待过程变成了一种愉悦。

仅仅靠售前服务还不够，待客人坐定就餐时，围裙、热毛巾已经一一奉送到眼前了，每隔十几分钟，就会有服务员主动更换你面前的热毛巾，服务员还会细心地为长发女士送上发卡和皮筋，以免头发垂落到食物里，戴眼镜的顾客则会得到擦镜布，以免热气模糊镜片。如果你带了小孩子，服务员会提供免费蛋羹，还会赠送小礼物。海底捞还在卫生间中准备了牙膏、牙刷甚至护肤品，过生日的客人会意外得到礼物，如果你是一个人就餐，服务员怕你孤单会给你在对面放个娃娃……如果你点的菜太多，服务员会善意地提醒你已经够吃；就餐人数较少，会建议你点半份。

餐后，服务员会马上送上口香糖，一路上所有服务员都会向你微笑道别。出门后还有专门的去味神器，帮你去除衣服上的火锅味，如果你是孕妇，会得到海底捞特意赠送的泡菜，如果你特别喜欢店内的某个免费食物，服务员也会单独打包一份让你带走。

从一个四张桌子的四川火锅店一路逆袭成为市值千亿的上市公司，作为"一个让人意犹未尽的地方"，海底捞的超级大卖点就是堪称"变态"的服务。海底捞"变态服务"的背后，其实表达出了其领先于许多餐饮企业的顾客理念——以顾客的满意度和忠诚度为先，帮顾客找到"上帝的感觉"。

（资料来源：https://live.fatiao.pro/article/23573.shtml）

问题思考：

1. 海底捞都采取了哪些措施让顾客找到了"上帝的感觉"？
2. 海底捞的营销服务体现了怎样的心理策略？

知识讲解

知识点一　售前服务与消费心理

［微课］售前服务与消费心理

一、售前服务的含义

售前服务是指产品从生产领域进入流通领域，但还未与消费者见面之前提供的各种服务。主要包括货源组织、商品运输、储存保管、再加工、广告宣传、拆零分装、柜台布置、橱窗设计、商品陈列、咨询、培训等服务工作。

二、售前服务心理策略

（一）建立目标市场服务档案，把握消费者心理需要

对市场进行细分后，会形成多个目标子市场，企业可以通过建立数据库，储存目标市场消费者的心理特征、购物习惯等方面的信息，为针对性服务提供依据。

（二）最大限度地满足消费者的相关需求

除了满足消费者的主要需求外，还要最大限度地满足消费者的相关需求，从而达成购买行为，提高顾客满意度和忠诚度。

（三）促使消费者认知接受商品

消费者认知接受商品需要一个过程，企业可以通过利用广告宣传、咨询服务等方式，吸引消费者的注意力，也可以通过引导消费者学习新的知识和技术，帮助其树立新的消费观念，准确选购和使用商品等。通过一系列售前服务措施，消除消费者的戒备心理，使消费者认知并接受商品。

知识点二　售中服务与消费心理

［微课］
售中服务与消费心理

一、售中服务的含义

售中服务是指在商品销售买卖交易的过程中，直接或间接地为消费者所提供的各种服务工作。例如，热情地为消费者展示产品，介绍产品的性能、特点、用途、保养方法等，耐心地帮助消费者挑选商品，解答消费者提出的问题，帮消费者消除疑虑，主动帮助消费者挑选产品，充当参谋，在消费者决定购买后，营业员应迅速付货，进行结算，并做好相应的包装、协助送货等工作，热情送别消费者等。售中服务与消费者的实际购买行为相伴随，是促进商品成交的核心。

二、售中消费者心理分析

消费者在接受售中服务过程中，主要有下列心理。

（一）获得详尽的商品信息

消费者在接受售中服务过程中，希望营销人员能对其选购商品提供尽可能详细的信息，使其准确了解商品，解决选购的疑虑和困难。

（二）寻找决策帮助

当消费者选购商品时，营销人员是其决策的重要参与者和咨询者，特别是当消费者拿不定主意时，很希望营销人员能够提供建议，充当参谋，帮助其做出正确的购买决策。

（三）受到热情接待与尊重

消费者的售中服务心理需要，主要是能受到热情解答与尊重，包括：受到营销人员的以礼相待，并能一视同仁；服务周到，百问不烦、百拿不厌；言谈话语轻松自如，让顾客真正找到“上帝”的心理感受与体验。

（四）追求方便快捷

期待减少等候时间，尽快受到接待；方便挑选、方便交款、方便取货；已购商品迅速包装递送，大件商品能免费送货等。

知识点三　售后服务与消费心理

［微课］
售后服务与消费心理

一、售后服务的含义

售后服务是指生产企业或零售企业在商品已经到达消费者手中、进入消费领域后，继续为消费者提供的各项服务。

售后服务作为一种服务方式，内容极为广泛，包括咨询服务、实行“三包”服务、免费送货、上门安装等。满意的售后服务还会促使消费者主动为企业产品及服务进行口头传播，进而说服和带动其他人购买。

二、售后消费者心理分析

对产品的售后服务，消费者心理表现有以下几种。

（一）求助心理

这种心理较多地表现在消费者要求提供维修服务、咨询服务和退换服务等。消费者希望营销人员在提供上述服务时，态度诚恳、实事求是地解决问题，不要推诿、扯皮、拖延或埋怨、责怪。例如，海尔产品为赢得众多消费者的青睐，推出“24小时全天候售后服务”措施，使消费者买得放心、用得舒心，深受广大消费者的欢迎。

（二）试探心理

由于主观和客观等多种因素的影响，消费者对所购商品的评价在购买初期可能不知道是否合适，甚至有些消费者希望更换商品。当消费者来店提出退换的需求时，往往带有试探心理，特别是耐用消费者，一般并不携带。营销人员针对这种情况，要仔细咨询消费者对商品的使用情况，帮助他们解决疑问，消除购买后的不良感受，使其试探心理得到满足。

（三）退换心理

当消费者的商品被消费者确定为购买失误或因产品质量出现问题时，消费者会产生要求退换商品和进行维修服务的心理状态，营销人员必须冷静耐心地听取消费者的陈述，客观地分析，明确责任，妥善地解决问题。

三、售后服务心理策略

针对消费者的售后服务心理，企业可采取以下策略。

（一）建立有效的服务网络

企业应建立广告的售后服务网点，采用开通免费服务电话等方式，向消费者提供及时有效的售后服务。例如，海尔售后服务，秉承“诚信为本、客户至上”的服务态度和“以客户为中心”的服务指导思想，建立了遍布全国的服务网点，开通了24小时报修热线服务。

（二）创新服务方式，提供超值服务

企业通过创新自己的服务方式，向消费者提供超过预期的、更周到的服务。例如，淘宝商家设立全天候在线咨询服务，多数商家还提供7天无理由退换货服务，为消费者提供便利。

（三）赔偿策略

为了获得广大消费者的认可，企业建立了诸如“差价赔偿”等相应的赔偿制度。例如，格力公司于2008年率先推出“一年包换，全额补偿”的赔偿措施，直接摆脱了“免费保修、包换”等同质化竞争的旧模式，直达消费服务的核心地带，给消费者的需求提供了更实际、更关切、更渴盼的保证。

（四）完善传统的售后服务方式

传统的售后服务随着时代的发展已不再满足消费者的消费需求，企业应对其进行改进和完善。例如，送货服务不能简单地追求将笨重或体积庞大的商品送至消费者手中，而是要在“送货距离、送货难度、送货是否及时”等问题上尽量站在消费者角度进行妥善处理，并对空调、电视等大件商品安排专业人员上门服务，免费安装调试，对于像计算机、软件类等产品，如果消费者因缺乏专业知识而遇到解决不了的问题，企业要提供及时的解答和指导。企业还应建立完善的客户服务档案，定期或选择客户进行回访，获取消费者对品牌产品的信任。

项目十一

基于消费者心理与行为的营销环境策略

项目任务导图

- 基于消费者心理与行为的营销环境策略
  - 店容店貌设计策略
    - 商店的地址与消费心理
    - 商店的招牌与消费心理
    - 商店的店标与消费心理
    - 商店的店门与消费心理
    - 橱窗设计与消费心理
  - 店内设计策略
    - 商店内部装饰与消费心理
    - 商品陈列与消费心理

项目目标

知识目标

掌握商店的地址、招牌、店标、店门和橱窗等对消费心理的影响

掌握商店内部装饰对消费心理的影响

掌握商店商品的陈列对消费心理的影响

能力目标

能够正确运用商店的店容、店貌等消费心理策略开展营销活动

能够正确运用商店的内部装饰、商店的商品陈列等消费心理策略

素质目标

培养良好的观察力，培养分析问题、解决问题的能力

养成积极心态，养成善于动脑、勤于思考、及时发现问题的学习习惯

任务一
店容店貌设计策略

任务导入案例

7-11便利店的布局特色

在日本、泰国、韩国、中国等地，无处不在的7-11便利店几乎成为人们生活中不可获取的一部分（图11-1）。24小时全天候营业模式是它显著的标识，但事实上，7-11便利店单个店面的营业面积较小，商品陈列有限且价格并不便宜，为什么却如此吸引人呢？

图 11-1　便利店门店

1. 店面选址：便民

出于便捷的考虑，7-11便利店只选择在消费者日常生活行动范围内开设店铺，定位于“你的好邻居”。

2. 招牌与店标：独特

7-11便利店最早创立于美国，不久后便推出了当时便利服务的“创举”，将营业时间延长为早上7点到晚上11点，自此，“SEVEN-ELEVEN”传奇性的名字诞生。从1975年开始变更为24小时全天候营业。但是，整齐、开阔、明亮的“SEVEN—ELEVEN”的招牌与店标却一直延续至今。

3. 所售商品：实用

7-11便利店大约有3000种商品，其中食品占75%，杂志及其他日用品占25%，每一种商品对于目标消费者来说都是“方便好用、每日必需、不可或缺的”。

4. 店面布局：精细

7-11便利店的店面布局是比较直观、比较能展现该店形象的一面。到过7-11便利店的人都有这样的体会：店内地方虽小，却不显拥挤、杂乱，在里面购物感觉非常轻松和舒适。这一切要归功于7-11便利店对有限空间的合理利用：①7-11便利店出入口的设计一般在店铺门面的左侧，宽度为3~6米，根据行人一般靠右走的潜意识的习惯，入店和出店的人不会在出入口处产生堵塞；②7-11便利店的装潢效果有效地突出了商品的特色。店内柜台、展柜、货架等使用的是反光性、衬托性强的纯白色，给人整洁、干净的感觉；③7-11便利店选择了组合式收银台，打造多功能收银区域。收银台左侧会配置咖啡机，前端配置陈列口香糖、润喉糖等小商品的定制款小前架；收银台背面还有嵌入式靠墙货架和烟酒货架，既能保护这些高利润商品，也能有效促使顾客产生冲动性消费行为；④为了给顾客有足够空间，7-11的收银台设在出入口处，由收银台在出入口处分隔成出入口通道。收银台和最近的货架之间的距离至少应该有4米以上，以保证有足够的空间让等候的顾客排队；⑤7-11便利店通常24小时营业，这类便利店内一般少不了销售一些熟食类商品。因此，7-11便利店专门规划了休闲区，供顾客坐下来用餐、休息。休闲区一般设置在靠近橱窗的角落位置，既节约便利店空间，又不会影响店内整体的购物环境。

上述因素使消费者在购物的过程中对7-11便利店逐渐形成一种美好的品牌感受，并吸引消费者不断地光顾该店。这就是7-11便利店能够存活与发展的重要原因。

（资料来源：时尚店铺服务咨询。）

问题思考：

1. 7-11便利店的选址体现了怎样的消费心理？

2. 7-11便利店的店标设计体现出怎样的心理策略？

3. 7-11便利店是通过怎样的内部装饰与商品摆放在激烈的竞争中存活与发展成为全球知名的便利店连锁品牌？

知识讲解

知识点一　商店的地址与消费心理

［微课］选址与消费心理

商店的位置与消费者的购买心理密切相关，直接关系到经营能否成功。

一、商店位置的心理效应

一般来说，商店的地理位置主要有以下两种心理效应。

（一）聚集心理效应

商业经营中有“马太效应”一说，即当消费者在一处营业环境购买商品或消费时，他们可能同时会在附近的营业场所浏览、观光或消费，并可能产生购买行为。因此，商店若处于人口密集、客流量大、交通便利的城市中心或繁华地区，且与其他类型的商店聚集，则可以借助该地理位置浓厚的商业氛围和完备的综合功能吸引很多的消费者光顾，并促使消费者连带性地购买商品。

（二）便捷心理效应

商店若与消费者居住地距离较近，则可以借助购物便利的优势吸引消费者实施购买行为，满足其求便的消费心理。例如，消费者经常在其住所附近的超市购买日用品等。

二、商店选址的基本原则

（一）方便消费者购物

商店的选址应当方便消费者购物，具体选址策略有以下几种。

1. 选址交通便利地

商店所处位置应有开阔的道路与外界连接，有利于车辆到达，便于消费者前来购买商品及携带所购商品返程。例如，商店附近有地铁站、公交站、停车场等。

2．靠近人群聚集地

商店选址靠近人群聚集地，便于消费者就近购物，有利于消费者同时购买多种商品或享受休闲、娱乐等多种服务。例如，当消费者在附近有各种娱乐、餐饮设施的场所购买商品时，他们通常会在购买商品的同时，连带消费劳务服务。

3．选择客流最佳地段

商店选址与一定时间内某一路线上消费者的流向、流动目的、流速、滞留时间和流量集中地点相协调，一般而言，商业街两端购物的消费者人数明显少于中间地段。

（二）符合商品特性

1．商品性质

商品的性质与消费者的消费心理密切相关，店址的选择应充分考虑这一点。例如：日常生活用品的便利店应设在居民区附近，方便居民的日常购物消费；黄金首饰、奢侈品店应设在高档商场内。

2．商品价格

商品价格的高低与其周围居民的消费品位、消费水平有直接联系。例如：奢侈品、高档生活消费品的商店应设在高档小区附近或高档商业街。

3．消费习俗

商店选址要根据商品的特性，考虑不同地区、不同民族的消费习俗，因地而异。例如：北方冬季棉服店生意兴隆，但南方则很少开设。

（三）利于商店业务发展

1．靠近商圈

将商店选址于已形成的商圈内，可以节省培育新商圈的成本，并有效地利用现有商圈的客流。例如，各大城市都有一种普遍现象，就是服装市场、汽车市场、家具市场、科技市场等规模性开设，虽然竞争激烈，却顾客盈门。

2．考虑配套场所

商店选址时需考虑配套场所，以满足消费者的配套服务。例如，多数商场需要配备面积足够大的停车场，以方便频繁的进货与顾客大批量购物后的用车停放需求。

3．靠近运输线

商店选址应尽可能地靠近运输线，以便企业采购与供应，从而节省采购成本与运输成本，确保经营活动的正常进行。

知识点二　商店的招牌与消费心理

［微课］招牌与消费心理

招牌是商店的名称，是企业区别于其他经营者的语言性标志，体现企业形象和风格。

招牌是商店招揽生意的名称或牌号，也是商店的标识，常置于商店门前或挂于建筑物上。从营销角度分析，招牌是一种用文字表述的广告，而招牌的首要问题是命名。

一、商店招牌命名的心理作用

（一）识别与引导，方便顾客

商店招牌通常标志着商店的主要经营范围或服务项目，能使消费者知道或大体了解其业务范围，有利于消费者寻找购买目标。

例如，“绝味鸭脖”“老百姓大药房”等招牌，直接显示了商店的交易范围与经营项目，给顾客购物提供了极大的方便。

（二）引起注意，诱发联想

具有新颖性、独特性和艺术性的招牌，能够有效地刺激消费者的视觉，引起消费者的注意或使消费者产生美好的联想，进而促使其进入店内浏览商品并产生购买行为。

例如，“三味酥屋”“一封情酥”的招牌，招牌不仅美观、醒目，迅速吸引消费者的注意，而且其文字耐人寻味，能使消费者产生美好的联想。

（三）突出传统，反映特色

我国有许多传统老店，具有悠久的历史和传统的经营特色。

例如，中华老字号“全聚德”包含了“全而无缺，聚而不散，仁德至上”的内涵，传导着“全聚德”不畏艰难、全力以赴、奋力拼搏、谋求发展壮大的宏图伟志；体现着“全聚德”同心协力、锲而不舍、聚心、聚志、聚力、追求事业发展和永远奋进的顽强精神；象征着“全聚德”圆满、团圆、仁义、恭谦的道德观念和以德为先、诚信为本，热情、周到为各方宾客服务的经营理念。

（四）方便记忆，易于传播

内容简短、易读易记的招牌，能给消费者留下深刻的印象，便于消费者记忆和传播商店信息。

例如，现在的索尼公司，其创立之初名为“东京电讯工程公司”，其创始人盛田昭夫前往美国进行市场调研时，发现美国人几乎不知道该公司，原因就是公司名字翻译成英文后长达40多个字母。因此，招牌名称应朗朗上口，便于消费者记忆和传播。

二、商店招牌命名的心理策略

好的招牌命名应便于消费者识别，要触目、上口易记，同时满足消费者的好奇、方便、信赖、喜庆吉祥、慕名等心理需要，以便吸引众多的消费者。常见的商店招牌命名的心理策略如下。

（一）以商店主营商品命名，满足消费者求方便的心理

这种命名方式，通常能从招牌上直接反映出商店经营商品的类别，引导和方便消费者

选购，达到招徕生意的目的，如亨得利钟表店、豆腐王朝、廖记棒棒鸡等，使顾客一目了然，众所周知的肯德基、麦当劳快餐店的招牌，形象生动，世人皆知，起到了广而告之的作用，从而很好地吸引了消费者的购买。

（二）以商店经营特点或服务精神命名，使消费者产生信赖感

这种命名方式，能反映出商店的良好信誉和优质服务，使消费者产生信任的心理感觉。例如，“真相照相馆”令人想到满意的照片；“精益眼镜”让人觉得其服务和质量精益求精；“精时钟表店”使人联想到钟表的精确性；“百信鞋城”寓意经营者打造诚信销售的经营宗旨。使消费者从心理上产生信任感，从而促使购买行为的产生。

（三）以名人、名牌商标或象征高贵事物的词语命名，满足消费者求名、求阔心理

追求高级、华贵、高雅是某些消费者特有的心理倾向，称为求奢侈心理。随着经济发展、人民生活水平的提高，现代消费者不仅追求名牌商品，同时也追求名牌商店，如专营珠宝首饰的“戴梦得”在华贵中透着高雅。此外，在这种心理的支配下，还有一些消费者对取了外文名字的商品情有独钟。

（四）以寓意美好的词语和事物命名，迎合消费者的喜庆吉祥心理

这种命名方式即在招牌上的商店名称中加入有美好意境、寓意、愿望的词语或事物名，以引起消费者的美好联想，进而对商店及其经营的商品产生亲切感。例如：“一家人饭店”能使消费者联想到和家人吃饭时其乐融融的美好氛围；“老凤祥”能使消费者联想到吉祥、幸福与美好。

（五）与历史名人或民间传说相联系的命名方法

这种命名方法，是在招牌上的商店名称中嵌入历史名人的姓名或相关的民间传说，以反衬商店的经营历史或经营者的丰富学识，使消费者产生浓厚的兴趣和敬重心理。例如：“凤栖语书店”嵌有“凤栖语”（凤凰之栖息于梧桐树）的传说；“杜康醉”“东坡酱肘店”“陆羽茶叶店”则嵌入历史名人，均表现经营者的学识丰厚。

（六）以新颖、奇特的表现方式命名，引起消费者的好奇心理

感情动机是一种重要的购买动机，好奇心能引起兴趣、渴望、快乐、喜欢、满足等情感，最易诱发消费者购买商品的消费行为。我国浙江宁波有一家汤圆店，招牌上画着一口水缸、一只白鸭、一只小黄狗，该招牌引来许多好奇的顾客，其实招牌上的三副画就是店老板名字——江阿狗的谐音。由于这个招牌，使该店顾客盈门、生意兴隆。

【课堂讨论】学校附近商业街上的商店名称中，哪几个给你留下了深刻的印象？其原因是什么？

知识点三　商店的店标与消费心理

商店的店标，是指以独特造型物体或特殊设计的色彩附设于商店的营业现场或建筑物上的一种消费者的形象识别标志。店标作为招牌的一种补充形式，也是广告的一种，便于消费者识别。

一、商店店标的心理功能

商店的店标作为商店外观的一种形象设计，对消费者的购买心理和行为起到了一定的识别和指导的作用，具体表现在以下几个方面。

（一）店标是一家商店与其他商店的主要识别物

店标为企业所独有，因为设计独特、个性鲜明，消费者可通过店标进行辨认和区别，因此成为商店的主要识别物。

例如，创办于1971年的星巴克公司，从西雅图的一间咖啡零售店，发展成为当今国际著名的咖啡连锁品牌店。它的店铺已遍布三大洲，多达4000多家，其优美的“绿色美人鱼”店标已成为一种咖啡文化（图11–2）。

图 11–2　星巴克店标

（二）店标是商店或企业形象的物化象征

店标往往承载着商店或公司的经营理念、品牌文化、经营特色等，具有丰富的内涵。

例如，小米的店标是一个“MI”形，是Mobile Internet的缩写，代表小米是一家移动互联网公司，小米的LOGO倒过来是一个“心”字，少一个点，意味着小米要让小米的用户省一点心，另外，“MI”是米的汉语拼音，正好对应其名称（图11–3）。

图 11–3　小米店标

（三）店标是特殊的“广告”

一个设计新颖、独特的店标就是一个良好的形体广告。它通过不间断地强化消费者的视觉感受，吸引消费者的注意，引起消费者在过往时间内的回忆，从而招徕顾客。

图 11–4　麦当劳店标

例如，貌似小丑、顶着一头火红的爆炸头的麦当劳叔叔因其外形亲切幽默，风靡了全美国的儿童。当他们想起“麦当劳叔叔”的时候，自然地就会想起麦当劳汉堡包、炸薯条、炸鸡等美味可口的食物（图11–4）。

二、商店店标设计的心理策略

（一）独特

一家商店的店标应该是独一无二的，在进行店标设计时，要做到构思巧妙、独具匠心，避免相同或雷同。

（二）统一

不管是连锁店还是分店，店标应成为统一的代表物，无论时间、地点、环境如何变化，消费者都能根据统一的标志加以辨认。

（三）鲜明

店标的色彩应力求鲜明突出，带给消费者强烈的视觉体验，给消费者留下深刻的印象。

（四）醒目

店标在形体大小和位置设计上应醒目突出，可以迅速被消费者识别。

知识点四　商店的店门与消费心理

商店门面是指商店的外表，是一个商店的“脸孔”及构成商店形象的关键部分。消费者对于商店的认识，除了广告宣传、传统声望等因素外，多是从商店的外观开始的。

［微课］
店门与消费心理

门面会给人一种直观、形象、生动的印象。一个商店的门面如果富丽堂皇、高雅的话，那么它销售的商品会给人高档、优质的感觉；而如果门面简陋、陈旧的话，往往会让人感觉产品的质量难以保证。良好的外观、和谐的外在氛围，能引起消费者进去浏览、购物的欲望，而搭配不和谐的外观，则会使消费者没有进去的欲望。因此，外观要注意迎合消费者的需要。

一、店门设计的心理要求

（一）显示商店个性

店门的设计应具有独特的风格或体现出商店的经营特色，以满足消费者求新、求奇的心理。例如，吉卜力工作室官方授权的一家精品店，在店门设计有巨型龙猫和猫巴士，既像在恭候消费者的光临，又体现出店铺的动画主题，因此很受消费者欢迎。

（二）体现艺术美感

店门的设计应体现出艺术美感，以刺激消费者的视觉感官，为其带来美的享受。例如，某餐厅店门设计就极具时尚感和美感，让消费者眼前一亮，仿佛是让温暖的灯光照亮生活的喜悦（图11-5）。

图 11-5　某餐厅店门设计

（三）出入方便

店门是消费者进出的通道，因此设计时应以方便消费者进出为出发点。

二、店门设计对消费者购买产生的影响

店门设计主要考虑商店门面的开放程度，要方便顾客出入，满足顾客求便利的心理，同时也要考虑店内经营的东西。根据商店的类型以及对消费者的影响，店门开放度也可以设计成以下几种形式。

（一）封闭式店门

封闭式店门是指店门的开放度较小。通常经营贵重和精细的商品，比如：珠宝玉器、金银首饰、钟表等。这类商品由于本身的特点，光顾的顾客不会很多。所以装潢昂贵的店门尽管规模不大，但不会使人感觉窄小不便，反而会让顾客有一种庄重高贵的感觉，而且由于封闭较多，会创造出一种幽静、舒适、典雅的购物环境，这往往会使消费者感到愉快和安静，而且能够解除他们不安全的顾虑，从而使消费者达成购买的行为。当然，对于要求环境幽静的咖啡屋、茶室等都可以采取这种形式（图11–6）。

（二）半封闭式店门

半封闭式的店门比封闭式的要大，但又不是全面开放。它主要是便于使用空调、隔音等设备，能给消费者以安静、舒适、时髦的感受，它通常用于日用工业品或者经营生活用品的大型零售商场，而且近年来我国各地兴起的大型超市也会采用这种形式，这种形式的店门比较大，易于吸引消费者。而且大店门既适应大商场客流量大的需要，又会给消费者宽敞明亮的感觉，营造一种好的渲染气氛，有利于消费者购买行为的产生（图11–7）。

（三）全开放式店门

全开放式店门是把临街的一面全部开放，一般适合经营水果、蔬菜、海鲜等。这类商品属于日常生活用品，购买人数较多，客流量大，所以店门相对较为宽阔。一方面方便消

图 11–6　某咖啡厅的封闭式店门

图 11–7　半封闭式店门设计

费者出入，减少拥挤；另一方面便于消费者在外面就可以直接看到商店内部的商品，从而使其尽快接受来自商品的刺激，获取商品信息。一般在此购物的消费者更注重商品的使用价值和价格，所以门面不需要太过华丽，只要整洁、干净、朴实即可吸引目标消费者（图11–8）。

图 11–8　全开放式店门设计

（四）特色店门

特色店门多指一些中小型的专业商店，在门面装潢和招牌设计上注重突出自己的商品特色和经营特色，给顾客一目了然的感受。

在店门设计方面，除了上述几种形式外，在实际生活中，还要考虑到自然环境的影响，以最大限度地满足消费者的需求。

知识点五　橱窗设计与消费心理

在市场营销活动中，橱窗设计既是一种商品信息传播的重要形式，也是美化商业环境的重要手段。一个构思新颖、主题鲜明、风格独特、富于想象的商品橱窗，本身就是一件艺术品，不但与商店建筑和内外环境构成一幅有意境的画面，而且可以给消费者一种美的感受，形成一种强烈的视觉冲击，刺激消费购买。

一、橱窗的消费心理功能

（一）唤起注意

有些人根据自己的购买目标选购商店，有些人则常常是没有明确的目标的。店门、招牌、橱窗都在他们的视觉范围内，而橱窗是最先引起注意的。大多数消费者观看橱窗的目的，往往就是为了观察、了解和评价橱窗里的陈列商品，为选购商品收集信息，以便易于做出购买决定。因此，商店橱窗设计中最应注意的问题，就是要突出商店所经营的商品的个性，把个性商品的主要优良品质或特征清晰地展示给消费者，给消费者以选购的方便感。

就一般情况而言，在橱窗里展示的商品都应是名牌商品、特色商品，这些商品或是市场上抢手的紧俏货，或是刚上市的新产品，这样才能真正吸引众多的顾客，激发消费者的购买欲望。如果将没有什么名气的一般商品放在橱窗中陈列，则有可能给顾客造成商店经营水平低的不良印象，从而不利于刺激消费者购买。

（二）暗示消费者购买商品

暗示是指用含蓄间接的方法对人们的心理和行为产生影响。橱窗陈列还起着暗示人们使用所展览商品的作用。例如，卖家居用品的商店，在橱窗中布置成起居室的样子，陈列一套格调一致的家具模型，再配上色彩协调的窗帘、地毯，形成一幅生动的立体画面。它向顾客暗示，购买这种商品和这样布置最好。商家营造的这种购物环境往往在很大程度上刺激了消费者。

（三）诱发消费者的购买欲望

在橱窗中的商品不是孤立的，它总有许多陪衬物的烘托，为了突出主题，避免喧宾夺主，就必须从橱窗的整体布局上采用艺术的手法来考虑设计方案，使橱窗的整体布局给顾客留下优美的整体印象。在色彩运用上需要根据商品本身的色彩、题材以及季节的变化来安排，给消费者以明快、舒适的感受，满足顾客对美的需要，使顾客留下深刻的印象，从而激发购买欲望，增强购买者的信心，并付诸购买行动。

（四）启发消费者的联想

橱窗陈列常见的表现手法，是把商品样品与各种装饰物、色彩及相关的景物结合起来，构成完整协调的立体画面，使顾客产生丰富的联想。例如，北京王府井百货大楼一个橱窗的标题是“小雨中的回忆”，与此标题相配的是用美丽的西湖伞精心布置的橱窗——雨中行走的人物、夸张的雨滴、朦胧的景色、柔和的灯光，设计者给商品创造了一个能表现自身价值和特色的“环境”，从而取得了成功。从这个案例中也可以看出一个虚实结合的橱窗设计在促使消费者购买方面起着多大的作用。

二、橱窗设计的心理策略

（一）突出商品个性，适应消费者的选购心理

利用橱窗将所陈列商品的优良品质和个性特征充分地展示给消费者，以便消费者选购商品或做出购买决策。通过陈列流行的、新上市的或反映商店特色的商品，巧妙搭配或组合，给消费者耳目一新的感觉，让消费者从多个角度了解、观看商品，从而引导消费者进行消费。

（二）塑造优美的整体形象，给予消费者艺术享受

通过对橱窗进行层次分明、疏密有致、均衡和谐的艺术构图，以及色彩的协调应用，塑造具有吸引力和感染力的橱窗整体形象，适应消费者的审美趋势，加深消费者对商品的视觉印象，并从橱窗中获得美的享受。

（三）利用景物渲染氛围，满足消费者的情感需求

利用橱窗中的景物对陈列商品进行间接的描绘和渲染，使橱窗展现出耐人寻味的形象特征，进而使消费者联想到美好意境，满足其情感需求。例如，在春节等节日来临之际，商店在橱窗中可以利用景物道具布置一个温馨的世界，使消费者感受到浓厚的节日气息，并对陈列商品产生好感。

（四）根据季节变化和市场流行及时调整橱窗设计

商店要经常对商品、市场、消费者进行市场调研，及时调整橱窗内商品陈列。把适销对路、正值流行的新产品摆在橱窗最明显的位置上，吸引消费者的好奇心和注意力，发挥橱窗的促销作用。

任务二 店内设计策略

任务导入案例

星巴克店内设计的“小心思”

星巴克的咖啡馆，总是有让人留恋的地方，但相对星巴克的咖啡和杯子，很多人反而更加关注星巴克的室内装修，你会发现，每家风格相似但用的材料却不一样，很有意思。

星巴克店铺设计的特点和原则

为什么星巴克如此受世界各地人民的喜爱？其中与它的店内设计关系很大。

1．注重体验的设计细节

每个城市的咖啡馆，都应该成为一个城市的梦境。悠闲的下午、舒适的阳光、味浓香醇的咖啡，在这种舒适闲散的氛围中，设计应当以顺应人的心境为最高前提。

图 11-9　星巴克店内设计

星巴克的创始人Howard Schultz说过，Retail is Detail（零售即细节）。做好每个细节，才能营造更好的用户体验。因此，星巴克的店铺设计、布置、装饰的每一个细节都被充分地考虑，从消费者的角度去考虑空间布局，追求极致的用户体验（图11-9）。

2．规范而又富有创意的设计流程

星巴克拥有一套完整的设计流程图，每年初始，店面设计团队、创意小组和公司其他高管，在充分纳入消费者的意见和当年的设计趋势的前提下，确定下一年度的设计概念及主题，并由一线员工亲自参与设计店铺的装饰和布置，使得设计更加贴近消费者。

3．富有地方特色的设计风格

星巴克的咖啡馆设计，绝大部分是富有当地特色的艺术风格，不会让人觉得太突兀，反而有一种交融的魅力。无论何地，本土化设计都是非常必要的。

4. 大胆前卫的设计理念

设计讲究细节、本土化，并不意味着因此完全遵循常规建筑的特点，适当的创新和融合依然是一大“撒手锏”。

星巴克门店设计的这点小心思

每一店面的设计都有一定的韵味，同样具有吸引人的特色，大家都知道，星巴克咖啡店非常受欢迎，那么星巴克在设计上的那点小心思，你知道吗？

1. 动线

“当你靠近星巴克入口时，你所看到的是人们坐在那安静地喝着咖啡，它不会把最嘈杂的吧台展现给你，其实这是通过设计，规避了不好的视觉感观，同时遵守了人体动态游走的原则。”顾客走向吧台后，首先看到的是展示柜，各种咖啡杯和点心，这使得顾客在等候点单时，不至于无所事事。

这种设计被称作动线设计，其可促成商品销售。每个星巴克的展示柜、点单区、操作台、取单区、自助区的排列顺序都是从入门处开始向店内延伸，使得人流可以有序地向内移动，之间不会产生交叉；纸巾、搅拌棒等自取物会被单独安置在顾客前往座位的必经之路上。

2. 隔断

星巴克门店的座位区包括工作区、休闲区、洽谈区等多个区域，动线设计也体现在区域的进出路径上。开放性进出路径的设计，使得在店里的客人不会产生很大的压迫感、受限制感。

不同的区域主要通过桌椅的式样，以及高度进行区隔。在星巴克，有4种高度的桌子和3种不同等级的椅子的高度，样式则有100多种。休闲用的桌椅较低，固定式的稍微高点，咖啡馆式的再高一点，吧台椅子最高，方便和咖啡师面对面交流。吧台椅子还会被设置在窗户或者有玻璃的门旁边，方便看外面的景色。

3. 灯光

对于一家门店来说，灯光的设计也是重头戏。星巴克门店多使用点光，通过测算设定每盏灯之间的距离，打造阴影区和明亮区。在年轻人多的区域，光线可能就不会那么充足；但在金融区，活动人群年龄为30～50岁的话，对光线的要求就会变得较高。

每年星巴克内部会在全球范围评出年度设计奖，不禁感叹，星巴克真是一家被咖啡给耽误的设计院。

（资料来源：装一网。）

问题思考：

1. 星巴克的设计体现了哪些消费心理学因素？
2. 星巴克是如何利用灯光诱导消费者购物的？

知识讲解

知识点一　商店内部装饰与消费心理

理想的购物环境，会对消费者的感觉器官有着较强的刺激力，使他们在观赏选购商品时，感到优雅、舒适、和谐，始终保持兴致勃勃的情绪，从而促成购买行动，而且在购物或消费之后，还能吸引他们再一次光临这个场所，让他们把满意的体会转告其他顾客，为这个营销单位传播美誉。

一、内部总体布局对消费者购买的影响

总体布局是指营业环境内部空间的总体规划和安排。良好的总体布局不仅方便顾客，减少麻烦，而且在视听等效果上给人们产生一定的美感享受，这是吸引回头顾客、保持顾客忠诚度的因素之一。

二、内部照明对消费者购买产生的影响

营业环境的内部照明分为基本照明、特殊照明和装饰照明三种类型。

（一）基本照明

基本照明是为保证顾客能够清楚地观看、辨认方位与商品而设置的照明系统。目前，商场多采用吊灯、吸顶灯和壁灯的组合，来创造一个整洁、宁静、光线适宜的购物环境。

基本照明除了给顾客提供辨认商品的照明之外，不同灯光强度也能影响人们的购物气氛。基本照明若是比较强，人的情绪容易被调动起来，这就好像在阳光普照的时候或者在阳光明媚的海滩一样令人感到心旷神怡。美国麦当劳或肯德基的连锁店，其基本照明都很充足，人们一进入营业环境里立即有一种兴奋感。基本照明若是比较弱，人不容易兴奋，可能让人产生平缓安静的感觉，也有一定程度的压抑感，商品的颜色看起来有些发旧。所以销售古董一类商品的场所可以把基本照明设计得暗一些，但在日用品营业场所的设计中应该避免这一点，灯光设计要能够普照全部营业场所，光线亮度要调配恰当，以使商店显得富有朝气，丰富多彩，生意兴隆。

（二）特殊照明

特殊照明是为了突出部分商品的特性、特质而布置的照明，其主要目的是显现商品的个性，以便更好地吸引顾客的注意，激发顾客的购物兴趣。例如，在出售珠宝饰品的位置，采用集束灯光照射，显示产品的晶莹耀眼、名贵华丽。在出售时装的位置，则采用底灯和背景灯，显示产品的轮廓线条。

在利用特殊照明调节顾客的情绪、影响购物的气氛方面，有不少研究结果和成功的例子值得人们参考。在营业环境中，温色调的颜色能够刺激人出现一定程度的兴奋情绪，消费行为也就比较容易进行，而冷色调的颜色能够抑制人的兴奋情绪，不利于消费行为的进行。在食品店、餐厅、饭店等营业场所，一般尽量采用橘红色、橙黄色、黄色、淡红色、橘黄色等一类暖色调的灯光照明，有利于给顾客产生家庭般温暖的感觉。一些酒吧、咖啡厅的照明设计，需要将温色调的光照与冷色调的光照结合起来使用。在冷饮店，一般采用白色冷光源作为照明，很少使用温色调光源。这种照明可以充分显示商品的个性，更好地吸引消费者的注意，从而促成购买。

（三）装饰照明

装饰照明在整个商店的商品陈列中起着重要作用，它可以把商店内部装饰打扮得琳琅满目、丰富多彩，给消费者以舒适愉快的感觉。但对于装饰照明的灯光来说，对比不能太强烈，刺眼的灯光最好少用，彩色灯和闪烁灯也不能滥用，否则令人眼花缭乱、紧张烦躁，不仅影响顾客，而且会对销售人员心理产生不利影响。

三、内部音响对消费者购买产生的影响

营业环境的音响主要包括三个方面：一是背景音乐，目的是调节营业环境的气氛，调动顾客的购物情绪；二是经营单位播放的广告信息（包括商品广告信息、各种通知、寻人启事等）；三是服务员给顾客演示商品性能而产生的音响。除此之外，还有顾客与服务人员的交谈声，少数配套设备发出的声音等。

营业环境中播放适度的背景音乐，可以调节顾客的情绪，活跃购物的气氛，给营业环境增加许多生机，还可以缓解一些顾客紧张的购物心情，所以商业经营单位播放背景音乐已经成为一个普遍的现象。有调查人员发现，当消费者面临一个感情成分非常大的购买决定时，音乐的影响力可能最大。对大多数消费者来说，这种决定通常是购买珠宝、休闲用品和化妆品。

在播放背景音乐的时候，基本的要求是音质清晰，音乐题材适合于不同的营业环境。音乐题材要适合于不同的营业环境，是指音乐所产生的心理和情绪反应要与营业环境基本一致，例如：在刚开始营业的清晨播放欢快的迎宾乐曲，一天的营业结束时，播放轻缓的送别曲；销售具有浓郁的地方特色商品的营销环境，可以播放一些民族音乐；商品现代气氛较浓的营销环境，可以播放一些现代轻音乐；营业环境的档次高的，可以播放古典音乐、爵士乐一类的音乐；商品的艺术色彩较浓的，可以播放一些带有古典风格的音乐；以青年消费者为主要对象的营业环境，可以多播放一些流行音乐；以老年消费者为主要对象的营业环境，可以多播放一些古典味较浓的音乐。

播放背景音乐时切忌音量过大，过大的音量不仅不能放松顾客紧张的心情，反而会增加一些顾客的紧张心情，过于强劲的音乐（如强劲的摇滚乐）会刺激一些心脏承受力弱的顾客，产生慌张的反应，这种现象在老年顾客身上比较突出。播放广告信息所产生的音响对于指导购物比较重要，这类音响应该具有较高的清晰度。中、低档商业营业环境还存在一个严重的问题，即不同柜台分别播放不同的广告信息，相互之间的音量很大而且相互干扰，顾客找不到一个安静购物的环境，这样的广告信息也破坏了营业环境的整体美感。

四、内部气味对消费者购买产生的影响

人对气味的敏感性是极强的。各种气味都会通过人的嗅觉影响其对周围环境的心理感受。商场环境中气味对顾客的影响一般是积极的、向上的，大多数不会产生负面的影响。商场中的气味大多是与商品相关的，特别是在专营的商店中更为突出。例如，花店的花香、面包屋里诱人的香味、药店中的药味等。许多顾客是从商店中散发的气味来判断商品质量状况。气味同音响一样，既有积极向上的一面，也有消极的一面。对有益的气味加以

利用，会产生更强的促销效果。

五、内部色彩对消费者购买产生的影响

色彩与消费者的性格、生活经验、爱好、情趣有密切联系，不同色彩能够引起消费者不同的联想或心理感受。商店内营业色彩主要是指商场内壁、天花板、地面以及POP广告的色彩应用。色彩搭配既是一种营销手段，也是一门艺术，直接影响着消费者的心理活动，并由此引起情绪的变化。

在进行商店内部色彩调配时，应考虑以下因素。

1．利用色彩错觉扩大空间感

由于深色给人空间压缩、淡色给人空间扩大的错觉，所以可以利用白色或浅黄色装饰商店内部，利用色彩调配扬长避短，扩大经营场所的空间感，使消费者产生舒适、开阔的感觉。

2．利用色彩衬托主营商品

根据主营商品色彩的不同，运用不同的装饰色彩，把商品衬托得更加美观、更具吸引力，以刺激消费者购买。

3．利用色彩调节因自然因素带来的情绪

店内装饰的色彩调配要因季节和地区而异，从而消除消费者因天气、气温等自然因素而产生的不良情绪。例如：在春季，采用绿色的装饰色彩给消费者春意盎然的感觉；在夏季，采用淡蓝色的装饰色彩给消费者清爽阴凉的感觉；在秋季，采用橙黄色的装饰色彩给消费者秋高气爽的感觉；在冬季，采用淡红色的装饰色彩给消费者温暖如春的感觉。

色彩在店内环境设计应用中，既可以帮助消费者认识商店的整体形象，也能使消费者产生良好的回忆和深刻的心理感受，令消费者产生视觉震撼的同时，激发其潜在的购买欲望。

知识点二　商品陈列与消费心理

［微课］
商品陈列与消费心理

商品陈列是指柜台及货架上商品摆放的位置、搭配及整体表现形式。商品陈列是商店内部陈设的核心内容，也是吸引消费者购买商品的主要因素。虽然商品陈列因行业不同、经营品种不同、营业场所构造不同而有所差异，但有一点是相同的，即商品陈列本身就是商品广告，摆放得体的商品本身就是激发消费者购买欲望的有力手段。

陈列是“不会说话的售货员”，它的主要任务是向顾客提供商品的各种信息，商家想要真正利用陈列达到促销的效果，就必要掌握商品陈列的原则和方法。

一、商品陈列的原则

（一）陈列高度适宜

根据消费者无意的环视高度，以及其观看商品的视角和距离，将商品摆放在适当的

高度，一般来说，摆放高度应以1～1.7米为宜，与消费者的距离为2～5米，视场宽度应保持3.3～8.2米，以提高商品的能见度，方便消费者感知商品形象。如果商品的摆设位置过高，顾客仰视时会比较费力，给顾客所造成的心理距离较大；如果商品摆设的位置过低，顾客需要低头寻找商品，在人多拥挤的情况下顾客不容易发现这些商品，减少了商品被人注意的机会。因此，柜台设置的高度应该要适应于消费者的习惯高度。例如，我国成年人的平均身高为1.68米左右，视线高度一般为1.5～1.6米。为了方便顾客浏览、毫不费力地观看到所陈设的商品，柜台设计应当参照人们的正常视线高度。

（二）适应购买习惯

根据消费者的购买习惯和商品特性，将商品分组陈列并相对固定，以便消费者寻找。一般情况下，可以将商品分为以下四类。

1．便利性商品

这类商品大多属于日常生活的必需品，具有价格低廉、市场需求稳定、交易次数频繁、挑选余地小且不需售后服务等特点，如果蔬、饮料产品、洗涤用品、面包等。消费者在购买此类商品时，通常追求方便、快速成交，且不愿意花太多时间进行比较或挑选。因此，此类商品的陈列位置要突出，便于速购。例如，商店出入口附近、主要通道两旁、临街的窗口、商店的底层等最易速购的位置上，满足消费者的求速心理。

2．选购性商品

这类商品大多属于能使消费者产生美感的商品，具有供求弹性大、交易次数不多、挑选性较强、使用期较长等特点，如家电、家具、时装、化妆品等。消费者在购买此类商品时，希望获得更多的选择机会，对商品的质量、功能、样式、价格等进行比较，并权衡商品的整体价值。因此，此类商品适合摆放在宽敞、光线充足的专门区域，让消费者自由接近、仔细比较、触摸、调试或选购，并可以停留较长时间。

3．特殊商品

这类商品是指具有独特功能或高级享受功能的名贵商品，具有做工精良、价格昂贵等特点，如珠宝首饰、古董、专业相机、精密仪器、工艺品等。消费者购买此类商品不会过分计较价格，而是注重商品的实用价值或专用价值，愿意花较多的时间进行仔细挑选、比较，周密考虑。因此，此类商品适合摆放在商店的里部或顶层较僻静的地方或环境比较优雅的位置，显示出高雅、名贵、时尚或特殊，满足消费者的心理特点。

4．即兴商品

这类商品是指消费者原先并未打算购买，而因看到店内广告介绍或实物商品时临时决定购买的商品，具有造型新颖、独特、外表美观、价格优惠等特点，如土特产、纪念品、装饰品等。消费者购买此类商品时，往往追求商品外表带来的美感或商品价格带来的快感，达成交易的速度较快。因此，此类商品适合摆放在商店入口处、柜台上层等显眼的位置，以便引起消费者注意。

（三）突出商品的价值与特色

在摆放商品时，要有意识地运用各种形式展示商品的实用价值与优点、性能、用途等个性特征，突出商品的美感和质感、局部美和整体美，增强对消费者的吸引力和说服力，刺激消费者的购买欲望。例如，将新款产品裸露摆放在便于消费者观察、触摸、试用或品尝的位置，同时要有价格、货号、产地、性能、规格、质量等级说明，便于消费者观看比较，以增强商品的感性认识。

另外，如果做到方便商品摆设、利于美化整体营业环境、有效地利用营业空间来增加展示商品的机会，则有利于促进消费者购买，反之则产生不利的效果。

二、商品陈列的基本方法

不同的商业企业，因其经营商品的品种和服务对象不同，陈列方式也各不相同。针对消费者的不同消费心理，商品的陈列可以采用以下方法。

（一）分类陈列法

分类陈列法是指根据经营商品的性能、品牌、档次、特点或不同的消费对象，将其划分成不同的类别，分部进行展示陈列的方法。

例如，服饰按照男装、女装、童装等分类陈列；而化妆品往往根据品牌的不同分别进行柜台陈列。

（二）相关商品陈列法

相关商品陈列法是指根据消费者的消费习惯，将一些具有连带使用功能的商品根据其种类和特点的相关性进行共同陈列的方法。

例如，在男装区域，将领带、腰带与服饰共同陈列，在女鞋区域，将女包共同陈列，都会起到连带销售作用。

（三）季节陈列法

季节陈列法是指针对不同季节消费的商品，按照季节的变化进行陈列的方法。

例如，服饰商品会根据春夏秋冬四季变换及时变更为应季服饰，并将其摆放在最佳位置，吸引消费者的注意，而过季服饰则会陈列于边角位置，并设置折扣性价格，以招徕顾客。

（四）主次陈列法

主次陈列法是根据经营商品品种的重要程度，分别进行陈列的方法。商业企业的经营品种众多，不可能都进行重点陈列，因此要选择企业经营的重点商品，突出陈列，并附带其他商品。也就是人们常说的以主代次、以畅销带滞销的陈列方法。

（五）专题陈列法

专题陈列法是指企业结合特定事件、时期或节日，集中陈列应时适销的连带性商品的方法，或根据商品的用途在某一特定环境中陈列某种系列商品的方法。

例如，结合某一事件或节日，集中陈列有关的系列商品，既可以渲染气氛，营造一个特定的环境，又有利于商品的销售。

（六）逆时针陈列法

逆时针陈列法是指把商品按照逆时针旋转的方向有序陈列。调查发现，90%的顾客逛商店时总是有意无意地按逆时针方向行走。根据这一习惯，商店在摆布商品时，应该尽可能按照商品的主次按逆时针方向陈列，有利于消费者更好地选购商品。特别是在一些超市内，日常生活用品陈列在入口的逆时针方向，这样顾客进店后可以很快地找到自己需要的商品。

（七）艺术陈列法

艺术陈列法是指通过商品组合的艺术造型进行摆放的方法。该方法通过艺术造型使各种商品巧妙布局，相映生辉，可以给消费者带来美的感受，激发消费者的购买欲望。

商品陈列给消费者的心理影响是客观存在的，充分利用消费者感觉器官，对商品陈列方式进行灵活组合、综合运用，同时适应环境和需求的变化，为静态商品摆放增加生机和活力，对促进消费者的实际购买也有着重要的现实意义。

项目十二

营销人员的心理素质

项目任务导图

- 营销人员的心理素质
  - 营销人员的心理品质
    - 营销人员的情感品质
    - 营销人员的意志品质
    - 营销人员的能力品质
  - “品质”营销人员法则
    - 心理暗示
    - 沟通与信任
    - 最佳心理时点

项目目标

知识目标

掌握营销人员的心理品格

掌握销售暗示行为的法则

掌握信任的起源、特征及获取消费者信任的方法

理解消费者多种想法并存及发展的心理现象

能力目标

能够正确分析营销人员心理对消费者心理的影响

能够取得消费者的信任并树立良好的形象

能够通过暗示等方法强化消费者的中心思想

素质目标

塑造良好的心理品格

培养敏锐的消费者感知力

任务一
营销人员的心理品质

任务导入案例

三个图书销售员

三个图书销售员辛苦工作了一天，晚上一起聊天。第一个抱怨说："我的腿都跑断了，才卖出去一本书，这样下去不是累死就是饿死。"第二个说："我也只卖出了一本，不过只要明天多跑几家，相信我会卖出更多。"第三个信心十足地说："今天虽然我一本也没有卖出去，但是明天我一定会卖出去10本!"几年后，第一个销售员更换了很多工作，但总是失败，最后只好又回来卖书；第二个销售员很勤恳地工作，成了该公司的销售经理；第三个销售员则自己开了一家图书公司。

问题思考：

1. 你在处理事情时会像以上哪个销售员？
2. 你是否有明确的专业学习目标？

知识讲解

知识点一　营销人员的情感品质

一、雄心壮志

美国亿万富翁鲍纳说："只要你拥有成功推销的梦想，那你就有白手起家成为亿万富翁的可能。作为一名营销人员，应拥有明确的营销目标，全力以赴，通过自身的意志抵抗身体上的慵懒和精神上的疲惫，最终才会取得成功。"

一个心态积极的营销人员常会展望未来，即使身陷困境，也会以愉快的心情走出泥潭，迎接未来。

二、满怀信心

满怀信心是优秀营销人员最重要的心理品质，只有有信心才会勇往直前。坚强的信心是成功的源泉，不论营销人员才干大小、天资高低，成功取决于其坚定的信心。

三、诚实正直

马克·吐温说："当你处在进退两难的境地时，就说出真话，真实是我们拥有的最有价值的东西。”诚实正直的营销人员心胸坦荡，能获得客户的尊重与信任，从而获得长期的收益。

| 实例链接 |

空调的噪声

小月是某空调公司的销售代表，当顾客抱怨空调的噪声高达40分贝时，她没有骗顾客说只有30分贝，而是承认空调运转之后确实是40分贝，但是40分贝是一般空调的正常噪声，而此款空调制热好，一般空调制冷都没问题但却大都存在制热不好的问题，而这往往被很多顾客忽略。正是小月诚恳地将事实解释清楚，才打消了顾客的疑惑和担忧。最终这位顾客为刚装修完的新房一下买了四台空调。

【思考与应用】你有诚实正直的优秀品质吗?

知识点二　营销人员的意志品质

一、积极进取

一个营销人员的成功，除了与他的天分、能力和内在动力有关之外，还离不开一个重要的因素，那就是积极的心态和乐观的精神。

具有积极进取心态的营销人员一定比消极悲观的营销人员更能成功地进行销售。积极的心态就是一扇机会之门，可以让营销人员展现营销技巧，并赢得客户的信赖和订单，充分展现营销的魅力。

二、持之以恒

莎士比亚说：“多少次的砍伐，虽然只用一把小斧，却能砍倒坚硬的橡树。”当营销人员从事销售工作时，除了满腔热情之外，更要有足够的恒心和毅力作为坚强的后盾。唯有持之以恒，才能在挫折和失败后仍能一如既往。

| 实例链接 |

原一平的坚持

原一平曾经做过长期艰苦的推销访问，他当时的推销客户是汽车公司。每一次去汽车公司，原一平需要6个小时的时间，这样的推销访问总共300多次，时间长达3年之久。3年后，原一平终于取得了盼望已久的成功。如果没有执着的精神，这样的业务是根本谈不下来的。原一平正是凭着一种坚韧不拔的精神，最终才取得了辉煌的成就。

【思考与应用】上网搜集原一平的相关事迹进行阅读，阅读后有何启发?

知识点三　营销人员的能力品质

一、敏锐观察

营销人员应该对市场行情明察秋毫，并能从普通的市场销售资料中发现营销机遇，发现潜在的问题，捕捉一切对自己生存发展有利或不利的信息。要养成冷静、细心、严谨的思维习惯，不失时机地调整营销对策，赢得更多的成果。

| 实例链接 |

小琳的营销策略

小琳在一家大型出版公司的总裁办公室等待客户时，发现办公桌上放了几包阿司匹林，她马上想到客户身体可能不舒服。于是，当客户来时，她调整了自己的语调，放慢了语速，并以沉静慰藉性的口吻和对方交谈，结果收集到了大量有效的信息，并以此拟制了采购方案，最终顺利成交。而当她在另一家大型广告公司等待一位媒体主管时，发现客户的办公室中摆满了各种逼真的动物模型。她及时调整了营销策略，从评论动物开始交流，加快了工作节奏，并在20分钟后拿到了订单。

【思考与应用】你在日常学习中是否养成了敏说观察的行为习惯?

二、机智应变

机智应变能力是营销人员应具有的基本能力之一，是一种根据不断发展变化的主客观条件，随时调整行为的能力。在营销活动中，营销人员必然会遇到各种各样的问题和实际的困难，而努力去解决问题和克服困难的过程，就是增强人的应变能力的过程。因此，在工作、学习和日常生活中，营销人员应遇事冷静，学会自我检查、自我监督、自我鼓励，这样有助于培养良好的应变能力。

三、善于交际

优秀的营销人员谈业务时，如同和风细雨，整个过程浑然天成，不但客户感觉不到其在订货，反而犹如与老友见面、与同行探讨话题，显得亲切随意。善于交际是营销人员的一项非常重要的能力。营销人员要拓宽自己的知识面，勤于思考，要有自己的看法和主张，要有一定的深度，这样便于主动寻找客户感兴趣的话题，拉近与客户之间的距离。

【头脑风暴】检查一下自己，目前你已经具备了哪些营销人员应具备的优秀心理素质？哪些素质还有所欠缺?

任务二

“品质”营销人员法则

任务导入案例

产品好不好？看看评论就知道

如今，每年有成千上万种新品上市，消费者如何才能做到不用走遍每个商店，就能找到适合自己的产品，并详细了解产品和缩小选择范围呢？无数的消费者选择的是查看互联网上关于商品的评论和排名。权威网站上的专业商品评论和排名为消费者提供了客观的信息，但是对于消费者来说，淘宝、天猫、京东、唯品会和拼多多等在线购物网站中买家提供评价、导向及价格对比等信息显然具有更大更真实的吸引力。

在网上，参与评论的消费者通过打分或者评定星级等方式对产品进行排名，同时他们还为产品添加诸如“很好用啊”“不值得买”或“价格虚高”等评论。为了帮助潜在的购买者确定哪些评论比较可信，在多数网站上，其他消费者还会对某一评论进行评价，并且所有人都能看到这些评论。

问题思考：

作为影响消费者购买决策过程前期阶段的一种要素，为什么在线评论正发挥着越来越大的作用？

知识讲解

知识点一　心理暗示

要想成为优秀的营销人员，必须能够进入到消费者的内心，如果把消费者的心理活动比喻为一条流动的小溪，营销人员需要具备在这条小溪中捕获消费者内心想法的技巧。

那如何进入这条充满想法的心河呢？暗示是常用的打开之法。

一、暗示的内涵

暗示是指许多突然进入心理活动的想法或意向，这些想法或意向会成为心理活动的一部分，并且倾向于以行为方式表达出来。从定义中可以发现，暗示是这样一件事情：推销员试着将销售的产品或服务插入某些人的心理活动中。

二、暗示的表现

吸引消费者的注意力就是暗示的典型表现。引起消费者注意力的物体不一定是实实在在看得见的，也许是正在推销的商务英语课程，或者证券交易市场上的股票。无论这个商品是什么，推销员都需要竭尽全力地把它放到消费者心理活动的溪流中间，让消费者注意到它。如果这个商品可以引起消费者对过去经历的回忆，并且这段回忆和现在的商品有很多相似之处，就很容易让消费者产生购买的想法了。

三、心理暗示法则

销售员通过暗示植入消费者心理中的想法还是弱小的，这时销售员的工作就是鼓励消费者心中那些赞同的观点发展壮大，尽量压制那些不支持消费者购买商品的想法。为了完成这一目标，优秀的营销员需要掌握以下心理暗示法则：

法则一：让消费者将注意力集中在推销员给出的暗示上。尽量不要让消费者走神或者陷入自省，不让消费者注意到他正在被心理暗示所影响。

法则二：创造一个暗示想法可以顺利转化成购买行为的环境。让消费者立即行动，是推销员追求的目标。

当暗示对消费者想法产生作用了，推销员应当立即让消费者将想法付诸实践。很多销售就是因为有一刻的迟疑而彻底失败，因为在迟疑的时间里，消费者心中可能会涌出许多新想法，这些新想法往往会阻止他可能的进一步行动。正是因为这些偶发现象，所以很多化妆品牌在做完广告后，都会说更多优惠尽在天猫官方旗舰店，就是通过“趁热打铁”让消费者立刻了解产品，尽快下单。

法则三：自然而然地给出心理暗示。在交谈中，水到渠成地给出心理暗示。以这种方式给出的心理暗示可以避免被消费者心中的反对意见吞没，让消费者感到把暗示中提到的行为付诸实践也是一件顺理成章的事情。

法则四：心理暗示一定要简单，这样消费者更难以抵御。例如：更多精彩请到店了解，或者拨打热线电话我们会给您邮寄精美礼品。

法则五：给出肯定的暗示。要避免给出带“不或不要”这样词语的否定暗示。例如，“不说？一定要说!”是一条很好的广告语，但“不接受任何非替代品”就不那么好了。

否定的暗示不适合出现在广告标语中的原因是，词语促使人行动的动力在于避免让人思考，直接表明让某人做某事的表达方式会让人更容易接受。所以广告语“不接受任何非替代品”的实际意思是“接受替代品”。它其实会告诉消费者，他们应该接受替代品，这就麻烦了。

有时人们赋予了暗示过多的神秘色彩，以至于很多推销员相信，只要他们懂得如何使用心理学暗示，就可以轻松地将自己的意志施加于消费大众身上，这自然是错误的，当然额外的收获就是暗示不仅可以作用于消费者，还可以作用于营销员自己。只有取得消费者的信任与满意，暗示才会水到渠成。

知识点二　沟通与信任

一、获取消费者信任

面对推销与暗示，消费者都会有本能的拒斥心理，建立消费者对营销员和商品的信任是销售完成的重要基石，信任是居住在消费者脑海里的消费习惯，虽然稳定但也很脆弱，只要遇到一点欺骗就会瞬间崩溃，所以保持消费者的愉悦感与满足感，就能很好地维持消费者的信任。

由于绝大多数商品处于买方市场，当消费者购买某件商品时，要么是对这件商品有基本的信任，要么是信任这件商品的推销者，或者两者都信任，即便是处于卖方市场的苹果产品，消费者至少也是信任苹果公司的。所以大量的公司努力在产品上贴上QS和3C认证标识，或者积极做公益、承担社会责任，都是为了取得消费者信任或塑造良好的公众形象。

企业塑造了良好的产品或公众形象后，消费者就会更容易接受，当消费者建立了信任后，就会形成购买企业商品的消费习惯，也就是偏好，也会很少光顾竞争对手，并且还会向朋友推荐他们的产品和品牌。

二、如何取得信任

人的本能是倾向于接受所收到的说法和解释，这被心理学家称为“原始的轻信”，但相反的情形或复杂的经历会让人们压抑轻信本能的天性习惯，并用真实的生活经验检验新的认知，碰到一个事实会去验证，只有与预期一致或符合先前的检验时，才会消除疑虑，从而产生信任。

当消费者对一件商品产生信任感时，他可能突然想到了过去的经历，一段和广告中文字叙述截然不同的经历，这段经历引起了他心中的不信任感，所以他克制了自己的购买冲动。此时，营销员必须及时打消消费者的这种疑虑，为了达到这个目的，可以采用以下两种心理方法：

（1）重复。如果消费者听到一种说法的次数足够多，就会产生信任感。这也是以下这些标语经常出现在人们耳边的原因，如“去问问拥有它的人吧”“这就是原因”“100%纯净”“每天一个苹果，医生远离我”“我们承诺2020年零死亡率”。

（2）引起和维持消费者心中的满足感，也就是信任。信任在销售中会发挥重大作用，因为它代表着一种温暖和愉悦的感觉，也是一种真实的情感。情感很多时候都支配着人类的行动。推销员可能说了100个理由证明消费者应该购买他的商品，但如果不能在消费者心中树立起对这个产品的信任，消费者还是不会选择购买他推销的商品。

信任和良好的公众形象是企业最重要的抽象资产，它虽然模糊却也可以计量，如以品牌价值或商业信誉的形式，只是这项资产并不存在于企业中，而是在消费者的脑海和内心里。所以如果消费者不能对某人或某物产生信任，那么他也不可能真心接受他们，更不可能接受他们的产品。

知识点三　最佳心理时点

取得消费者的信任可能是一辈子的事，那这一辈子的事是从何时开始的呢，或者说营销人员有没有一个合适的切入点来触动消费者的内心呢，从而揭开“一辈子”的长期营销，这就是销售中的最佳心理时点。

一、最佳心理时点的发生

当消费者已经决定购买或者签单时，推销员递出了一支没有墨水的签字笔，或者遇到一个突然打来的电话，消费者都有可能会改变主意。这是因为推销员错过了消费者的“心理最佳时点”。销售发生时，消费者脑海中同时存在着很多想法，每个想法都指向一种可能的行为，判断出并利用好“心理最佳时点”能够帮助销售员提高成交率。

对经验丰富的销售员来说，这是销售中最重要的时间点，也是很多销售员被绊倒的地方。有些销售员有能力让消费者对商品印象深刻，产生浓厚的兴趣，并产生强烈的欲望，但却不能以完美的购买行为来结束，因为他处理不好这个“心理最佳时点”上发生的事情。

二、如何抓住最佳心理时点

抓住“心理最佳时点”没有说起来这么简单轻松，这是一场严峻的心理考验，因为消费者总是多种想法同时并存。因此，销售员面临的问题其实可以简化为如何加强消费者内心的中心想法，消灭其他想法。例如，当一个购买汽车的消费者走进来的时候，他只是想买一辆不需要贷款的汽车，也可能是想买一辆超过预算但会让自己愉悦的车子，或者是看好了其他品牌的汽车，只是来做比较的。

（一）消费者的中心思想

画面上（图12-1）表示心理活动的心中有一个代表中心思想的圆，或者是几个表示主流思想的圆，还有很多围绕在周围的大小不一的小圆圈，每个圆圈都代表一个想法，圆圈的大小象征着这个想法力量的强弱。

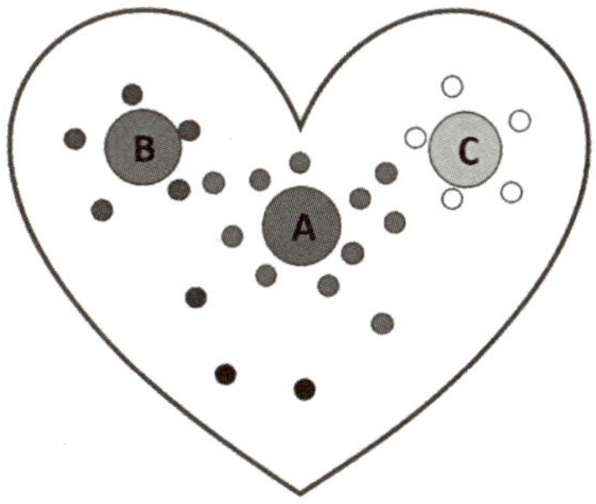

图 12-1　消费者心中的思想模型

从图12-1中可以看出，每个小圆圈代表的想法和中心思想之间的关系不尽相同。这些想法离中心思想的距离不同，甚至有的站在中心思想的对立面上，不过无论这些想法是赞同中心思想还是反对，他们都会被中心思想所吞噬，然后中心思想不断壮大，直到将所有其他想法挤出心理活动的范围。

【头脑风暴】当一名顾客购买汽车时，营销员应该如何滋养他的中心思想，并让中心思想顺利生长壮大呢？

【一点通】假如销售员的任务就是不停地推销，除了一定要买下这款车之外，与消费者生活相关的其他想法都变得无关紧要，比如即将空空如也的账户，未来昂贵的汽车保养负担，房贷是否足够支付等，在熊熊的兴趣之火面前都会被掩盖或焚烧，购买这款汽车的想法在消费者签完分期付款合同前都是美好的。

但更现实的情况是，消费者内心里可能有两三款汽车是正在纠结的，如果销售员试图消灭其他的备选车型，每一个说那辆车不好的词语都可能会引起消费者的反感，批评和遣责竞争对手商品的行为可能会被认为是商业道德低下。同时要注意的是，赞美竞争对手的商品是更不应该发生的行为，因为这会带来更多麻烦或者把客户带走了。

（二）滋养中心思想

滋养消费者的中心思想，重点是让消费者注意到中心思想的存在。当消费者注意到中心思想时，那些推销员不想要的想法的力量自然就被减弱了。

在很多心理学家眼中，大脑中包含着许多独立的观念系统，每个观念系统都可以产生一个想法。只要有人脑能量的支持，这些想法就可以引起行为上的动作。现在大脑的能量被分配到了很多不同的系统上，每个系统占有能量的多少取决于观念系统的强弱程度。

在销售中，如果中心思想要变得强大，中心思想所在的大脑观念系统必须吸收其他系统的能量，直到其他系统的能量全部被吸收了，才意味着中心思想的胜利。

加强中心思想的方法，简单地说，就是用具体的素材润色或证据强化中心思想。比如福特新战略背景下推出的首款汽车锐际，推销员要强化消费者的中心思想是高性能的性价比。

同时，销售员还必须提出很多支持中心思想的小论点，这些小论点是针对中心思想的背景描述。例如，可以描述这辆车如何将消费者和他的家人安全、便捷地送达森林深处野营的场景，也可以说这辆车能如何体现消费者富足的生活状态等。随着中心思想力量的一点点变大，消费者脑中那些推销员不想要的想法就会逐渐削弱，最后这些想法就自然消失不见了。毫无疑问，此时中心思想就占据了大脑的完全统治地位。

很多时候，销售员使用了适当的销售方法，也引起了消费者对商品的兴趣和强烈购买欲望，最终却无法完成一场成功的销售。因为他们可能犯了两类错误：一是在消费者的中心思想还不足够强大时，就过早要求消费者做出决定；二是要求消费者做出决定的时间太晚，此时消费者想购买商品的中心思想已经熟过了，甚至已经开始否定了。

（三）发现和迎接心理最佳时点

有些销售员会说可以通过以下细节及标志来发现消费者的心理最佳时点，但这更多的是一种感觉，往往只可意会不可言传，因为他们会说，这全凭直觉和经验。例如，消费者脑袋或身体略微前倾表示关注，而后仰或靠在座位上则显示还没有动心，眼睛的细小收放也会被有经验的销售员捕捉到，通过这些标志，销售员知道“心理最佳时点”就要来临了或者还离得很远。

除此之外，销售员还应该注意消费者语言词汇的变化，专业的销售不要自顾自地侃侃而谈，要询问消费者的看法或想法，要积极地试探消费者的内心，通过消费者反馈的信息和热情程度，来判断消费者离做出决定的时刻究竟有多远。

【头脑风暴】如果捕捉到了这个时刻到来的标志，销售员接下来该怎么做呢？

【一点通】第一种方法是控制营销环境，这样就不会有突发事件插入销售过程了。无论多么微小的干扰事件都意味着给消费者脑中塞入一个新的想法，这样他脑中原来的平衡状态可能就会被改变。这就是为什么很多房产中介在带领客户看完二手房后都邀请他们到店里坐下谈谈，就是为了在主场能够更好地控制环境，避免意外发生。但是购买二手房往往需要多个决策者共同完成，难以在短时间内做出，所以另一种做法是，当最佳时点到来时，销售环境要利于消费者马上做出决定，不要迟疑。例如，格式合同已经备好，甚至比现在售价更高的合同复印件也拿来比较，目的就是让消费者立刻做出决定。

第二种方法是当“心理最佳时点”来临的时候，可以和消费者谈谈商品的附加情况。例如，可以提问：“你喜欢什么颜色的汽车内饰材料呢?”或者“你希望现在提车还是等我们给您全部装潢完再开走?”或者赞美消费者的决定以显示他们选择的明智。

销售员在完成一项交易的过程中，要注意最佳心理时点的存在并能够把握，但要注意不要刻意夸大甚至欺骗消费者，更不要做出不可能实现的承诺，即永远不要自私自利，要认识到销售的价值在于服务，销售的终极目标是让消费者满意，这也是为什么很多企业重视售后的原因，也是为什么有的销售员可以在老顾客上开发下一次交易。

只有顾客在上一次的购买中获得了满足感，他才会开始下一个购买过程，所以，极品营销和顾客购买应该是双赢的，这也是古老的黄金营销法则。

参考文献

[1] 肖涧松. 消费心理学［M］. 3版. 北京：高等教育出版社，2018.

[2] 迈克尔·R. 所罗门，南希·J. 拉博尔特. 消费心理学：第2版［M］. 北京：中国人民大学出版社，2014.

[3] 刘军. 消费心理学［M］. 2版. 北京：机械工业出版社，2016.

[4] 王春利. 消费心理学［M］. 7版. 北京：首都经济贸易大学出版社，2019.

[5] 张易轩. 消费者行为心理学［M］. 北京：中国商业出版社，2014.

[6] 臧良运. 消费心理学［M］. 2版. 北京：北京大学出版社，2017.

[7] 何圣君. 营销心理学［M］. 3版. 北京：人民邮电出版社，2018.

[8] 曾天地. 消费心理学［M］. 3版. 北京：中国人民大学出版社，2019.

[9] 顾文钧. 顾客消费心理学［M］. 2版. 上海：同济大学出版社，2011.

[10] 柯洪霞. 消费心理学［M］. 3版. 北京：对外经贸大学出版社，2015.

[11] 李征坤. 顾客微心理［M］. 北京：电子工业出版社，2018.

[12] 焦利军，邱萍. 消费心理学［M］. 2版. 北京：北京大学出版社，2013.

[13] 郝春霞. 消费心理学［M］. 2版. 北京：中国财政经济出版社，2019.

[14] 白玉苓. 消费心理学［M］. 北京：人民邮电出版社，2018.

[15] 陈玲，黄英. 消费心理学［M］. 北京：清华大学出版社，2015.

[16] 杨清华. 消费心理学［M］. 北京：中国人民大学出版社，2019.

[17] 杜明汉. 消费心理学［M］. 2版. 北京：中国财政经济出版社，2019.

[18] 鲍德里亚. 消费社会［M］. 南京：南京大学出版社，2014.

[19] 安泽. 消费者行为心理学［M］. 苏州：古吴轩出版社，2019.

[20] 文博. 定制消费［M］. 北京：中国商业出版社，2020.